KB068735

한반도미래연구원 기획 번역도서

정보분석의 역사와 도전
-성공 및 실패사례 분석-

티모시 월튼 지음
이길규 허태회 김병남 김유은 옮김

박영사

머 리 말

　최근 국가정보의 성공과 실패에 대해 많은 논의가 있었고 개혁을 위한 방안도 다수 제안되었다. 국가정보의 개혁논의의 중심은 대부분 여러 정보기관의 업무를 조정하는 역할을 하는 국가정보장(Director of National Intelligence)의 신설이나 국토 안보부(Department of Homeland Security) 설치 또는 데이터 마이닝(data mining)과 같은 기술향상과 관련된 것에 집중되어 왔다.

　그러나 정보분석적 사고를 향상시키는 방법 특히 역사적 기록을 검토하고 어떤 접근방법이 사용되었는지를 분석하는 데에는 노력이 부족하였다. 이 책은 이러한 관점에 입각하여 국가안보, 범죄수사, 기업경영을 포함한 전 세계의 다양한 분야에 걸쳐 지난 3,000년간의 주요 사건과 사례를 검토하고 있다. 이 책의 목적은 역사적 사건에 대해 사실에 입각하여 검토함으로써 미래에 대한 현실적 교훈을 도출할 수 있는 일반적인 접근방법과 원칙을 발견하고자 하는 것이다.

　과거의 역사에서 배울 수 있는 오늘날의 교훈이 있는가에 대해 의문을 제기하는 사람도 있다. 물론 과거의 상황들은 서로 다르고 또 미래에 도래할 상황도 새로운 것이 될 것이다. 하나의 상황에서 검토되는 세부적인 내용들은 다른 상황을 이해하는 데 별로 도움이 되지 않을 수도 있다. 그러나 예를 들면 상황의 급변 가능성, 적대세력의 변함없는 도발의지, 새로운 기술이 갖는 의미, 고도의 기만전술과 같이 반복하여 나타나는 유사한 문제들도 있다. 또한 정보분석자들은 오랜 기간 동안 업무를 수행하는 과정에서 복잡한 상황을 이해하고 문제를 해결하는 데 유익한 방법을 체득하게 된다. 어떤 문제에 효과적으로 접근할 수 있는 방법은 전체적인 전개과정(context), 증거(evidence), 선택사항(options), 위험성(risks), 지표(indicators) 등의 요소를 파악하는 것이다. 그러므로 최종적인 해결방법은 다르다고 하더라도 문제해결을 위해 사용할 수 있는 공통의 접근방법은 존재한다.

　비교적 덜 알려져 있지만 역사적 사건에서 얻을 수 있는 또 다른 정보분석의 교훈은 사건이란 반드시 그렇게 전개되도록 예정되어 있는 것이 아니라는 것, 즉 우연성을 들 수 있다. 외부적 환경과 의사결정과정이 복잡하게 얽히면서 사건은 당초의 예상과는 다른 방향으로 전개된다. 더 좋은 첩보와 정보분석이 있었다면 의사결정자가 원하는 것에 더욱 근접한 결과를 얻을 수 있었을 것이다. 저자는 이 책의 사례들을 검토하면서 수많은 다른 결과가 나올 수 있었다는 것을 생각하게 되었다. 지정학적 요소나 날씨와 같이 변경할 수 없는 요소도 있으나 사람의 결정에 의해 변경이 가능한 요소에는 어떤 것이 있는지 생각해보는 것도 중요하다.

역사의 교훈에서 추가적으로 배울 수 있는 점은 사건이란 시간을 초월한 경향성과 유사성을 보여주기도 하지만 전혀 예측할 수 없는 뜻밖의 전개를 보이기도 한다는 것이다. 사건은 종종 과거에 일어난 것과는 전혀 다른 방향으로 진행되기도 하기 때문에 정보분석자들은 그 가능성을 항상 염두에 두어야 한다.

이 책의 사례들은 역사적으로 중요한 의미가 있는 사건이라는 관점보다는 정보분석자에게 교훈을 주는 사건이라는 관점에서 선정되었다. 일부 예외적인 사례도 있으나 대부분의 사례들은 사건의 접근방법에 대해 검토하고 있다. 또한 모든 사례들은 정보조직과 관련된 문제, 첩보수집의 충분성 문제, 정책결정자와 정보생산자 간의 관계와 같이 분석적 차원을 넘어서는 문제가 존재한다. 이러한 문제들은 정보분석자들이 통제할 수 없는 요소이고 다른 서적이나 논문에서 많이 다루고 있기 때문에 이곳에서는 간단하게 언급하는 데 그치기로 한다.

가능한 한 많은 사례를 소개하고 분석적 측면에 초점을 맞추어 기술한다는 방침에 따라 각 사례를 간략하게 기술하였다. 일반적인 주제를 다루는 2개 장(제1편) 다음의 각 장은 어떤 문제에 대해 분석적으로 다루어야 할 목표와 그 결과를 제시하였다. 접근방법은 다양한 사례의 유사성과 차별성을 검토하는 이론적 접근과 사실에 입각한 역사적 연구방법을 접목하고자 시도하였다.

각 사례들은 훨씬 더 복잡한 역사적 상황이 있었을 것이지만 정보분석자들이 당면하게 되는 문제를 중심으로 간략하게 정리하였다. 모든 자료를 망라하여 검토하지는 않았고 문헌연구방법을 사용하지 않았으므로 각주를 달지 않았다. 또한 정보분석자들과 역사연구자들이 수행한 소중한 연구에서 많은 도움을 받았다. 더욱 상세한 내용을 알기를 원하는 독자들은 각 장에 첨부되어 있는 추천도서를 참고로 할 수 있을 것이다.

이 책은 정보분석의 역사를 기술한 것이라고 하기에는 사례가 많이 부족하다. 제2차 대전만 하더라도 미드웨이해전, D데이, 벌지의 전투(Battle of the Bulge) 등 다루지 못한 중요한 사례가 많다. 정보분석의 역사를 완벽하게 기술하기 위해서는 환경적 요소, 인물적 특성, 기술발달의 수준 등을 종합적으로 고려한 균형 잡힌 접근이 필요할 것이다.

　　한 사람씩 거명할 수 없을 정도로 많은 사람들이 이 책을 집필하는 데 도움을 주었는데 모든 분들께 감사를 드린다. 특별히 많은 도움을 주신 분들은 다음과 같다.

　　□ 미국에서 가장 오래된 정보분석 교육프로그램을 운영하고 있고 저자가 교육을 담당하고 있는 머시허스트 대학(Mercyhurst College)
　　□ 정보분석 교육훈련을 실시하는 최고의 컨설팅 회사 중의 하나인 옴니스 주식회사(Omnis Inc.)
　　□ 수년간 함께 일하면서 기쁨과 영광을 함께 나눈 정보공동체 내의 많은 우수한 정보분석관들
　　□ 마지막으로 질문과 코멘트를 통해 끊임없이 각성시켜준 소중한 교육생들

　　이 책에 기술된 모든 견해는 저자 개인의 것이고 어떤 오류가 있더라도 책임은 저자에게 있다. 사실에 대한 기술, 의견 또는 분석결과는 저자의 견해이고 CIA 또는 다른 미국 정부기관의 공식적 입장과는 무관하다. 어떠한 내용도 미국 정부의 공식입장이나 주장으로 이해되어서는 안 된다. 이 책자는 비밀정보가 공개되는 것을 방지하기 위해 CIA에 의해 검토되었다.

차   례

현안문제와 해결방안

정보분석에 대해서는 다양한 정의가 있다. 많은 사람들은 미국에 있어 정보분석이라는 직업의 기초를 놓은 셔먼 켄트(Sherman Kent)의 말을 인용하여 정보는 조직이고 절차이며 생산된 지식이라고 한다. 어떤 사람들은 정보분석을 퍼즐 맞추기와 같다고 한다. 복잡한 문제를 규명하는 것은 정보분석자가 하는 일이기는 하지만 단순히 사실을 밝히는 것이 주된 업무라고는 할 수 없다. 어떤 사람들은 비밀 수집요원이나 인공위성이 입수하는 비밀자료를 다루는 것이 정보분석에 있어 중요한 일이라고 한다. 그러나 냉전시대에는 비밀자료가 대단히 중요한 역할을 하였지만 오늘날과 같이 방대한 공개자료를 즉시 이용할 수 있는 인터넷시대에는 반드시 그렇다고 할 수는 없다. 오늘날 많은 사람들은 기업경영이나 범죄수사에 있어 비밀출처나 비밀자료에 의지하지 않고 분석기법을 활용하여 효율적인 업무처리를 하고 있다.

이 책은 정보분석의 기능이 의사결정을 지원하는 것이라는 관점을 유지할 것이다. 특히 정보분석은 의사결정자가 해결하기 곤란한 문제, 위험성이 큰 문제 또는 해결방안 모색이 어려운 문제 등에 있어 중요한 역할을 하게 된다. 비밀자료가 중요하기는 하지만 비밀자료의 활용 없이도 효율적인 정보분석은 가능하다. 정보분석에 있어 가장 핵심적 사항은 중요한 이슈가 무엇인가를 파악하고 증거를 올바르게 평가하며 위험요소와 선택방안을 어떻게 파악할 것인가와 같이 문제에 접근하는 사고방식이다. 정보분석이 효율적으로 실시되기 위해서는 상당히 복잡한 과정을 거치게 되고 대단히 어려운 검토를 필요로 한다.

중요한 의사결정을 지원하는 정보분석은 인류 역사와 함께 계속되어 왔는데 성공도 있었고 실패도 있었다. 해결과제가 대단히 어렵고 복잡한 문제라는 점을 고려하면 정보분석은 성공하기보다 오히려 실패할 가능성이 더 높다. 정보분석이 성공할 수 있는 방법을 보증하거나 특수비법은 있을 수 없고 오히려 운이 좌우한다고 해도 틀린 말은 아닐 것이다. 그러나 정보분석은 여러 가지 문제점과 한계에도 불구하고 점을 치거나 운명에 맡기거나 당면한 문제를 무시하는 것보다는 확실하게 유용할 것이다.

1. 정보분석의 과제

수많은 선택가능성 중에서 하나의 결정을 내리는 일은 쉽지 않다. 저녁에 무엇을 먹을까, 무슨 영화를 볼까와 같이 단순한 사항도 있으나 누구와 결혼할 것인가, 어떤 집을 구입할 것인가, 어떤 직업을 선택할 것인가와 같이 감정이나 경제문제가 얽힌 문제는 보다 결정하기 어려워진다. 더구나 결정에 따르는 위험성이 높고 자료가 불확실하고 결정해야 할 기일이 임박한 경우에는 어떻게 대응하여야 할 것인가. 예를 들면 수사관이 용의자를 체포할 것인가, 회사가 새로운 신제품을 개발해야 할 것인가 또는 정부가 적국과 전쟁을 해야 할 것인가를 결정해야 한다면 어려운 결정을 해야 하는 문제가 될 것이다.

특히 어려운 의사결정을 할 때에는 서로 관련성이 있는 4가지 측면이 존재한다. 즉, 현재상황의 불확실성, 돌발상황과 같은 예상하지 못한 사태진전, 의도적인 기만가능성, 그리고 예측하기 어려운 미래가 그것이다.

불확실성

의사결정이 어려운 이유 중의 하나는 복잡하고 불확실한 상황 자체의 성격에서 기인한다. 특히 정보분석이 널리 이용되는 국가안보, 범죄수사, 기업정보의 경우에 그러하다. 단순한 의사결정을 내릴 때에도 환경은 복잡하고 변화하기 쉽고 불확실한 경우가 많다. 의사결정을 할 때에는 고려해야 할 사항이 많고 주어진 시간은 부족하다. 현재 외국은 어떠한 상황에 있고 신기술의 성능은 어느 정도이며 적국은 공격할 것인가 타협할 것인가, 핵무기는 어디에 얼마나 있을 것인가, 테러리스트나 국제범죄 조직의 약점은 무엇인가, 이질적인 다른 사회의 문화와 입장을 진정으로 이해할 수 있을 것인가와 같은 문제는 해결하기 쉽지 않은 문제가 될 것이다. 특히 테러지도자나 해외의 독재자가 공격을 하게 되는 동기나 공격시기와 같은 것은 사전에 파악하는 것이 거의 불가능하다.

불확실성을 해소하기 위해 사실과 데이터를 찾게 되는데 사실을 파악하기 위한 접근방법이 언제나 도움이 되는 것은 아니다. 인터넷에서 검색을 하면 100만 건 이상의 자료가 검색되기도 하지만 진정으로 필요로 하는 단 한 개의 자료를 찾지 못하는 경우도 있다. 정평 있는 어떤 신문이 주식시장 상승을 예견하였는데 다른 여러 신문들이 하락할 것으로 예상한다면 어떻게 판단하여야 할 것인가. 가치관이 다른 적국을 어떻게 파악하고 이에 대응하여야 할 것인가. 사람의 생명이 걸린 위협에 대처하고 있는 군 지휘관이나 수사관 또는 많은 사람들과 관련된 직장의 존폐나 수백만 달러의 투자 문제를 다루는 대기업의 CEO의 결정은 일반시민들의 생활에도 큰 영향을 미치게 된다.

정보분석자와 의사결정자 모두 증거가 될 수 있는 적절하고 분명한 자료를 원하지만 정확한 자료만으로는 불충분하다. 어떤 주장을 뒷받침하는 증거라는 개념은 법률적인 사고에서 유래한 것이다. 법정에 있어서는 엄격한 검증을 거친 증거를 요구하고 이러한 증거수집에 많은 시간이 소요된다. 정보분석은 재판절차보다 제한된 시간에 법률적 증거보다 불충분한 자료를 가지고 작업을 수행해야 한다. 그리하여 어떤 정보분석자들은 증거라는 용어를 사용하기를 꺼리는 사람도 있다. 그럼에도 불구하고 정보분석자들이 불확실한 상황을 보다 분명하게 설명할 수 있는 가장 좋은 자료를 찾기 위해 노력해야 한다는 것은 유용한 개념이다.

돌발상황

불확실성에 대비하고 정보를 잘 활용하기 위해 조직의 지도자들을 포함한 많은 사람들은 계획을 수립한다. 예산을 증액하고 신무기를 구입하거나 새로운 동맹국이나 협력자와 연합전선을 구축하여 대비하고자 한다. 그러나 예상하지 못한 돌발상황 예를 들면 기습공격, 새로운 신무기의 등장, 주식시장 붕괴, 강력한 태풍과 같은 파국적인 사태가 발생하게 되면 모든 것이 변화한다. 변화의 추세를 파악하는 것은 무엇이 어떻게 진행될 것인가를 이해하는 데 도움이 되기도 하지만 그렇지 않은 경우도 있다. 오랫동안 심지어 수십 년간 지속되어 온 상황과 추세도 하룻밤 사이에 방향과 속도가 변화할 수도 있다. 현재 무엇이 어떻게 진행되고 있는가를 파악하는 데 과거의 경험이 별 도움이 되지 않는 상황에서 새로이 파악된 사실을 어떻게 이해하고 평가하여야 할 것인가?

불확실성의 주요 원인 중 하나는 정보분석자가 추구하는 목표와는 다른 목표를 추구하는 외부의 행위자들이 각자 행동을 전개함으로써 이러한 상황이 상호작용을 일으키면서 복잡하게 전개되는 데 있다. 군인들이 종종 이야기하는 것처럼 '적들도 선택권을 가지고 있다'고 할 수 있다. 영리하고 전략을 세울 줄 아는 사람들은 우리 측의 행동에 대응하여 자신이 처음에 고려했던 생각을 바꾸고 행동계획을 재조정할 것이다. 변화하는 환경에 따라 상대편이 생각과 전략을 바꾸게 되면 과거의 사실과 자료에 기초하여 그들의 생각과 전략을 추측하는 것은 쓸모가 없거나 심지어 해롭기까지 하다.

기 만

의사결정은 상호 영향을 주면서 이루어지기 때문에 상대방이 기만책을 사용하게 되면 위험한 상황에 직면하게 된다. 정보분석자들은 이 문제를 거부와 기만이라는 두 가지 측면에서 고려한다. 거부란 상대방이 정확한 정보에 접근하는 것을 제한하고자 하는 것이고, 기만이란 관심을 다른 곳으로 돌리고자 하는 것이다. 거부의 예는 지휘관들이 탱크를 위장하거나 동굴에 숨기는 것을 들 수 있고, 기만의 예는 공격하려고 하지 않는 지점에 모형 탱크를 설치해두는 것과 같다. 거부와 기만은 자신의 약점을 포장하고자 할 때 특히 유용하다. 거부와 기만에 약간의 사실적 요소를 포함시켜서 상대방에게 선입견이나 편견을 유발하거나 공포심을 줄 수 있다고 하면 더욱 유용할 것이다. 기만은 스파이와 테러리스트 활동에 필수적인 요소라 할 수 있다. 과연 이와 같은 기만을 어떻게 가려낼 수 있을까?

미 래

불확실성, 돌발상황 그리고 기만과 같은 요소들은 중요하지만 미래라고 하는 거대한 예측 불가능 요소에 비하면 영향력이 작은 요소들이다. 미래는 앞으로 전개될 상황이라는 속성상 현재 시점에서 정확하게 알 수는 없는 것이다. 미래에 전개될 수 있는 가능성은 너무 많고 판단할 수 있는 증거자료는 너무 적은데다가 우리의 행동에 따라 상대편은 행동과 전략을 수정하게 되기 때문에 상황은 수시로 변화하게 된다. 군사작전은 성공할 것인가? 신기술의 파급력은 얼마나 될 것인가? 상대방의 반응을 얼마나 정확하게 예측할 수 있을까? 생각하지 못한 일들이 벌어질 경우 우리는 무엇을 할 수 있는가?

정보분석의 기타 과제

당면한 과제들을 해결하는 데 모든 사람들이 어려움을 겪을 것이나 특히 매일 직업으로서 이러한 과제를 해결해야 하는 정보분석자에게는 커다란 부담이 된다.

모든 사람들에게 공통적으로 해당되는 어려움도 있을 것이나 어떤 것은 군사조직
이나 정보기관과 같은 큰 조직에 소속되어 있기 때문에 발생하는 것도 있다.

데이터의 홍수를 만나게 되면 사람들은 인지적 경험에 의한 판단을 하고 취사
선택을 하게 되는데 그렇지 않으면 데이터를 감당할 수 없게 된다. 이 방법은 업무
를 효율적이고 신속하게 처리할 수 있게 해주지만 때로는 부정확한 판단을 내리게
될 수 있다. 정보분석자는 당면한 문제를 파악하기 위한 틀을 사용하게 되는데 올
바른 틀을 사용하고 있는지 확인하는 것은 쉽지 않다. 대상국의 탱크와 병력이 기
지를 출발하여 이동을 시작하였다면 쿠데타가 시작된 것인지, 인접 국가를 공격하
기 위한 것인지 아니면 단순히 국경일 행사를 위한 것인지를 판단하는 것은 용이하
지 않다. 사람의 생각은 이와 같은 패턴을 상정하지 않으면 진행되지 않기 때문에
마음속에 있는 패턴 카테고리나 필터를 제거하는 것이 아니라 이것들을 어떻게 이
해하고 활용하여야 잘못된 함정에 빠지지 않을 것인가 하는 방법을 아는 것이 중요
하다. 정보분석자가 어떤 데이터를 입수하느냐 또는 데이터를 입수하지 못하느냐
하는 것이 문제가 아니라 정보분석자가 입수한 데이터로 무엇을 만들어내느냐 하
는 것이 더 큰 문제가 되는 경우가 있다.

정보분석의 과정은 그 속성상 약간의 오류를 내포하게 된다. 심리학자들에 의
하면 사람이 다양한 종류의 데이터를 오랜 기간에 걸쳐 조금씩 입수하게 되고 시간
에 쫓겨서 평가를 하게 되면 정확한 판단을 내리는 것이 대단히 어려운 일이라고
한다. 이것은 정보분석자의 업무에 그대로 적용된다. 정보분석자들이 빠지기 쉬운
몇 가지 함정이 있다. 예를 들면 정보분석자들은 잘 구성된 스토리와 같은 실감나
는 자료를 입수하게 되면 통계와 같이 익숙하지 않거나 무미건조한 자료보다 더 가
치 있다고 생각하게 되는 유용성 편견에 빠지기 쉽다. 또한 실제로는 우연히 발생
한 사건이었음에도 불구하고 정보분석자가 계획된 사건이라고 생각하여 일어나는
패턴 편견도 자주 발생한다. 대개 음모론이 발생하는 이유는 바로 패턴 편견 때문
이라고 할 수 있다. 어떤 사건이 발생한 이후에 사후적으로 검토하면서 정보분석
과정을 평가하는 경우에는 사건의 결과가 명백하게 예측 가능하였음에도 불구하고
예측하지 못하였다고 하는 사후통찰력 편견이 발생하기도 한다.

이외에 정보분석관의 교육, 직업적 경력, 경험 등과 같은 배경이 판단에 영향
을 주는 잠재적 요소가 된다. 현실세계를 이해하는 가치관이나 생각의 틀은 한 번
형성이 되면 쉽게 변화하지 않기 때문에 비록 정확한 자료라고 하더라도 자신의 생

각과 맞지 않으면 무가치하거나 가치가 낮다고 평가하게 된다. 문화적으로 다른 환경에 있는 상황에 대해 판단을 내릴 때에도 자신들이 하는 것과 유사한 방식으로 의사결정을 할 것이라고 생각하는 거울 이미지도 하나의 예라고 할 수 있다. 정보분석자가 어떤 조직의 의사결정과정을 검토하는 데 있어 정책목표와 수단, 위험성과 기대효과 등을 평가하여 논리적으로 의사결정을 할 것이라고 생각하는 합리적 행위자 모델도 오류를 초래하는 원인이 될 수 있다. 경험이 많은 정보분석자에게 나타나는 특별한 위험요소로는 전문성의 모순을 들 수 있다. 전문성의 모순은 한 분야에 오랫동안 근무하여 자신이 담당하는 업무의 흐름을 파악할 수 있게 되었을 때 이러한 경험이 오히려 정확한 판단을 방해하게 되는 경우이다.

정보분석에는 정보 자체의 성격에서 기인하는 극복해야 할 과제가 있다. 직업적인 정보분석 업무는 정보생산에 필요한 다양한 활동분야와 정책결정자에게 최적의 정보를 제공하는 절차를 포함하는 정보순환과정의 한 단계로서 설명된다. 정보순환과정을 구성하는 요소에 대해서는 다양한 의견이 있으나 일반적으로 다음과 같은 것들을 포함하고 있다.

▷ 정보요구 또는 정책결정자가 알기를 원하는 것
▷ 정보요구에 부응한 계획수립 및 첩보수집자와 정보분석자에게 내리는 지시사항
▷ 정보요구를 충족시킬 수 있는 자료수집
▷ 암호해독 또는 번역 등을 통해 수집된 자료를 보다 유용하게 만드는 자료처리
▷ 처리된 자료에 대해 의미와 문맥을 부여하는 정보분석
▷ 정책결정자가 활용할 수 있도록 분석결과를 보고서로 작성
▷ 정보를 필요로 하는 사람에게 정보분석 보고서를 적절한 시기에 배포
▷ 정보분석이 도움이 되었는지에 대한 피드백을 얻고 필요한 경우 피드백을 새로운 정보요구로 삼아 새로운 정보순환과정을 시작

성공적인 정보생산을 위해서는 정보순환과정의 모든 요소가 올바르게 이루어져야 하는데 하나의 요소만 잘못되더라도 전체적인 정보실패가 발생할 수 있다.

모든 정보순환과정의 모델들은 일반적인 경우를 설명하고 있는데 정보를 생산하는 모든 경우를 설명할 수는 없다. 정보순환과정 모델이 실제로 이루어지는 정보생산의 단계를 모두 정확하게 설명할 수 있는 것은 아니다. 고위 정책결정자들은

항상 시간이 부족하고 구체적인 정보요구에 관심이 많은 데 비해 정보분석자들이 정교한 정보분석을 하기 위해서는 많은 시간이 필요하기 때문에 때로는 잘못된 정보를 생산하게 될 수도 있다. 그리고 실제의 정보생산에 있어서는 모델이 설명하고 있는 것과 같이 작업이 순차적으로 이루어지는 것이 아니라 정책결정자, 첩보수집자, 정보분석자 사이에 접촉이 동시에 이루어지는 경우도 많다. 또한 기억해야 할 중요한 점은 정보분석자는 의사결정에 투입되는 유일한 정보생산자가 아니라는 점과 정보분석자가 의사결정과정의 중요한 요소를 컨트롤할 수 없다는 것이다.

정보생산에 있어 특별히 어려운 요소 중의 하나가 첩보수집이다. 기술정보수집 시스템은 꼭 필요한 첩보를 수집하기보다는 수집할 수 있는 각종 영상정보, 통신정보, 기타 정보를 수집한다. 결국 효율적으로 관리할 수 있는 것보다 더 많은 비밀자료를 입수한다. 비밀수집 시스템과 공개수집 시스템이 생산해내는 엄청난 분량의 자료로부터 가치 있는 자료를 선별하는 것은 대단히 어려운 일이다. 거부와 기만에 취약한 점도 심각한 문제로 남아 있다. 진실과 논리적인 귀결을 명확하게 구분하는 것은 쉽지 않다.

마지막으로 고려해야 할 사항은 정보분석자가 일하고 있는 관료적이고 정치적인 업무환경이다. 그 동안 다소 개선되었다고는 하지만 정보기관 간의 정보공유는 원활하게 이루어지지 않는다. 인력과 장비에 대한 예산은 늘었다 줄었다 하여 예측하기 어렵다. 보안을 이유로 해외여행이나 해외출신 언어전문가 채용을 제한하기도 한다. 보고서 초안에 대해 지휘계통의 검토를 받고 동급조직과 수평적 조정을 하는 데 많은 시간이 필요하므로 최소한의 공통적 의견만 보고서에 수렴되는 경향이 있다. 정치인들과 언론으로부터 비판을 받게 되면 일부 정보분석자들과 정보관리자들은 무난하고 안전한 일만 하려고 한다. 정보분석 평가가 특히 정책결정자들이 추구하는 정책방향과 다를 경우 환영을 받지 못하게 된다. 또한 정보분석자가 가장 필요로 할 때 컴퓨터가 고장나는 돌발상황도 발생한다.

이와 같은 문제들이 발생할 경우에 대비하여 어떠한 대처방법을 강구하여야 할 것인가?

추천도서

Andrew, Christopher, *For the President's Eyes Only: Secret Intelligence and the American Presidency from Washington to Bush*, New York: Harper Perennial, 1996.

Betts, Richard K., *Enemies of Intelligence: Knowledge and Power in American National Security*, New York: Columbia University Press, 2007.

George, Roger Z., and Bruce, James B., eds., *Analyzing Intelligence: Origins, Obstacles, and Innovations*, Washington, DC: Georgetown University Press, 2008.

Kennedy, Robert, *Of Knowledge and Power: The Complexities of National Intelligence*, Westport, CT: Praeger Security International, 2008.

Kent, Sherman, *Strategic Intelligence for American World Policy*, Princeton, NJ: Princeton University Press, 1949.

Lowenthal, Mark, *Intelligence: From Secrets to Policy*, 4th ed., Washington, DC: CQ Press, 2008.

Russell, Richard, *Sharpening Strategic Intelligence: Why the CIA Gets It Wrong, and What Needs to be Done to Get It Right*, New York, Cambridge University Press, 2007.

2. 정보분석 과제의 해결방안

정보분석은 어떠한 문제의식을 갖느냐에 따라 다양한 해답이 나올 수 있다. 이 것은 어떤 문제에 대해 어떠한 접근방법을 선택하고 어떠한 분석방법을 적용할 것 인가 하는 문제와도 관련이 있다. 효율적으로 업무를 처리하는 정보분석자는 자신 이 자주 사용하는 접근방법, 분석기법, 분석도구를 가지고 있다. 이러한 분석방법들 은 오랜 시간에 걸쳐 다양한 출처들로부터 축적되고 형성되어 온 것이다.

불확실성

정보분석자들은 불확실성에 대처하기 위해 큰 그림을 그려보면서 맥락을 찾고 자 한다. 전체적인 상황의 흐름을 파악하는 데 유용한 첫 단계는 현안과 관련된 모 든 중요한 측면을 함께 고려하여 문제를 재정의하는 것인데 문제의 재구성이라고 도 한다. 실제로 모든 현안은 경제, 사회, 정치, 법률 등 다양한 측면을 가지고 있기 때문에 정보분석자는 다양한 관점에서 고찰할 필요가 있다. 또한 정보분석자는 패 턴, 관계, 경향과 같은 추상적인 연계관계를 고려함으로써 맥락을 파악할 수도 있 다. 이러한 연계관계를 파악할 때에는 사태의 진전이 새로운 것인가, 급격하게 이 루어졌는가, 파급영향이 큰 것인가와 같은 질문을 할 수도 있다.

맥락을 파악하는 특별한 도구는 연대표 또는 사건이 일어난 순서에 따라 사건 의 목록을 작성하는 것이다. 이 순서는 사건에 관한 자료를 입수한 순서와는 다른 것으로서 개별적인 사건을 전체적인 패턴의 관점에서 파악하여 전체 모습을 분명 하게 파악하는 데 도움이 된다. 여러 사건들을 간략하게 정리하여 연대표를 작성하 면 핵심적 요소와 상대적으로 가치 있는 요소들을 파악하는 데 도움이 된다.

예를 들면 표 1은 알카에다 테러리스트들이 초기에 일으킨 사건의 일자와 장 소를 연대표로 작성한 것이다.

(표 1) 초기의 알카에다 공격

1992. 12. 29.	예멘 아덴
1993. 10. 3.	소말리아 모가디슈
1998. 8. 7.	케냐 나이로비, 탄자니아 다 레 살람
2000. 10. 12.	예멘 아덴
2001. 9. 11.	미국 뉴욕, 워싱턴 DC
2002. 10. 12.	인도네시아 발리
2003. 5. 12.	사우디아라비아 리야드
2004. 3. 11.	스페인 마드리드
2005. 7. 7.	영국 런던

연대표를 변형하여 일정한 기준에 따라 예를 들면 연, 월, 일 또는 다른 간격에 따라 사건을 정렬하여 별도의 시간표로 정리할 수 있다(그림 1 참조). 시간표는 언제 사건이 집중적으로 발생하였는지 또는 언제 사건이 덜 일어났는지를 명확하게 파악할 수 있게 해 준다. 또한 사건이 덜 일어난 기간 동안 정말 사건이 적게 발생하였는지 아니면 단순히 파악되지 않은 것인지와 같이 정보분석자가 파악해야 할 문제점을 알려주기도 한다. 재정리할 때는 관련된 주제에 대해 2개 이상의 기준 축을 설정하여 같은 표에서 작성해야 한다. 이러한 프레젠테이션은 예를 들면 위치나 행위자와 같은 상이한 요소들의 상호관계를 동시에 밝히는 데 도움이 된다.

그림 1은 연대표의 자료와 동일한 자료를 사용하고 있지만 일정한 기준에 따라 복수의 트랙(이 경우에는 지리적 기준)에 맞추어 정리함으로써 정보분석자는 알카에다가 설립 초기에 비교적 단기간에 광범위한 활동을 하였다는 것을 명백하게 파악할 수 있다. 이러한 그래픽 프레젠테이션은 알카에다 테러조직의 강력한 파괴력을 잘 설명할 수 있다.

연대표와 시간표는 원인은 결과보다 반드시 먼저 있어야 한다는 점에서 원인·결과 분석에 있어 대단히 유용하다. 또한 전체 그림을 그려 가는 데 있어 어떤 자료가 부합하고 어떤 자료가 모순되는지를 밝혀 줄 수 있다. 시간순서에 입각한 사건구성은 특히 장기간에 걸친 복잡한 사건의 명확한 줄거리 전개의 기초가 되고 가설설정의 자료가 된다.

불확실성을 줄여주는 또 다른 문제 접근방법으로 다수의 활동을 관찰한 결과를 기초로 모델화 또는 일반화하여 생각하는 방법이 있다. 다른 상황에 폭 넓게 응

(그림 1) 시간표

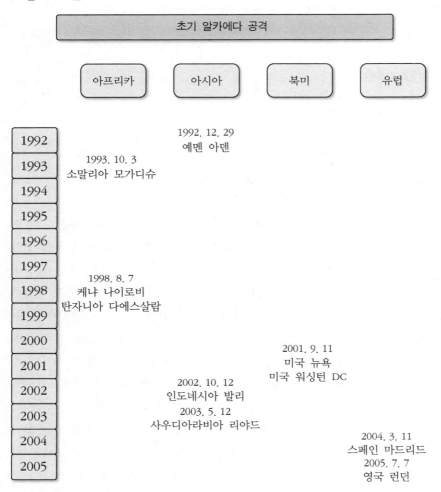

초기 알카에다 공격

아프리카   아시아   북미   유럽

1992		1992. 12. 29 예멘 아덴
1993	1993. 10. 3 소말리아 모가디슈	
1994		
1995		
1996		
1997		
1998	1998. 8. 7 케냐 나이로비 탄자니아 다에스살람	
1999		
2000		
2001		2001. 9. 11 미국 뉴욕 미국 워싱턴 DC
2002		2002. 10. 12 인도네시아 발리
2003		2003. 5. 12 사우디아라비아 리야드
2004		2004. 3. 11 스페인 마드리드
2005		2005. 7. 7 영국 런던

용할 수 있는 기본적이고 의미 있는 상황을 모델로 삼아 이 상황의 여러 측면을 검토하는 방법이다. 예를 들면 전형적인 테러공격, 부정선거, 경기침체, 암살, 성공적인 제품 또는 다른 이슈가 나타나는 모습을 상정하여 두고 이것을 일반화된 모델로 삼아 논리적 접근방법에 따라 현안과 비교하는 것과 같다. 일반화는 알려져 있는 소수의 사례의 특징이 잘 알려져 있지 않거나 조사하기 어려운 많은 경우에도 사실일 것이라고 믿는 것이다. 여론조사는 일반화의 논리원칙을 활용한 예라고 할 수 있다. 그러나 정보분석자는 소수의 사례에 입각하여 일반화를 서두르게 되면 고정

(그림 2) 플로우 차트

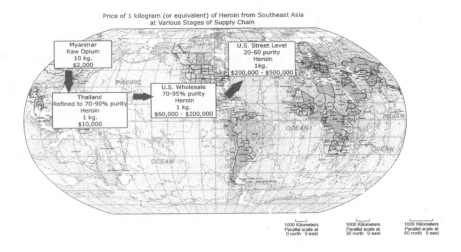

관념에 사로잡히게 되고 논리적 오류에 빠지게 되므로 유의해야 한다.

어떤 문제를 명료하게 파악하는 또 다른 방법으로 시간에 따라 상황이 어떻게 변화하고 무엇이 변화의 원인이 되는가를 살펴보기 위해 사건의 흐름을 과정의 관점에서 고찰하는 방법이 있다. 이 접근방법은 사건의 전개과정을 그 구성부분으로 나누어 살펴보는 것으로서 각 부분이 어떻게 작용을 하고 여러 부분들을 어떠한 상호작용을 하며 전체적으로는 어떻게 작용하는가를 고찰하는 것이다. 다른 그래픽처럼 사건전개를 차트형식으로 표현하게 되면 하나의 그림 속에 복잡한 상황을 보여줄 수 있다. 예를 들면 플로우 차트는 제품의 개선상황, 테러공격의 준비, 공업제품의 변화와 같이 상당한 시간이 경과하여도 특별한 변화 없이 지속적으로 전개되는 과정을 이해하는 데 유용하다. 사건전개의 흐름 또는 과정을 보여주는 다른 예로는 불법 마약거래가 공급체인을 통해 이동해 감에 따라 가격과 이익마진이 어떻게 변화하는가를 보여주는 사례가 있다(그림 2 참조).

경쟁정보 또는 기업의 경쟁력 향상을 위한 기업경영정보에서는 가치사슬 분석을 응용한다. 가치사슬 분석은 기업의 연구개발, 자원공급, 제조, 물류, 마케팅, 판매, 서비스와 같은 기업의 내부절차를 규명하고 이것이 얼마나 효율적으로 작동하고 있는가를 검토한다. 가치사슬 분석은 기업이 소수의 자원공급자에게 너무 의존적인지, 제품생산 능력이 부족한지, 숙련된 직원이 부족한지, 시대에 뒤떨어진 기술을 사용하고 있는지와 같은 기업의 문제점과 취약점을 발굴할 수 있다. 작업절차의 효율성을 점검하는 방식은 행정부의 의사결정이나 무기생산 과정을 검토하는 것과 같이 다른 분야에도 응용이 가능하다.

　　법집행 분야에서는 사건의 원인과 결과를 포함하여 사건의 전개과정을 시간순서에 따라 배열하는 사건 플로우 차트를 이용할 수 있다. 희생자와 용의자의 활동을 보여주는 별도의 차트도 이용된다. 사건 플로우 차트 분석에서 유사한 행위 유형이 수차례 반복되고 있다면 활동수법이나 일련의 범법자를 확인하는 데 유익할 것이다.

　　불확실성을 감소시키고 맥락파악에 도움을 주는 유용한 분석도구에 매트릭스(matrix)가 있는데 매트릭스는 여러 가지 하부 카테고리로 구분할 수 있는 2개의 자료집단 사이의 관계를 표로 나타내는 것이다. 예를 들면 제작비, 효율성, 제작기간 등 다양한 측면을 고려하여 여러 가지 무기시스템을 평가하고자 할 때 매트릭스가 이용될 수 있다. 서로 다른 범죄조직의 다양한 위협을 평가할 때에도 조직원의 능력, 활동범위, 활동유형 등과 같은 요소를 매트릭스를 이용하여 검토할 수 있다. 매트릭스를 이용하면 시간의 변화에 따라 이와 같은 요소들이 증가하거나 감소하는 것과 같은 변화를 파악할 수 있다. 또한 매트릭스의 어떤 항목이 빈칸이라고 한다면 정보분석자가 이것을 파악하지 못하였다는 것을 보여주기 때문에 추가조사를 할 수 있도록 가이드 역할을 할 수 있다. 컴퓨터 프로그램으로 작성된 매트릭스는 다양하고 많은 자료들을 요약하고 편리하게 작업할 수 있도록 도와준다.

　　매트릭스는 반드시 크고 많은 항목으로 구성될 필요가 없다. 경쟁정보에서 활용되는 매트릭스로서 강점, 약점, 기회, 위협이라는 4개의 항목으로 구성된 SWOT 분석은 MBA와 경영대학원 등에서 경영전략 수립의 유용한 도구로서 널리 교육되고 있다(그림 3 참조).

(그림 3) SWOT 매트릭스

	기회(O)	위협(T)
장점(S)	전략(SO)	전략(ST)
약점(W)	전략(WO)	전략(WT)

SWOT 매트릭스는 어떤 회사에 관한 이들 4개의 요소가 어떠한 상호작용을 하게 될 것인가를 검토하여 최적의 전략계획을 수립할 수 있도록 한다. 강점이란 회사가 잘할 수 있는 것과 시장에서 경쟁력을 가질 수 있는 요소를 말하고 약점이란 회사가 잘하지 못하거나 부족한 요소를 말한다. 강점과 약점은 회사의 내부적 요소이므로 어느 정도 통제가 가능하다. 기회란 회사의 제품이나 서비스에 대한 수요를 창출할 수 있는 요소이고 위협이란 수요를 위축시킬 수 있는 잠재적 시장요소를 말하는데 이것들은 외부요소로서 회사가 통제하기 어렵다.

정보분석자는 4개 항목별로 회사에 해당되는 사항을 우선순위를 정하여 3~5개씩 정리하고 이것들을 조합하여 4개 영역의 상황에 부합하는 전략을 수립한다. 예를 들면 만약 어떤 조직이 몇 개의 강점을 가지고 있는 상태에서 심각한 외부적 위협에 직면해 있다면 조직의 자원을 취약한 부문을 보완하는 쪽으로 집중할 것인가 아니면 강점을 발휘하는 쪽으로 집중하고 취약한 부문을 포기할 것인가를 결정해야 한다. 가장 위험한 상황은 내부적 약점이 많고 외부적 위협이 심각한 경우인데 기업이나 조직의 운명을 좌우할 수 있는 위험한 상황이므로 현명하고 견실한 전략수립이 필요할 것이다.

상관관계에 기초하여 불확실성을 다루는 분석기법을 인과고리 분석(link analysis)이라고 하며 네트워크 분석 또는 연관분석(association analysis)이라고도 한다. 인과고리 분석은 범죄조직과 비밀 네트워크를 파악하기 위한 수사활동에서 시작되었고 점차 테러대응활동에서도 사용되었다. 인과고리 분석의 기본요소는 마디와 고리이다. 마디는 사람, 장소, 전화, 은행계좌 등이 해당될 수 있고 고리는 권력, 정보, 자산과 같은 요소들이 작용할 수 있는 마디와 마디를 연결하는 관계를 말한다. 고리가 많은 마디는 더욱 유용한 자원이 될 수 있는데 강한 영향력을 가진 핵심요소가 되는 정보를 포함하는 경우가 많다.

네트워크 분석도 문제를 해결하는 방법을 도출하는 데 도움이 된다. 네트워크에 의한 사고방식은 기업, 군대, 정부 등과 같은 위계적 조직에 기초한 고전적 조직기구 차트 또는 배치도와 같은 전통적인 조직기구 분석과는 다르다. 전통적 조직기구 분석은 공식적인 관계를 보여줄 수 있으나 비공식적인 네트워크 또는 시간 경과에 따른 미세한 변화를 반영하기 어렵다.

정보분석자는 네트워크를 분석할 때 훨씬 많은 잠재적 연계관계를 고려해야 한다. 네트워크 분석은 전형적인 조직체제에서 나타나는 상하관계뿐만 아니라 있을 수 있는 다양한 연계관계를 고려하여 그 의미와 상호작용을 통한 상승효과를 검토해야 한다. 이 방법은 조직기구의 기능을 파악하는 것과는 다른 관점에서 접근한다. 예를 들면 유능한 비서나 젊은 컴퓨터 숙달 직원은 공식적인 조직 내 위상을 훨씬 뛰어넘는 역할을 할 수도 있다.

　　네트워크의 핵심인물은 힘이 있고 유연하며 쉽게 좌절하지 않는다. 정보, 자금 또는 물건이 다양한 연계관계나 경로를 통해 전달될 수 있다. 복수의 경로는 지식전달과 반응의 속도를 높일 수 있고 잠재적인 다양한 연계관계는 일부 연결이 끊어질 경우 대안으로 작용할 수도 있다. 잠재적인 다양한 연계관계는 대량의 정보를 신속하게 전파할 수 있는 컴퓨터, 전화, 팩스, 인터넷과 같은 기술에 의해 획기적으로 향상되었다. 상업적인 암호기술은 자료가 외부에 노출되지 않고 전달될 수 있는 가능성을 높이고 있다. 테러리스트와 범법자들은 효율성과 보안성이 높은 네트워크 형태의 조직구조를 더욱 많이 이용하는 경향이 있다.

　　네트워크 구조는 주의 깊게 집중적으로 접근하면 약화시키고 파괴할 수 있는데 인과고리 분석은 그 취약점을 파악하는 데 유용하다. 중요한 것은 가능한 한 단기간에 중요한 마디를 많이 타격하는 것이다. 이렇게 하면 네트워크의 주요 장점인 조직의 유연성과 탄력성을 떨어뜨릴 수 있다. 공격하는 입장에서 보면 많은 연계관계를 가진 네트워크 조직일수록 공포, 불신, 혼란 등이 더 빨리 확산되어 신속하게 붕괴하게 된다.

　　인과고리 분석도 프레젠테이션으로 표현할 수 있다(그림 4 참조). 관계의 긴밀도는 전화 또는 회합의 빈도와 같은 요소를 통해 파악할 수 있다. 약한 관계는 가는 선으로 표시하고 강한 관계는 굵은 선으로 표시하여 관계의 긴밀도를 표시할 수 있다. 관계의 성격은 통제와 같은 일방적 관계인 경우에는 일방향 화살표를 사용하고 협조 또는 협의와 같은 쌍방적 관계인 경우에는 양방향 화살표를 사용하여 표현할 수 있다. 활동의 내용에 따라 서로 다른 색으로 표현할 수도 있는데 예를 들면 현금흐름, 전화통화 그리고 불법마약, 무기, 도난물품 등의 이동을 서로 다른 색으로 표시하는 것이다. 연결고리를 표현할 때 의심스러운 관계는 점선으로 표시하고 자료는 있으나 확인되지 않은 관계는 파선으로 표시하고 확인된 관계는 실선으로 표시하는 등 확인의 정도를 나타낼 수도 있다. 매트릭스와 같이 인과고리 차트는 많은 양의 자료를 요약하여 표현할 수 있는 좋은 방법이다.

　　시간표, 플로우 차트, 매트릭스, 인과고리 차트 등의 다양한 그래픽은 전체적인

(그림 4) 인과고리 차트 기본요소

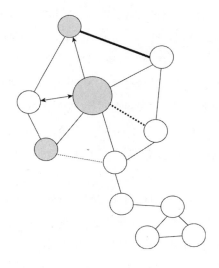

모습을 보여주거나 많은 자료를 요약하거나 상황의 변화를 시각적으로 보여주는 장점이 있다. 그러나 차트에 자료를 넣을 때 명심해야 할 것은 '쓰레기를 넣으면 쓰레기가 나온다'는 유명한 말처럼 도출되는 결과는 사용된 자료의 질에 따라 결정된다는 점이다. 분석결과의 질을 높이기 위해서는 자료의 정확성, 타당성, 완전성, 연관성과 같은 요소들을 고려해야 한다. 또한 출처에 관한 전문지식, 접근성, 객관성, 신뢰성 등이 중요하다. 그리고 거부와 기만의 가능성도 검토되어야 한다.

　　자료부족을 보완하는 좋은 방법 중의 하나는 다양한 독립적인 출처에서 자료를 수집하는 것이다. 정보분석을 위한 자료수집은 인간정보출처(HUMINT), 언론과 같은 공개정보출처(OSINT) 그리고 신호정보출처(SIGINT), 영상정보출처(IMINT), 신호계측정보출처(MASINT) 등의 기술정보출처로부터 이루어진다. 이와 같은 출처들은 출처별로 장점과 단점이 있다. 예를 들면 인공위성으로 수집한 영상이나 감청자료는 정확하기는 하지만 일반적으로 상대방의 의도를 직접 표현하는 자료는 아니다. 인간정보출처나 공개정보출처로부터 입수한 자료는 기술정보출처로부터 입수한 자료를 보다 정확하게 파악할 수 있는 맥락을 제공할 수 있다. 그러므로 다양한 출처에서 입수된 자료들은 서로 다른 자료의 약점을 보완해줄 수 있다.

　　복수출처의 자료는 현안문제와 관련된 정치, 경제, 지리, 기술 등 다양한 측면에 관한 정보를 포함하고 있어 불확실성을 감소시키는 데 도움이 된다. 어떤 측면에 있어서는 별로 중요하지 않으나 보다 관찰하기 쉽고 입수하기 쉬운 것도 있다. 정보분석자의 업무는 알고 있는 것으로부터 모르는 것을 타당하게 추론하는 것이다. 예를 들면 적이 탱크나 다른 장비를 숨기고 있을 때 그 숫자나 위치를 파악하기 위한 방법으로 연료수송이나 다른 지원기능을 추적하는 것을 검토할 수도 있다.

입수되는 자료는 대개 완전하지 못하거나 깊이 있는 자료가 아니라는 문제가 있는데 자료의 부족한 부분은 추정을 통해 보완한다. 정보분석자는 경쟁회사의 의도나 테러리스트의 정확한 능력을 모르기 때문에 어떤 상황과 관련된 의견을 제시하고자 할 때에는 어떤 가정을 수립한다. 어떤 주장을 할 때 그 가정이 없으면 주장이 성립되지 않는 것과 같이 가정이 중심적인 역할을 하게 되면 가정을 전제로 주장하는 것은 특히 위험하다. 가정은 종종 분명하게 나타나지 않을 때도 있어 자신도 모르게 전제로 작용하고 있는 경우도 있다. 정보분석자는 사실에 대해 신뢰성, 관련성 기타 각종 요소를 검증하는 것처럼 가정에 대해서도 명확하게 설명할 수 있어야 한다. 정보분석자들은 종종 미래에 대해 가정을 할 때 현재의 추세나 상황이 당분간 변화하지 않고 지속될 것이라고 하는 현상유지 사고방식을 갖게 되기 쉬운데 이것은 가장 위험한 것이다.

그러므로 불확실성을 줄이기 위해 수시로 가정을 점검하는 것이 바람직하다. 고려하여야 할 점은 가정을 뒷받침하는 자료들이 아직도 타당한가 여부와 함께 만약 가정이 거짓이라면 분석에 얼마나 많은 영향을 미치게 될지를 검토해야 한다.

불확실성을 낮추는 또 하나의 방법은 설명 가능한 복수의 대안을 검토하고 어느 것이 가장 타당한지 결정하는 방법이다. 광범위하게 있을 수 있는 가능성이나 가설을 설정하고 이 중에서 가장 가능성이 높은 것을 선택하는 것이다. 학문연구의 경우에도 동일하지만 정보분석의 가설은 최종적인 해답이라기보다는 토론하고 검증되어야 할 예비적이고 잠정적인 가능성이라고 할 수 있다. 실제로 너무 일찍 한 개의 가설을 채택하면 너무 서둘러 결론을 내렸기 때문에 좋은 자료가 무시되거나 저평가되는 이른바 확인편견(confirmation bias)이 나타날 수 있다. 만약 너무 적은 가설만을 수립한다면 비전형적이거나 새로이 나타나는 현상 또는 위장된 실태를 파악하기 어렵게 된다. 그러나 가설을 수십 개 또는 수백 개와 같이 너무 많이 수립한다면 정책결정자에게 별로 도움이 되지 않을 것이다. 가설의 숫자가 많아지게 되면 중심 주제를 기준으로 그룹화하여 관리하는 것이 좋다.

가설을 창출하는 방법은 여러 가지가 있는데 특히 상상력과 창의력이 많은 도움이 된다. 기본적인 2가지 접근방법은 첫째, 과거에 발생한 유사사례에 있어 중요한 요소들이 어떤 역할을 하였고 요소들 상호간에 어떻게 영향을 미쳤는지를 살펴봄으로써 현재 문제가 되는 상황을 상세하게 고찰하는 방법이 있고 둘째, 비교 가능한 다른 사례의 비슷한 상황을 광범위하게 고찰하는 방법이 있다. 이외에 인과관계 추적, 군사적 문제를 경제적 맥락에서 살펴보는 것과 같이 다른 관점에서 상황 고찰하기, 다른 방법으로 파악할 수 없는 사항에 대해서는 비밀정보활동을 통해 상황을 파악하는 방법이 있다. 가설을 수립하는 마지막으로 유용한 방법은 변종을 고려하는 것으로서 어떤 사실이 현재 수립된 각종 가설에 부합하지 않는다면 새로운 가설을 수립할 필요가 있다고 생각하는 것이다. 변종가설은 귀찮고 불편하다고 하여 무시하기보다는 검증하고 평가할 만한 가치가 있다.

가설을 평가하는 데에는 다양한 방법이 있다. 가장 좋은 평가방법 중의 하나는 전 CIA직원인 리차즈 휴어(Richards Heuer)가 창안한 경쟁가설분석(Analysis of Competing Hypotheses: ACH)이다(그림 5 참조). 경쟁가설분석은 매트릭스 형식을 이

〈그림 5〉 경쟁가설분석 매트릭스

어느 가설이 증거와 가장 불일치가 적은가?

	가 설					
	가설 1	가설 2	가설 3	가설 4	가설 5	가설 6
증거 A						
증거 B						
증거 C						
증거 D						
증거 E						
증거 F						
증거 G						
증거 H						
증거 I						
증거 J						
증거 K						
증거 L						
종합						

용하여 증거자료와 가설을 배치하고 증거자료와 일치하지 않는 가설을 제거하는 방식을 사용하여 증거자료와의 불일치가 가장 적은 가설을 가장 유력한 가설로 채택하는 방법이다. 이 방법은 가설을 검증할 수 있는 증거자료의 진단성을 강조하는데 어떤 증거자료는 사실이라고 하더라도 다수의 가설에 공통으로 타당하게 되면 유용하지 못하게 된다. 가설을 평가하는 기타의 방법에는 경험에 입각한 직관판단, 최소한의 설명을 하는 '오캄의 면도날'(Occam's razor), 누가 이익을 얻고 보상을 받는가를 검토하는 '퀴 보노'(cui bono), 타당성 검토와 증거의 질적 평가 등이 있다.

돌발상황

복수의 가설을 설정하는 것은 돌발상황을 예견하는 방법으로도 유용하게 활용된다. 전통적인 사고방식이나 눈에 보이는 확실한 것만 고려하지 않고 다양한 가능성을 상상하면서 창의력을 발휘하는 정보분석자는 상황을 파악하지 못하는 경우가 적다.

돌발상황을 피할 수 있는 또 다른 유용한 방법은 군사분석에서 널리 활용되는 전개과정과 지표를 검토하여 경고를 발하는 것이다. 적들이 자신의 의도를 명백하게 표출하는 일은 거의 없기 때문에 정보분석자들은 어떤 일이 벌어질 것인가를 암시하는 간접적인 징후를 검토해야 한다. 기본적인 접근방법은 만약 적이 평시체제를 전시체제로 전환하여 공격을 준비하고자 한다면 장기간에 걸쳐 복잡한 준비를 해야 하기 때문에 다양하고 광범위한 관찰 가능한 조치가 있게 된다. 예를 들면 군대와 장비를 이동하고 보급품을 비축하고 통신시스템을 활성화시키게 된다. 평가지표는 적의 과거의 군사작전이나 군사훈련, 군사독트린 그리고 국가차원의 정치시스템, 경제, 인프라와 같은 요소 등을 고려하여 선정한다. 추적해야 하는 지표는 수십 개 또는 수백 개가 될 수도 있다. 어떤 이슈 또는 상황을 전체적으로 파악하고 평가지표를 검토하는 접근방법은 방첩이나 마약범죄 대응과 같은 다른 분야에 있어서도 활용할 수 있다.

돌발상황과 경고와 관련하여 2가지 유용한 사고방식은 위험성과 위협이라는 개념이다. 위험성은 다양하게 정의할 수 있지만 정보분석에서는 규모와 영향력의 관점에서 평가하는 것이 유용하다. 만약 큰 거래에 위험요소가 많고 부정적인 전망이 우세하다면 상당한 위험성이 있는 것이고 만약 위험요소가 적고 발생가능성이 적으면 위험성이 낮은 것이다. 위험성과 같이 위협도 다양하게 정의할 수 있다. 정보분석자들은 능력과 의도를 결합하여 위협의 수준을 평가해 왔다. 만약 적이 공격하기를 원하고 공격할 수 있는 능력이 있다면 위협의 정도가 높고 만약 2가지 모두 낮다면 위협은 낮아진다. 위험성과 위협을 평가하기 위해서는 주의 깊은 관찰과 평가가 필요하다.

위협분석을 시작할 때에는 실제로 위협이 존재하는지 여부를 확인하는 것부터 출발해야 한다. 첫 단계는 당연하다고 할 수 있으나 종종 간과되기도 한다. 다음으로 실제로 위협이 되는 사람이나 조직이 확인되었으면 훈련, 무기, 조직 등의 요소를 바탕으로 해를 끼칠 능력이 있는지 검토해야 한다. 그리고 위협 용의자들이 과거에 공격한 기록이 있는지 확인해야 한다. 과거의 공격정보는 장차 일어날 공격을 예측하는 데 도움이 될 수 있다. 또한 이들이 특별한 위협을 통해 자신의 의도를 드러낸 적이 있는지 검토해야 한다. 마지막으로 무기 구입, 조직원 여행, 잠재적 공격대상 관찰과 같은 실제적인 공격을 준비하는 지표를 파악해야 한다.

지표를 배열하여 평가하는 매트릭스 방법으로 신호등 매트릭스(stoplight matrix)가 있는데 낮은 위험도와 위협요소의 평소 활동을 나타내는 녹색신호등, 조사가 필요하다고 주의를 환기시키는 노란신호등, 그리고 즉각적인 주의와 행동이 필요하다는 것을 나타내는 적색신호등이 있다(그림 6 참조). 정보분석자들은 자신의 판단에 따라 지표에 상응하는 색을 표시하기 위해 많은 자료를 검토한다. 이 기법을 사용하는 장점 중의 하나는 어떤 색이 주류를 이루고 있는가를 관찰하여 전체 상황을 한눈에 파악할 수 있다는 점이다. 또 다른 장점은 추가 조사가 필요한 비정상적인 상황을 분명하게 알 수 있게 해주는 것이다.

그림 6은 서로 다른 2일의 상황을 지극히 단순화한 가상의 예이다. 위의 차트는 주류를 이루는 색이 녹색이어서 위협적이지 않은 상황을 보여주고 있으나 추가 조사가 필요한 몇 가지 비정상적 요소들이 있는데 왜 모든 육·해·공군부대에서 휴가가 취소되었는지, 육군과 해군부대와 달리 공군부대만 다른 상황을 보이는 이유는 무엇인지 등이 검토되어야 한다. 아래 차트는 적색이 다수를 차지하여 더욱 심각한 상황을 보여주고 있으나 왜 휴가가 취소되지 않고 전면적으로 실시되고 있는지, 왜 해군부대는 무선통신이 금지되지 않고 허용되는지 파악해야 한다.

돌발상황이나 과거와는 완전히 다른 새로운 사태를 예측할 수 있는 다른 방법으로 적의 관점에서 그들이 무엇을 할 것인가를 고찰하는 방법이 있다. 이러한 검토에 있어서는 적에 대한 분석적 전문지식이 특히 유용하다. 다양한 관점에서 적을

(그림 6) 신호등 매트릭스

신호등 매트릭스 1				
	휴가취소	예비군 동원	무선침묵	추가보급품 비축
공군부대	R	Y	G	Y
육군부대	R	G	G	G
해군부대	R	G	G	G

신호등 매트릭스 2				
	휴가취소	예비군 동원	무선침묵	추가보급품 비축
공군부대	Y	R	R	R
육군부대	Y	R	R	R
해군부대	Y	R	G	R

파악하는 방법에는 다음과 같은 것들이 포함된다.

▷ 홍팀 구성(Red Team): 군사훈련의 일환으로 한 개 부대에게 적들이 하는 방식으
로 행동하도록 임무를 부여
▷ 악마의 변론(Devil's advocacy): 로마 카톨릭교회에서 어떤 사람을 성인으로 추대
하고자 할 때 지지와 반대 의견을 최대한 이끌어내기 위해 사용하는 절차인데
일반적으로는 전통적인 의견이나 합의가 이루어진 사항에 대해 검증하는 방법
으로 사용
▷ A팀 · B팀 분석: 냉전기간 동안 CIA에서 사용된 방법으로 2개의 그룹에게 동일
한 자료를 기초로 판단하게 하여 같은 결론에 도달하는지를 확인

이와 같은 기법들은 모두 인지적 편견을 극복하는 데에도 사용할 수 있지만 적
절하게 활용되고 검증되어야 할 필요성이 있다. 예를 들면 악마의 변론의 경우 만

약 반론제기가 진지하게 이루어지지 않거나 같은 사람에게 반복하여 임무가 부여되게 되면 단순한 확인사항 점검의 역할을 하게 되어 충분한 기능을 발휘할 수 없게 된다.

기 만

이제까지 논의한 분석기법과 접근방법은 거부와 기만을 밝히는 데에도 유용하다. 가장 중요한 것 중의 하나는 독립적인 자료의 출처를 많이 확보하는 것이다. 그 이유는 한 개의 자료 유통채널은 속이기 쉽지만 유통채널이 증가할수록 속이기 어려워지기 때문이다. 이외에 성급하게 결론을 내리지 않는 것, 다양한 결론과 가능성을 고려하는 것, 빠져 있는 정보 또는 발생하지 않은 사실(예를 들면 개가 짖지 않은 사실)의 의미를 간과하지 않는 것 등도 중요하다. 자부심, 경직성, 자기과신, 자아도취는 정보분석자와 조직지도자 모두를 속이는 결과를 초래할 것이다. 성공적인 기만요소들은 일부의 사실을 포함하면서 시도하는 책략에 대해 선입관, 편견, 공포심 등을 유발하는 경향이 있다.

정보분석자는 내부적으로 선택 가능한 방안이라고 생각해 온 것이나 확실하다고 생각해 온 증거자료를 포함하여 기만 가능성이 있는 자료를 파악하기 위해 노력해야 한다. 기만에 의해 조성된 자료는 잘못된 선입견을 형성하기 위해 의도적으로 조작된 것일 가능성이 많다. 기존의 상황구도에 맞지 않는 사실이나 변칙적 사실은 잠재적인 기만자료로 판단할 수 있다.

적이 기만능력을 가지고 있는지, 과거에 사용한 일이 있는지, 얼마나 효과적으로 사용하였는지 등을 파악하는 것도 중요하다. 적의 과거 행태와 전략을 상세하게 평가하는 것뿐만 아니라 이제까지와는 다른 기만수단을 사용할 수 있다는 관점에서 상황을 관찰하는 것이 중요하다. 만약 기만 가능성이 높다고 한다면 현재 아무런 증거가 없다고 하더라도 적이 선택할 수 있는 최상의 선택방안이 무엇이 될 수 있는지를 고려해야 한다.

미 래

미래를 전망하는 효과적인 분석기법의 하나는 장차 발생할 수 있는 다양한 결과를 묘사하는 시나리오를 구성하는 방법이다. 장차 발생할 수 있는 가능성 있는 경우의 수는 엄청나게 많기 때문에 정보분석자는 관리 가능한 숫자만큼 가장 타당성 있어 보이는 시나리오를 상정하는 것이 중요하다. 가장 좋은 방법 중의 하나는 경영계획 수립과정에서 발전되어 온 방법으로서 주요 추동요인을 검토하는 방법이다. 추동요인이란 미래를 결정할 수 있는 정치적, 인구통계적, 기술적 요인 등의 주요 요소를 말한다. 정보분석자는 중요하다고 생각하는 2개의 추동요인을 선택하여 4개 영역으로 나누어지도록 2개의 교차하는 축으로 표시한다(그림 7 참조).

그림 7은 중국의 미래를 결정할 2개의 주요 요소로서 정부의 민주화 정도와 경제의 자유화 수준을 상정하였다. 2개의 추동요인은 실현 가능성이 높은 4개 영역을 구성하는 기본요소가 된다. 중국의 상황과 관련된 지식을 바탕으로 각 영역의 미래 모습을 시나리오로써 구체화할 수 있다. 또한 어떤 시나리오가 실현될 경우 나타날 것으로 예상되는 관찰 가능한 사건이나 현상을 이정표로써 제시할 수 있다. 미래의 모습을 결정하는 데 영향을 미치는 중요한 요소로서 자연재해와 같은 것은 가능성은 낮지만 큰 영향력을 미치는 요소가 있을 수 있다는 것을 항상 염두에 두어야 한다.

(그림 7) 시나리오분석 4개 영역

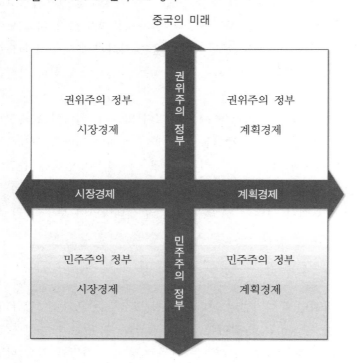

미래전망을 할 때 어떤 결과가 초래될 것인가에 대해 쉽게 결론을 내리지 못하는 경우가 많다. 미래를 전망하는 토론을 할 때에는 발생할 가능성은 낮지만 발생하게 되면 심각한 영향력을 미치는 경우에 대해 별로 토론하지 않는 경향이 있다. 실제로 발생할 것 같지는 않으나 여전히 가능성이 남아있는 경우에 활용할 수 있는 방법으로는 어떤 결과가 실제로 발생할 것인가와는 무관하게 그 결과가 발생한다고 상정하여 검토를 진행하는 '실현가정 분석'(What if? analysis)이 있다. '실현가정'(What if?)이라는 시나리오를 구성하는 것은 창의성과 상상력을 높이는 기회가 될 수도 있다. 시나리오를 구체적으로 구성한 다음에는 이것이 어떤 과정을 거쳐서 실현될 것인가에 대해 설득력 있게 설명할 수 있어야 한다. 만약 이것이 가능하고 심각한 영향력을 가지고 있다면 미래에 대한 대응방안을 수립할 때 포함시켜야 한다.

미래는 다양한 가능성이 있기 때문에 정보분석자는 만약 A가 발생하면 1, 2, 3 상황이 전개되겠지만 B가 발생한다면 4, 5, 6 상황이 더 가능성이 높다고 하는 것처럼 만일의 사태라는 관점에서 고려하는 것도 유용하다. 미래에 발생 가능한 시나리오는 다양하게 존재하고 발생 가능성은 서로 다르기 때문에 정보분석자는 발생 가능성을 기준으로 선택할 수 있는 대안에 우선순위를 부여하기도 한다.

미래를 전망하는 또 다른 방법으로 의사결정의 단계에 따라 나타날 수 있는 다양한 결과를 검토하는 의사결정나무(decision tree) 또는 가설나무(hypotheses tree) 기법이 있다(그림 8 참조). 어떤 개인이나 조직이 사용할 수 있는 논리적 선택가능 방안을 망라하는 것으로부터 시작한다. 다음에는 각각의 선택방안을 선택한 이후 다시 선택할 수 있는 방안을 검토한다. 가능한 한 많은 단계에 걸쳐 선택방안을 만드는 것이 바람직하지만 너무 많아져서 문제의 핵심파악으로부터 멀어져서는 안 된다. 선택방안을 만들 때에는 서로 배타적 관계에 있도록 하는 것이 바람직하다. 결과를 보여주는 차트는 문제의 파급력을 파악하는 데 도움이 되고 마지막 선택방안으로 연결되는 일련의 과정은 미래에 전개될 수 있는 시나리오가 된다.

의사결정나무가 완성되면 정보분석자는 다양한 선택방안과 관련되는 증거자료를 배치한다. 가장 많은 증거자료와 부합하는 선택방안은 어느 것인가? 이것은 이 선택방안이 가장 가능성이 높다는 의미인가? 이 선택방안으로 보고를 한다면 어떤 문제가 있는가? 어떤 선택방안에도 부합하지 않는 타당성 높은 증거자료는 없는가? 만약 있다고 하면 이것은 무엇을 의미하는가? 또한 어떤 개인이나 조직은 일련의 의사결정과정에 있어 현재 어느 단계에 있을 것인가? 등을 검토해야 한다. 어떤 문

〈그림 8〉 의사결정 나무

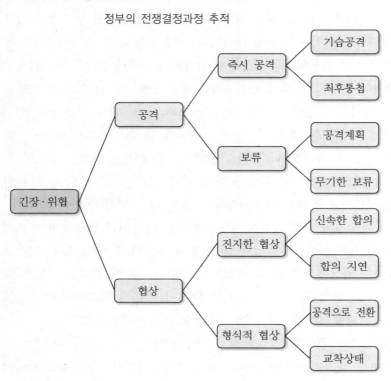

정부의 전쟁결정과정 추적

제를 검토할 때 오직 자신의 관점에서만 파악하는 거울이미지 현상이 나타나지 않도록 유의해야 한다.

　　정책결정자들은 종종 정보분석자들이 좋지 않은 소식을 전하거나 문제점만 제기하고 해결책을 제시하는 경우가 많지 않다고 불평한다. 이러한 점을 고려하면 미래에 대해 검토를 할 때 다양한 선택 가능 방안과 취할 수 있는 조치를 분명하게 제시하는 것이 좋은 방법이다. 예를 들면 시나리오 분석의 4개 영역은 각 영역에서 취할 수 있는 조치를 발굴하는 데 유용하게 사용될 수 있다.

　　어떠한 정보분석 기법도 정보실패나 정책실패를 방지할 수 있다고 보장할 수는 없다. 정보분석자는 최대한 좋은 결과를 이끌어내기 위해 다양한 분석기법을 활용하는 것을 검토해야 하고 열린 마음가짐을 가져야 한다. 이와 같은 정보분석의 일반적 지침들은 허공에서 갑자기 나타난 것이 아니고 오랜 시간에 걸쳐 많은 사례로부터 도출된 것이다.

추천도서

Bennett, Michael, and Waltz, Edward, *Counterdeception Principles and Applications for National Security*, Boston, MA: Artech House, 2007.

Clark, Robert M., *Intelligence Analysis: A Target Centric Approach*, 2nd ed., Washington, DC: CQ Press, 2007.

Fleisher, Craig, and Bensoussan, Babette, *Strategic and Competitive Analysis: Methods and Techniques for Analyzing Business Competition*, Upper Saddle River, NJ: Pearson Education, 2003.

Godson, Roy, and Wirtz, James J., *Strategic Denial and Deception: The Twenty−First Century Challenge*, New Brunswick, NJ: Transaction Publishers, 2002.

Grabo, Cynthia M., *Anticipating Surprise: Analysis for Strategic Warning*, Washington, DC: Center for Strategic Intelligence Research, 2002.

Heuer, Richards J., *Psychology of Intelligence Analysis*, Washington, DC: Center for the Study of Intelligence, 1999; available online at:
https://www.cia.gov/library/center−for−the−study−of−intelligence/csi−publications/books−and−monographs/psychology−of−intelligence−analysis/index.html.

Heuer, Richards J., and Pherson, Randolph H., *Structured Analytic Techniques for Intelligence Analysis*, Washington, DC: CQ Press, 2010.

Jones, Morgan, *The Thinker's Toolbox: 14 Powerful Techniques for Problem Solving*, New York: Three Rivers Press, 1998.

Peterson, Marilyn, *Applications in Criminal Analysis*, Westport, CT: Greenwood Press, 1995.

Schwartz, Peter, *The art of the Long View: Planning for the Future in an Uncertain World*, New York: Doubleday, 1996.

고대로부터
근대까지의 정보분석

　　인류가 사회를 구성하고 자신의 활동을 기록으로 남기기 시작한 이래 인류는 전쟁을 계속해 왔다. 전쟁에서 승리를 거두기 위해 군 지휘관들은 지형, 적 병력의 위치와 강점, 적장의 능력과 의도 등에 대하여 정확한 정보를 얻는 것이 얼마나 유리한지 잘 알고 있었다.

　　인터넷시대의 관점에서 역사를 돌아보고 수세기 전 정보분석의 과제는 어떠했는가를 이해하고 현재 상황과 비교해보는 것도 의미가 있을 것이다. 과거의 시점에서 보면 기록이란 완전하지 않으며 정확하지도 않다. 다만 무기의 힘과 사정거리, 기동성이 매우 제한되어 있었다는 것만은 분명하다. 화약의 도입으로 전투능력은 확충되었으나 대포는 여전히 사정거리가 제한되어 있었다. 게다가 보병은 사람이 걷는 속도 정도로만 움직일 수 있었으며 함대도 범선이 항해하는 속도 정도로만 움직일 수 있었다. 여기에 충분한 물자의 공급여부가 군사작전의 규모 및 지속기간 그리고 작전범위를 제한시켰다.

　　반면에 정보의 생명줄인 첩보는 비록 먼 장거리까지 가는 것은 어려웠겠지만 육군이나 함대보다는 좀 더 빨라서 달리는 말의 속도 정도로는 움직일 수 있었다. 고대의 세계에서도 전쟁 시에 어떤 정책결정을 내리기 전에 미리 정확하고 유용한 첩보를 얻으려고 노력하였다는 것은 적의 기습공격을 피하거나 기만수법을 간파하기 위해 신뢰할 만한 증거를 수집하고 위험을 예측하는 것과 같은 정보분석 문제가 시대를 초월한 중요한 문제였다는 것을 의미한다.

(그림 9) 고대 지중해

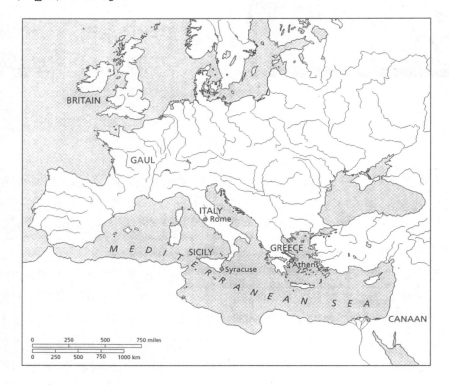

3. 가나안 땅에 첩자를 보낸 모세

구약 성서 민수기의 기록을 보면 이스라엘인들은 이집트를 떠나 시나이 사막에서 많은 고난의 시간을 보낸 뒤 하나님이 그들에게 약속했다고 믿은 가나안 땅 (지금의 이스라엘과 인근 지역의 일부)에 도착하게 된다. 당시 이스라엘 부족의 지도자인 모세는 그 곳에 들어가기 전 위험하지만 매우 중요한 임무를 띠고 떠나는 이들에게 미리 확실하게 다짐하고 싶은 것들이 있었다. 그래서 하나님의 계시를 따라 이스라엘 12 지파의 지도자들을 불러 그들의 앞에 놓인 땅에 대하여 은밀하게 첩보를 수집하라는 임무를 주었다. 영국 제임스 국왕 판 성서에 따르면 모세는 첩자들에게 이르기를

"땅이 어떤지를 보고 거기 사는 사람들이 강한지 약한지 또는 많은지 적은지를 살펴보아라. 특히 그들이 경작하는 토지가 좋은지 나쁜지, 그들이 사는 마을이 천막으로 되어 있는지 요새로 되어 있는지, 또한 토지는 비옥한지 척박한지 그곳에 나무가 있는지 없는지 살펴보고 용기를 내서 그 땅의 과실들을 가져오라."

12명의 첩자들은 자기들이 원하는 땅을 먼저 차지해 살고 있는 사람들의 강점과 약점의 징표들을 찾아 가나안 땅에서 40일을 보냈다. 다시 돌아온 그 부족 지도자들은 모세와 부족인들에게 그 땅의 열매들을 보여주면서 보고하기를

"당신이 보낸 땅에 가보니 확실히 그 곳은 젖과 꿀이 흐르는 땅이었습니다. 이것이 그 곳의 열매들입니다. 그러나 그 땅에 거주하는 백성들은 힘이 강하고 도시들은 성벽으로 둘러싸여 있었으며 … 매우 강대하였습니다.…"

그리고 그들의 관찰과 결론을 뒷받침하기 위해 그 첩자들은 그 곳의 비옥함을 증명할 수 있는 증거로서 그 곳의 열매들을 가져왔던 것이다. 이어서 그 첩자들의 관찰이 의미하는 바에 대하여 이스라엘 지파들 간에 앞으로의 선택과 위험도를 따지는 열띤 토론이 벌어졌다.

…갈렙은 모세앞에서 사람들을 진정시키면서 말하기를 "우리가 어서 가서 그 땅을 차지합시다. 우리는 그것을 충분히 해낼 수 있습니다." 그러나 그 때 함께 갔던 또 다른 사람

들은 "우리는 그 백성들을 쳐부술 수 없습니다. 그들은 우리 보다 강합니다"라고 반대하
였다. 그리고는 이스라엘 후손들에게 자신들이 정탐하고 온 땅에 대하여 좋지 않은 소문
들을 퍼뜨렸다. "우리는 그 땅을 샅샅이 정탐하였는데 그 땅은 사람들을 삼켜버리는 땅
이다. 우리가 그곳에서 본 사람들은 모두 신장이 장대한 사람들이었다. 그리고 우리는 거
인의 자손들인 아낙족의 자손들을 보았다. 우리 눈에도 우리가 작게 보이지만 그들에게
는 우리가 메뚜기처럼 작게 보였을 것이다."

이렇게 서로 다른 의견으로 커다란 불화가 야기되었다. 이제 다음에 무엇을 해
야 할지에 대해서는 물론 자신들의 지도자들에 대하여 의구심이 생겼다. 여호수아
(Joshua)와 갈렙(Caleb)은 계속해서 전진하기를 종용하였다.

…그곳을 함께 정탐하고 온 이들 가운데 눈(Nun)의 아들 여호수아와 여분네(Jephunneh)
의 아들 갈렙은 자신들의 옷을 찢어버리고서는 이스라엘 자손의 군중들에게 말하기를:
"우리가 돌아다니며 정탐한 저 땅은 정말 지나칠 정도로 좋은 땅입니다. 우리가 하나님
마음에 들기만 하면 그 분께서는 우리를 그곳으로 인도하여 우리에게 그 땅을 주실 것입
니다. 그 곳은 젖과 꿀이 흐르는 비옥한 땅입니다. 다만 여러분은 하나님을 거역하지 마
십시오. 그리고 여러분은 저 땅의 주민들을 두려워하지 마십시오. 그들은 이제 우리의 먹
이입니다. 그들을 보호해 주던 보호막도 이미 사라졌습니다. 하나님이 우리와 함께 하시
니 결코 그들을 두려워하지 마십시오."

결국 이스라엘 지파들은 그 공격의 모험에 대하여 의견의 일치를 보지 못하였
으며 믿음의 부족을 개탄한 하나님은 그들이 준비될 때까지 다시 시나이로 되돌려
보냈다.

이 이야기의 사실이 정확한지에 대하여서는 학자들마다 의견이 다르다. 전통적
으로 이집트로부터 탈출해서 가나안으로 진군한 것이 대략 기원전 13세기경인 것
으로 생각되어진다. 그러나 이러한 성경의 말들은 거기에 묘사된 사건들이 발생한
지 몇 세기가 지난 이후에 추가적으로 쓰여졌을 가능성이 있다. 정보분석에 대한
견해를 포함하여 이러한 이야기는 당시 역사 초기의 생각이라기보다 후세 작가들
이 생각하는 사고의 틀이 나중에 반영된 것인지 모른다. 어떤 학자들은 이스라엘
부족이 가나안 땅을 점령한 것을 신속하고 격렬한 정복의 한 과정이라고 보는 반면
에 어떤 이들은 오랜 기간 동안 평화적으로 정착된 것이라는 이론을 내세우기도 한
다. 반면에 또 다른 사람들은 현지 토착민들의 민중봉기로 보기도 한다. 이러한 심

각한 의견의 불일치는 과연 누가 그 지역의 최적임자인가? 이스라엘인인가? 팔레스타인인가? 라는 문제에 대하여 상호 감정적이고 정치적이며 종교적인 논쟁에 의해 심화되어 왔다. 선입관같은 생각들이 중동에서는 수 천년 동안 사실의 평가를 형성해 왔다. 하여튼 가나안에 첩자를 보낸 모세의 이야기 맥락은 기원전 13세기경의 첩보와 정보분석방법을 정확하게 기술하려는 노력이라기보다는 믿음의 증명에 대한 것으로 보는 것이 더 정확할 것이다.

그러나 그럼에도 불구하고 가나안 땅에 첩자를 보낸 모세의 이야기는 첩보수집과 분석에 대한 가장 오래되고 상세한 역사적 기록이다. 당시 이스라엘 지파들은 먼저 질문을 하고 증거를 수집하여 다양한 의견이 허용되는 토론을 하는 등 많은 것들을 올바르게 수행하였다. 그러나 결과적으로 보면 첩보수집 임무가 실패하게 되어 이스라엘인들이 다시 그들에게 약속된 땅을 차지할 준비가 될 때까지 또 다시 40년간을 시나이 사막에서 방황하게 되었다.

추가 고려사항

▶ 성경이야기에는 현대 정보순환과정의 요소 중 어떤 것들이 반영되어 있는가?

▶ 위험도를 평가하는 데 있어서 모세의 방법은 무엇이었으며 그 외에 또 어떤 것들이 수행되었는가?

▶ 왜 그 땅의 열매라는 증거가 설득력이 없었는가?

▶ 가나안 사람들이 이스라엘 첩자들의 탐지임무를 알고 있었는지에 대한 기록은 없다. 만약 가나안사람들이 그런 사실을 알았거나 의심을 품었다면 그들이 자신을 보호하기 위하여 무엇을 할 수 있었을까?

추천도서

Herzog, Chaim, and Gichon, Mordechai, *Battles of the Bible*, London: GreenhillBooks, 1997.

Sheldon, Rose Mary, *Spies of the Bible: Espionage in Israel from the Exodus to the Bar Kokbba Revolt*, London: Greenhill Books, 2007.

Yadin, Yigael, *The Art of Warfare in Biblical Lands: In the Light of Archeological Study*, Jerusalem: International Publishing, 1963.

4. 아테네의 시실리 원정

투키디데스(Thucydides)가 쓴 펠로폰네소스 전쟁사에 따르면 기원전 5세기 말엽 아테네와 스파르타간의 패권전쟁은 지루한 교착상태에 빠져 있었다. 아테네와 아테네 동맹국들이 한편이 되고 스파르타와 스파르타 동맹국들이 또 한편이 되어 이들 간에 15년간에 걸쳐 긴 전쟁을 벌였으나 어느 쪽도 결정적 우위를 점하지 못한 채 그리스에는 불안한 평화가 유지되고 있었다. 그런데 이때 시실리 서부에 위치한 작은 도시국가이자 아테네의 동맹국인 에게스타(Egesta: 세게스타라고 불리기도 함)가 아테네에게 지원을 요청해 왔다. 당시 에게스타는 이웃국가인 셀리너스(Selinus)와의 지역분쟁에서 조금 불리한 상황에 처해 있었는데 셀리너스는 그 섬 동쪽지역에서 가장 강력한 도시국가이자 스파르타의 잠재적 동맹국인 시라큐스(Syracuses)의 지원을 받고 있었다. 에게스타인들은 자신들의 지원요청을 좀 더 매력적으로 만들기 위하여 아테네의 지원에 대한 대가로 금전적인 보상을 제안하였다.

아테네는 민주적인 정부형태를 가지고 있었기 때문에 에게스타로부터 지원요청이 오자 이 문제에 대한 대응방법을 놓고 의회에서 열띤 공개토론이 벌어졌다. 어떤 이들은 이번 기회가 시실리에 아테네의 영향력을 확대하고 스파르타의 세력을 약화시킬 좋은 기회라고 주장하였다. 반면에 다른 이들은 비록 스파르타와의 경쟁이 아직 결론나진 않았지만 아테네로부터 600마일이나 떨어져 있는 먼 시실리(Sicily) 지역과 굳건한 동맹을 맺는 것에 대해 우려를 표명하였다. 토론이 진행되면서 분명해진 것은 정보분석 차원에서 제기된 중요한 문제로서 그것은 다름이 아닌 에게스타인들이 과연 그들이 약속한 만큼의 재원을 마련할 방편이 있는가 하는 것이었다.

아테네의 외교관과 상인들은 이미 오랫동안 시실리에서 활동한 적이 있어서 일반적인 시실리 상황에 대해서는 잘 알고 있었다. 에게스타의 재정 상태에 대해 보다 최신의 정보를 얻기 위하여 아테네 의회는 외교관들로 구성된 팀을 보내어 현지 사정을 조사하도록 시키면서 다음과 같은 지시를 하였다.

"에게스타인들이 공언한 것과 같은 돈을 그들의 국고나 신전에 실제로 보유하고 있는지 직접 현장을 확인하고 셀리너스와의 진행 중인 전쟁상태에 대해 보고하라"

　기원전 415년 봄에 현지 조사관들이 돌아와 말하기를 에게스타는 아주 많은 금과 은을 보유하고 있으며 자신들이 눈으로 직접 확인하였다고 하였다. 게다가 에게스타인 대표단은 일종의 선불금으로 그중의 일부를 가져왔는데 에게스타에서의 선불금 도착은 아테네 의회에서 새로운 논쟁을 야기하였다. 한 무리는 시실리에는 아테네의 잠재적 동맹국이 많이 있으며 그리스 본토상황도 그다지 위협적인 상황이 아니므로 본국에서 좀 멀리 떨어진 곳으로 대규모 함대를 파견하는 것도 괜찮다는 것이었다. 시실리 원정성공이 스파르타와의 대규모 전쟁의 향방을 아테네에게 결정적으로 유리하게 전환시킬 수 있으며 더구나 에게스타인들이 필요한 자금을 제공해주므로 재정적으로도 큰 부담이 되지 않는다는 것이었다. 반면에 이 원정을 반대하는 다른 사람들은 이것이 너무나 불확실하고 큰 위험성이 도사리고 있기 때문에 조심스럽게 접근하려고 하였다.

　결국 에게스타로부터의 재정적 지원에 대하여 확신을 한 아테네 의회는 시실리에 대규모 함대와 육군을 파견하기로 결정하였다. 아테네는 그들의 주요 전함인 갤리선 60척과 운송선 40여척 그리고 병사 2,500여명을 제공하였으며 다른 동맹국들은 30여척의 배와 3,000여명의 보병을 제공하였다. 이러한 대규모 원정대는 그 당시 그리스 도시국가가 소집한 것으로서는 최대 규모의 병력이었다. 총 사령관은 시실리에서 아테네의 이익을 촉진하는 데 필요한 모든 것을 할 수 있는 권한을 부여 받았다.

　이것이 인류 최초의 민주주의 국가인 아테네가 국정을 운영하는 전형적인 방식이었다. 다양한 출처로부터 상황에 대한 보고가 제출되고 이에 대해 시민의회가 공개적으로 토론하여 정책을 결정하는 것이다. 이러한 절차를 통하여 시민의 참여가 극대화되고 토론에 붙인 문제에 대한 다양한 의견과 경험이 검토되었다. 공개토론에서는 또한 구체적인 안건을 갖고 있는 사람들뿐만 아니라 의회내에서 가장 말을 잘하는 웅변가가 상대적으로 막강한 영향력을 행사하게 된다. 대중들 앞에서의 공개토론은 민주정부의 군사계획에 관한 것뿐만 아니라 토론과정에서 드러난 취약점이나 의구심들이 적에게 쉽게 알려질 수 있다. 기원전 5세기는 소크라테스(기원전 469-399년)와 플라톤(기원전 428-348년)의 저술을 통해 서양의 지적 전통과 민주정부의 기반이 만들어지기 시작한 때이다. 당시에 그리스인들이 공개토론에서 사용한 정보평가방법은 지금 현 시점에서 보아도 상당히 발전된 형태이다. 새로 들어온 최신 보고서가 기존에 이미 갖고 있는 자료와 일치되는지 여부는 물론 보고서를 만든 사람의 성격과 동기와 같은 요인들이 함께 검토되었다. 그들은 직접적인 증언을 더 비중있게 평가하였으며 간접적인 보고 내용보다는 직접적인 관찰을 선호하였고 여러 가지 독자적으로 만들어진 다양한 보고서를 통해 현안을 검토하려고 하였다.

　시라큐스로 가는 도중에 원정함대는 물자보급을 위하여 남부 이탈리아에 잠시 정박하였다. 거기에 있는 동안 이들은 에게스타에서 막 도착한 아테네 함선에서 조금 더 많은 돈을 보게 되는데 이것이 에게스타가 제공할 수 있는 모든 것이라는 말을 듣고 놀라게 된다. 한마디로 먼저 초기에 다녀온 아테네 시찰단 대표들이 에게스타의 영악한 기만전술에 당한 것이다. 투키디데스에 따르면:

> 사실은 아테네의 처음 사절단이 에게스타의 국고를 검사하려고 갔을 때 에게스타인들은 약간의 속임수를 썼다. 이들은 아테네인들을 에릭스에 있는 아프로디테의 신전에 데려가 그들에게 거기 산더미처럼 쌓여 있는 사발, 병, 접시 등과 같은 재물들을 보여주었다. 그릇의 대부분들은 거의 다 은으로 만들어진 것으로서 그 가치에 비하여 훨씬 더 귀중한 것인 양 전시된 셈이었다. 이들은 또한 아테네 갤리선 선원들에게도 개인적인 여흥을 제공하였는데 이때마다 자신들이 모은 금과 은으로 된 그릇들은 물론 헬레네, 피닉스와 같은 이웃도시로부터 빌려온 귀금속들을 보여주었다. 매번 많은 값비싼 그릇들과 엄청난 재물들의 전시에 선원들은 감탄을 금치 못하였으며 아테네에 도착하자마자 만나는 이들에게 에게스타인들이 얼마나 많은 부를 축적하고 있는지 떠들어댔다.

　아테네인들은 이미 지원을 약속한지라 결국 함대 사령관들은 계속해서 시실리로 향하기로 결정하였으며 육군과 함대가 약속한 시간에 함께 시라큐스를 포위하기로 하였다. 그러나 이 시실리 원정은 결국 아테네에게 큰 재앙이 되었다. 애초에 기대했던 것만큼 많은 동맹국이 원정에 가담하지 않았을 뿐만 아니라 신속하게 승리한다는 것도 기대할 수 없었다. 아테네 병사들은 2년여의 장기전에 지쳐버렸다. 결국 그 원정에 참가한 모든 함선들을 거의 다 잃었으며 병사들은 죽거나 포로가 되었다.

　아테네가 재앙과 같은 이 시실리 원정을 결정하게 된 요인에는 여러 가지가 있다. 전쟁과 평화 그리고 정부의 자원을 사용하는 방법 등에 관한 문제는 정책에 관한 문제인데 아테네에서는 이 정책에 대한 의견차이가 있었다. 자신들의 현명함과 지적 세련됨에 자긍심을 갖고 있었지만 아테네인들이 정확한 정보평가를 하지 못하고 기만당했다는 것은 분명한 사실이다. 그들은 정보분석에 있어서 공통된 심각한 문제점, 즉 선입관과 인지적 편견의 희생물이 되었던 것이다. 시실리 원정을 찬성한 사람들은 처음부터 돈이 필요했던 것이었고 더 크게 보면 상대적으로 쉬운 해결책을 찾고 있었던 것이었는데 마침 이런 것을 에게스타인들이 제공할 것으로 미리 생각하였던 것이었다. 정보분석은 다른 가능성을 전혀 염두에 두지 않고 그들이 보려고 하는 것만을 보고 찾으려 하는 것만을 찾으려 할 때 생길 수 있는 위험성을 늘 경계해야 한다.

여기에서는 확실히 잘못된 정보만이 문제는 아니었다. 더 많은 병력이 있었다고 하더라도 그처럼 야심찬 계획에는 충분하지 못하였을 것이다. 시실리에 도착해서도 아테네 장군들의 지휘력은 형편이 없었으며 그 원정기간 내내 공개회의 방식을 통해 민감한 군사문제들이 다루어지면서 많은 의견대립이 노출되었고 정책결정이 지연되었다. 그 결과 시실리 원정의 패배는 훨씬 더 심각한 사태를 초래하였다. 시실리 원정을 계기로 아테네인들이 생각하지도 못한 방향으로 사태가 진전되어 펠로폰네소스 전쟁에서 패배하게 되었다. 스파르타인들은 아테네의 상황이 나쁘게 돌아가고 있는 것을 알아차리고 재빨리 휴전을 끝내고 전쟁 재개를 선포하였다. 전쟁이 시작되자 아테네인들은 군사적 우위를 회복하지 못하였고 결국 스파르타가 전쟁의 최종 승리자가 되었다.

추가 고려사항

▶ 시실리 상황에 대한 평가에서 아테네인들은 무엇을 정확하게 평가하였으며 무엇을 잘못하였는가?

▶ 왜 에게스타인들의 기만전술이 성공하게 되었는가?

▶ 이들에게 정보실패의 결정적 측면이 된 것은 무엇인가?

추천도서

Kagan, Donald, *The Peace of Nicias and the Sicilian Expedition*, Ithaca, NY: Cornell University Press, 1981.

Lazenby, J.F., *The peloponnesian War: A Military Study*, London: Routledge, 2004.

Russell, Frank Santi, *Information Gathering in Classical Greece*, Ann Arbor, MI: University of Michigan Press, 1999.

Thucydides, *History of the Peloponnesian War;* Benjamin Jowett, trans., Amherst, NY: Prometheus Books, 1998.

5. 시저의 갈리아(Gaul) 지역 원정

쥴리어스 시저(Julius Caesar: 기원전 100－44년)는 역사상 가장 유명하고 성공한 군 지휘관 중의 한 사람이다 그의 탁월한 승리배경에는 여러 가지 이유가 있었다. 그는 군사작전을 주도면밀하게 기획하고 조직하는 능력뿐만 아니라 끈기와 무자비함 그리고 불굴의 용기로 유명하다. 시저는 또한 자기 부하들에게 칭찬을 아끼지 않고 강탈한 전리품들을 나누어 주며 특진제도를 이용하여 부하들과 끈끈한 결속력을 유지한 것으로 유명하다. 당시 로마인들과 그의 적들을 가장 놀라게 한 것은 시저의 신속한 결정과 행동이었다. 무엇보다 상황을 단 한 번에 파악하고 적절한 대책을 생각해내는 그의 능력은 신기에 가까울 정도였다. 그러나 사실 그는 아주 뛰어난 정보분석가였다.

기원전 1세기경에 팽창일로에 있던 로마제국은 지중해 북쪽 연안지역의 대부분을 장악하였다. 로마제국의 중심지인 이탈리아에 근접해 있으나 로마가 아직 미처 정복하지 못한 지역으로서 갈리아(Gaul)지역이 있었는데 지금의 프랑스와 벨기에 그리고 네덜란드와 스위스의 일부가 포함된 지역이다. 로마상인들은 그 지역에서 사업을 하고 있었기 때문에 그 지역에 대해 어느 정도 알고 있었으나 로마군은 그곳에서 군사작전을 한 번도 해본 적이 없었다. 로마제국의 힘과 자신의 영광을 드높이는 데 전념해 있던 시저로서는 이 갈리아지역이 아주 매력적인 원정목표로 보였다. 그러나 그러한 원정을 통하여 무엇을 얻을 수 있고 얻는다면 과연 적절한 대가로 그것을 얻을 수 있는가 하는 문제가 있었다. 따라서 핵심문제는 로마군이 잘 모르는 익숙치 않은 지형에서 어떻게 성공적인 군사작전을 수행할 수 있는가였다.

시저의 작전에 대한 주요 정보출처는 그 자신이 저술한 "갈리아 전쟁에 대한 회고록"이라는 책으로 "갈리아 전쟁"이라고도 알려져 있다. 물론 이 책의 대부분은 자기선전으로서 그 의도가 시저라는 이 지극히 야심적인 인물의 정치적 미래에 지대한 영향을 미치는 본국의 로마인들을 겨냥한 것이었다. 그 결과 기원전 58－50년경 갈리아지역의 전투에 대한 시저의 글 대부분이 전쟁을 하고 협상을 하는 데 자신이 얼마나 뛰어났는지 자신의 탁월함에 대한 자화자찬으로 이루어져 있다. 이 회고록은 또한 그가 정보를 어떻게 다루어 정책결정을 하였는지, 즉 그가 정보분석을 어떻게 수행했는지에 대해서도 밝히고 있다.

회고록의 첫 페이지부터 시저가 자신이 군사작전을 펼칠 지역에 대한 정황을 이해하려고 노력하는 것이 분명하게 나타난다. 시저는 그곳 부족들의 규모, 그들의 발전 수준과 관습, 그리고 그들의 싸움전술과 지도력에 이르기까지 주목하였으며 어느 쪽이 자신의 잠재적 동맹이 될 수 있을지도 주목하여 살펴보았다. 조사를 통해 그가 이끌어낸 가장 중요한 결론은 그 지역에는 강력한 중앙집권적 지도체제가 없다는 것이었다. 결국 그 지역에 대한 연구를 토대로 시저는 갈리아의 상황이 매우 유동적이며 불안정해서 로마에게 상당한 기회가 될 수 있다고 결론을 내렸다. 정치정보와 인종지리 정보에 더하여 그는 이탈리아로부터 오는 곡물과 생필품에 의존할 필요가 없을 만큼 그 지역이 충분한 보급물자를 제공할 수 있는 경제자원을 가지고 있는지에 대하여 관심을 가졌다. 시저는 자신의 군대가 도보로 행군하면서 맞부딪히게 될 강과 산과 같은 지리적 요인에 대하여 특별히 주의를 기울였다. 그의 회고록에는 틈틈이 그의 연설이나 협상 그리고 요새처럼 만든 막사와 전투에 대한 이야기들이 나오는데 이러한 그의 이야기는 그가 스스로 정보분석가로서 얼마나 잘 행동하였는지를 알게 하는 실마리를 제공한다. 예를 들면 그는 먼저 보고를 듣고 행군을 하는 것처럼 정보보고 후에 어떤 결정적인 명령을 내려야 된다고 되풀이해서 강조한다. 그의 주요 정보원은 갈리아지역 전역에 걸쳐 주둔해 있던 부하장교들과 정찰병들이었는데 신속성과 정확성 때문에 그들에게 크게 의존했던 것이 분명하다. 이 정찰병들은 분명 잘 훈련된 척후병인 것으로 보이는데 시저는 이들에게 정확하게 무엇을 알아내야 할 것인지 명확한 지시를 내린 것으로 보인다.

그는 또한 여러 곳으로부터 정보를 얻고 있었는데 그중에는 상인, 포로, 외교관, 현지주민 속에 숨어 있는 내통자, 노획한 서류 등이 있다. 이처럼 여러 곳에 정보원을 갖고 있을 때 유리한 점은 의심스러운 사실을 확인할 수 있다는 것이다. 시저는 그의 회고록에서 수차에 걸쳐 밝히기를:

그것들이 내가 받은 보고들이다. 논란의 여지가 없이 명백한 사실들이 내 의심을 확인시켜 준다. … 은밀하게 물어보았는데 다른 사람들도 그가 말한 것이 진실임을 확인시켜준다. … 나의 주장은 암비르식스(갈리아 사람)의 충고에 따른 것이 아니라 사실에 근거한 것이다…

시저는 또한 어떤 결정을 내릴 때 그 판단 근거로서 다양한 견해를 종합하여

결정하는 것이 바람직하다고 하였다:

> … 이제 막 들어온 정보를 포함하여 이 문제에 대하여 내가 조심스럽게 생각해서 결정해
> 야겠다고 믿게끔 만든 데는 여러 가지 고려사항이 있다.

거짓된 정보이거나 과장된 정보 또는 잘 이해되지 않은 정보에 의존하면 큰 위험에 직면할 수 있다. 갈리아지역의 원정 첫해에 시저의 군대가 잠시 병영에서 쉬고 있을 때 시저의 정찰병이 아닌 상인들로부터 불길한 내용의 보고를 받았다. 그들의 말에 의하면 로마와 동맹관계에 있는 일부 갈리아족과 싸우는 적진의 독일 부족 전사들이 엄청나게 키가 크고 용맹하며 전투를 잘 한다는 것이었다. 이 무서운 소식을 들은 로마장교들은 새파랗게 질렸으며 상당수의 병사들은 마지막 유언장을 작성하기 시작하였다. 이때 시저가 나서서 병사들에게 로마군의 막강함과 자신이 이룬 빛나는 전과를 자랑하면서 그들을 진정시키고는 이들이 쓸데없는 걱정에 사로잡히지 않도록 곧바로 진군해 나가라고 명령을 내렸다.

시저는 분명히 자신의 전쟁을 로마의 문명과 갈리아 부족의 미개성과 대비된 관점에서 바라보면서 자신의 사려 깊은 전쟁방식과 적들의 미개한 방식을 대조시키려 하였다.

> 갈리아부족들은 무역상들을 불러모아 그들이 어디에서 왔고 그곳에서 어떤 정보를 수집
> 했는지 말하라고 하였다. 그리고는 그들의 정보보고가 단지 풍문으로 들은 것임에도 불
> 구하고 그 보고에 기초하여 중요한 문제에 대하여 계획을 세운다. 그러나 그들은 근거 없
> 는 소문만을 믿고 행동하고 그들의 심문자 대부분이 상대방의 기분에 맞춘 답변을 한 것
> 이므로 전혀 사실이 아닌 정보에 의존하다가 곧 후회하곤 한다.

시저는 전쟁에서 불확실한 부분이 중요한 역할을 하고 행운이 큰 힘을 발휘할 수 있다는 것을 인정하여 여러 가지 비상대책과 대안을 준비하는 것이 바람직하다는 사실을 깨닫고 있었다.

> … 내가 비록 적의 계획이 무엇인지 알아내지는 못하였지만 나는 그 어떤 최후의 상황도
> 맞부딪힐 즉흥적인 대비책이 있다.

정보를 수집하고 분석하는 주도면밀한 준비에도 불구하고 시저도 불의의 기습공격을 받은 적이 있었다. 로마군대는 매일의 행군을 마칠 때쯤 전술적으로 울타리

를 친 병영막사를 지어서 기습공격에 대비하였다. 그러나 로마부대들도 여러 번 기습이 코앞에 닥칠 때까지 전혀 모르다가 기습공격을 당한 적이 있다. 이럴 때 그 위험을 피하고 생존할 수 있게 된 것은 지휘관들의 조심스러운 주변경계 때문이 아니라 평상시에 닦은 병사들의 훈련과 잘 확립된 군기덕분이었다.

기원전 55년경 시저는 한층 어려운 문제로서 그 자신이 잘 모르는 낯선 지역으로의 군사원정에 직면하게 된다. 이번에는 공격목표가 영국(Britain)이라는 잘 알지 못하는 신비한 섬이었다. 그 섬에는 포로로 잡으면 노예로 만들 사람들도 많고 광물자원도 풍부하다는 소문이 있었다. 로마제국의 지속적인 확장을 위해서는 꼭 필요한 원정인데 그 섬이 과연 그만큼 풍부한 노획물을 제공할 것인가? 시저는 또다시 무엇을 얻게 되고 무엇을 잃게 될 것인지 손익문제에 대하여 고민을 했다. 그에 대한 준비의 일환으로서 시저는 자신이 알고 있는 것과 알아야 할 것에 대한 차이에 대하여 정리하였다.

이 번 시즌에 원정을 할 만큼 충분한 시간은 없지만 그래도 한번 섬을 방문하여 거기에 어떤 사람들이 살고 지형은 어떠하며 배를 정박시킬 항구와 상륙장소에 대하여 대략적이라도 알아오는 것이 필요하다. 갈리아족들은 이런 모든 것에 대하여 실질적으로 아무것도 모른다. 통상 무역상들 외에는 그곳에 아무도 가지 않으며 심지어 그 무역상들조차도 아는 지역이라곤 반대편에 있는 해안지역만 알고 있을 뿐이다. 각지에서 온 상인들을 불러 모아 내가 탐문해 보았지만 그 땅의 넓이나 그 곳 부족의 이름과 인구에 대해서 알아낼 수가 없었다. 그들의 싸움기술이나 관습 그리고 많은 숫자의 함선을 정박시킬 만한 항구가 어디에 있는지 알아낼 수가 없었다. 영국으로의 탐험전에 이런 정보를 알아내기 위하여 나는 먼저 가이우스 볼루세너스(Gaius Volusenus)에게 배 한척을 주어 그 곳으로 파견하였다. 그가 이 임무에 가장 적합하다고 생각하여 가능한 모든 문제를 알아보고 신속하게 복귀할 것을 지시하였다.

이러한 준비를 마친 후에 기원전 55년 여름 시저는 상당한 규모의 병력을 이끌고 가능성을 찾아 영국원정을 출발하였다. 대략 8,000명 정도의 2개 사단을 이끌고 남쪽 연안에 상륙하였으나 영국해협에 이르렀을 때 로마군이 전혀 겪어보지 못한 엄청난 파도와 악천후로 인하여 작전은 엉망진창이 되었으며 보급물자도 잃어버렸다. 그때까지 평온한 지중해 바다에만 익숙하던 로마군대로서는 전혀 경험해보지 못한 심한 파도와 악천후에 대응할 수가 없었다. 그 해 시저와 그의 군대는 단지 2주 반 정도의 기간만 영국에 머물다가 철수하였다. 당시에 몇 번의 전투에서 이기기는 하였지만 그 섬의 지리와 주민, 자원 등에 대해서 그다지 알아 낸 것이 없었다.

그 다음해에 시저는 5개 사단을 이끌고 본격적인 영국원정길에 올랐다. 이번에 도 또 다시 날씨가 훼방꾼이었다. 상륙하려고 하자 폭풍이 덮쳐서 엄청난 숫자의 함선들이 파괴되거나 부서져 버렸다. 그래도 이번에는 로마군은 내륙으로 더 한층 깊숙이(지금의 런던 부근까지) 진군할 수 있었으며 몇몇 부족과는 동맹도 맺고 몇 번 의 전투에서는 승리도 할 수 있었다. 그러나 이런 것 중에 어떤 것도 신속하고 결 정적인 승리를 보장해준 것은 없었다. 영국에 대한 설명 중의 일부는 상당히 당혹 스럽고 로마인들이 경험해보지 못한 것들로서 시저는 이런 것들을 미해결된 미스 테리 즉 당시의 사고틀에는 맞지 않지만 그 밖의 다른 것의 징후가 될지 모르는 이 상한 현상으로 남겨두고 떠났다.

여기에는 몇 개의 더 작은 섬들이 있었다. 그 곳은 누군가가 말하기를 한겨울에 30일 동 안이나 어둠이 지속된다고 하여 수없이 많은 조사를 벌였으나 아무것도 알아내지 못하였 다. 그러나 물시계로 정확하게 측정을 해보니 대륙보다 이곳이 밤이 더 짧다는 것을 알 수 있었다. …

대략 2달 후 원정기한이 거의 다 끝나갈 즈음에 시저는 철군하기로 결정하였 는데 이후 1세기가 더 지나서야 로마군이 다시 영국에 진주하게 된다.

기원전 53~52년 겨울 동안 시저가 북부 이탈리아에서 주둔하며 로마에서의 정치적 사태가 어떻게 발전되는지 주시하고 있는 동안 로마의 압제와 지배로 쇠약 해진 자신들의 입지에 화가 나있던 중부 갈리아지역의 부족들이 베르싱게토릭스 (Vercingetorix)를 지도자로 내세워 반란을 획책하였다. 로마군의 정보수집체계는 이 무장봉기를 탐지하는 데 완전히 실패하였다. 갑작스럽게 로마상인과 관리들에 대한 조직적인 공격이 여기저기 동시다발로 시작되자 로마인들은 큰 충격을 받았다.

로마의 골칫거리가 발생한 것이 명백해졌으므로 시저는 재빨리 갈리아지역으 로 다시 돌아왔다, 이때쯤 시저는 이미 갈리아부족 전사들의 강점과 약점에 대해 완전히 꿰뚫고 있었다. 기원전 52년 알레시아에서 교묘한 포위작전을 펼쳐 베르싱 게토릭스를 패퇴시키고 갈리아지역을 완전히 정복하였다. 물론 그 이후에도 2년여 동안 작은 전투들이 지속되긴 하지만 기원전 50년경엔 갈리아지역은 완전히 로마제국으로 합병되었으며 그 후 400여년 이상 로마제국에 복속하게 되었다.

갈리아지역의 원정을 통하여 시저는 엄청난 명성, 인맥과 부를 축적하게 되었고 결국 이런 것이 그가 로마제국의 최고 권력자로 부상하는 데 있어서 결정적인 정치적 기반이 되었다. 정보분석만이 시저의 갈리아지역 원정을 성공시킨 요인은 아니었다. 그는 대사업을 조직할 줄 아는 세련된 문화에서 성장하였다. 갈리아지역의 원정에서 성공하게 된 시저의 제일 중요한 자산은 그 자신의 능력이나 재산만이 아니라 로마군대의 힘이었다. 로마군대는 서방세계에 등장한 최초의 전문적인 군대였으며 아무리 어려운 명령도 과감하게 수행하는 막강한 힘을 자랑하였다. 이들은 무기사용에 있어서만 능숙하였던 것이 아니라 토목공사나 정찰에도 능숙하였다. 정찰은 원거리 정보수집이 주요 형태였으며 주로 기병대에서 차출된 병사들이 수행하였다. 이들은 적병력의 규모나 위치를 나타내는 징표를 찾아다녔는데 그중에는 모닥불의 숫자, 보병행군이 만드는 먼지구름, 잘 닦인 금속장비로부터 반사되는 햇빛 등이 포함되어 있었다. 그러나 어떤 전문적인 정보분석가가 있었던 것은 아니었다. 시저 자신이 스스로 소수의 정예병들을 데리고 전술적인 정찰을 감행한 뒤에 가능한 여러 곳에서 올라온 보고들을 종합하여 분석하였다.

시저의 이러한 정보분석 방법들은 상황을 분석하는 그의 출중한 능력과 함께 후세에 군대를 지휘하는 사령관들에게 뛰어난 영감을 제공하기에 충분하였다. 예를 들면 그는 어떤 주장의 양면을 다 고려해야 한다는 이야기를 하였으며 비용편익분석(cost/benefit analysis)의 필요성을 최초로 주창한 사람이기도 하였다. 결정과 행동에 초점을 맞춘 정보분석가로서 시저는 항상 여러 개의 설명들과 가능성이 있는 모든 결과를 염두에 두고 결정을 내리려고 하였으며 적의 능력과 의도가 나타나는 모든 징표들을 찾아내려고 하였다. 그는 또한 매우 호기심이 강하였으며 그가 알고 있는 것과 알지 못하는 것 둘 다 매우 예민하게 생각하였다.

추가 고려사항

▶ 시저가 군사작전을 준비할 때 갈리아지역과 영국원정 상황을 분석하면서 고려했던 요인은 무엇인가? 기회의 관점에서 본다면 정보평가가 일관적으로 된 것은 무엇이고 일관적으로 되지 않은 것은 무엇인가?

▶ 어떤 종류의 증거를 시저는 유용하다고 판단했으며 왜 그렇게 생각하였는가?

▶ 시저가 실패를 겪게 되었을 때 그 이유에는 어떤 것들이 있었는가?

▶ 선진국들이 미개한 환경에서 싸우면서 부딪히는 어려움에는 그 밖에 어떤 사례들이 있으며 그러한 사례의 경우 무엇이 성공과 실패를 좌우하는 요인이 되는가?

추천도서

Austin, N. J. E., and Rankov, N. B., *Exploratio: Military and Political Intelligence in the Roman World from the Second Punic War to the Battle of Adrianople*, London: Routeledge, 1995.

Caesar, Julius, *The Battle for Gaul*, Anne and Peter Wiseman, trans., Boston: David R. Godine, 1980.

Goldsworthy, Adrian Keith, *Caesar: Life of a Colossus*, New Haven, CT: Yale University Press, 2006.

Goldsworthy, Adrian Keith, *The Roman Army at War, 100BC−AD200*, Oxford: Clarendon Press, 1996.

Grant, Michael, *The Army of the Caesars*, New York: Scribner's, 1974.

6. 손자병법

　　대략 기원전 5세기경일 것으로 알려져 있지만 손자(Sun Tzu)가 언제 태어났는지는 잘 알려져 있지 않다. 어떤 학자들은 심지어 손자가 한 명이 아닐지도 모른다고 한다. 즉 그의 유명한 저서 "손자병법"(The Art of War)이 사실은 여러 학자들이 공동으로 저술한 공동저작이라는 것이다. 아무튼 손자병법은 정보분석에 있어서 중국인들이 오랫동안 중요하게 생각한 문제들 ―기만, 기습, 불확실성과 징후, 위험의 계산 및 사건의 예측― 에 대한 중국인들의 관점과 시각을 요약 정리한 것이다.

　　서방세계에서도 그렇지만 정보분석에 대한 중국인들의 저술은 주로 군사적인 문제에 초점이 맞추어져 있다. 손자는 중국이 천하통일이 되기 전 많은 지방 토후들이 서로 싸우고 동맹관계를 바꾸며 계속 각축전을 벌이던 춘추전국시대의 사람이다. 당시 지방군주들은 전쟁의 패배와 왕조의 몰락 그리고 심지어 국가의 멸망이 언제 닥칠지 모르는 불안한 상황에 처해 있었다. 따라서 전쟁에서 승리를 이끌 수 있는 지침이나 계략들이 높게 평가받던 시기였다.

　　손자의 견해는 간결하면서도 신랄한 일련의 경구들로 표현되어 있다. 이따금 싸우지 않고 적을 이기는 방법과 같이 매우 역설적으로 표현되어 있는 것도 있다. 손자병법은 광범위한 전략, 전술문제를 다루고 있는데 특히 정보의 중요성에 매우 주목한다. 손자는 군 지휘관이 전쟁에서 이기기 위해서 반드시 알아야 할 것에 대해 구체적으로 기술하고 있다.

　　즉 전쟁을 예상하고 전쟁의 승패를 알아보기 위해서는 다섯 가지 기본적인 관점에서 적의 상황과 비교하는 것이다. 그중에 첫째는 정치이며, 둘째는 날씨, 셋째는 지형, 넷째는 지휘관, 다섯 번째가 군사교리인데 이들을 완전히 숙달하게 되면 전쟁에서 이길 것이요 그렇지 못할 경우에는 지게 된다는 것이다. 따라서 적을 알고 자신을 알면 백번 전투하더라도 결코 패배하지 않게 되지만 만약에 자신을 알지만 적을 모르면 이기고 질 승패확률은 비슷할 것이고 자신도 모르고 적도 모른다면 백전백패한다는 것이다.

　　이러한 목표들을 염두에 두고 지휘관은 전장에 나설 때 방심해서는 안 되며 반드시 최고의 정보출처인 현지 주민들로부터 중요한 정보를 얻어 내야 한다. 비밀

정보수집은 다른 형태의 보고에 덧붙여 사용하는 보조적인 방법일 뿐이다.

산과 숲의 상황이나 위험한 험로, 늪지대 등을 잘 모르는 지휘관은 결코 보병의 행군을 제대로 지휘할 수가 없다. 현지 주민의 안내가 없이는 지상전의 유리함을 얻어낼 수가 없기 때문이다. 뛰어난 군주나 현명한 장군이 항상 적을 패퇴시키고 일반인보다 뛰어난 능력을 보이는 이유는 그들이 적정에 대하여 미리 통찰력을 갖고 대응하기 때문이다. 이러한 통찰력 또는 선견지명은 정신력으로 만들어지거나 신으로부터 물려받은 것이 아니다. 또한 과거 사건의 유사성을 유추하여 깨우치게 되거나 점성술과 같은 천문지리 계산을 통해 깨우치게 되는 것도 아니다. 그것은 적정의 상황을 잘 아는 사람, 즉 첩보요원을 통하여 얻어지는 것이다. 지혜로운 군주이거나 현명한 장군들은 가장 똑똑한 사람들을 첩자로 사용하여 큰 성과를 쟁취하는 것이다. 첩보작전은 전쟁에서는 반드시 필수적인 것이어서 군대를 포진시킬 때는 항상 첩보에 의존해야 한다.

멀리서 군대가 행군하는 징후들이 나타날 수 있는데 지휘관들은 항상 적도 자신들을 속이려고 하며 어떤 상황도 확실한 것이 없이 유동적이고 불확실해질 수 있다는 개연성을 염두에 두어야 한다.

만약에 새 들이 펄쩍 날아 오르면 거기에는 매복의 가능성이 있고 짐승들이 갑자기 놀라 도망치면 기습을 하려는 자들이 숨어 있을 수 있다. 또 만약에 멀리 먼지가 높고 가늘게 피어오르면 마차들이 달려오고 있다는 것이며 반면에 먼지가 낮고 넓게 퍼져 오르면 보병들이 앞으로 진군해오고 있다는 것이다. 또 연기 자락이 여기 저기 산발적으로 피어오르면 나무꾼들이 나무를 하고 있다는 것이며 그에 비해 상대적으로 적은 연기가 오락가락 피어오르면 그것은 군부대가 야영을 위해 부대막사를 짓고 있는 것일 수 있다.

모든 전쟁은 속임수와 기만전술에 근거한다. 따라서 공격능력이 강할 때는 무력한 듯 보이는 것이며 부대를 움직여 바로 공격해야 할 때는 짐짓 무기력하게 행동하는 것이다. 적이 근처에 가까이 있을 때는 멀리 떨어져 있는 척하며 적이 멀리 떨어져 있을 때는 오히려 가까이에 있는 것처럼 보여야 한다. 물이 지형에 따라 순리적으로 변하듯이 군대는 적의 상황에 맞추어 승리를 이끌어 내야 한다. 물이 어떤 특정한 형상이 없듯이 전쟁도 항상 똑같이 동일한 조건이 존재하지는 않는다. 이러한 모든 요인들을 고려하고 나서 지휘관은 합리적인 계산을 통하여 자신 스스로 냉철한 평가를 내려야 한다.

전투에 임하기 전에 예측해 본 평가가 승리를 나타낸다면 그것은 조심스러운 계산 끝에 자신의 상황이 적의 상황보다 유리하기 때문이어야 한다. 만약에 예상평가가 전쟁의 패배를 시사하게 된다면 그것은 조심스러운 예측 결과 전투를 위한 조건이 상대보다 불리하다는 것을 보여주는 것이다. 보다 조심스럽게 계산해서 전쟁에 임하면 이길 수 있게 되지만 조심스럽지 못할 경우에는 이길 수 없게 된다. 만약에 적의 상황을 정확하게 예상하고 적을 압도하기 위하여 힘을 집중한다면 이보다 더 중요한 것은 없다. 통찰력이 부족하여 적을 과소평가하는 자는 반드시 적에게 사로잡히게 될 것이다.

손자의 이러한 관찰과 통찰력 이상으로 중국의 오랜 지적 전통은 고대 그리스인들이 서방세계에서 처음 사용했던 방식과 매우 유사한 첩보분석 원칙이 있었다. 예를 들면 중국 관료들도 하나의 단일 보고서보다 여러 개의 보고서 내용이 더 신빙성이 있으며 제3자를 통해 나온 간접적인 보고내용보다는 직접 보고 관찰하여 올린 보고가 더 바람직하다는 것이다. 다만 인지적 편견에 따르는 위험성을 깨닫는데 있어서는 중국인들이 그리스인들보다 한 수 위였다. 중국의 정보분석가들은 기존의 분석프레임에 맞지 않는다고 해서 첩보자료를 평가절하하는 위험성에 대해 경고하면서 일단 평가가 내려지면 그 다음에는 그것이 바뀌기가 어렵다는 사실도 주목하였다. 중국인들은 또 나중에 "리더십 분석"이라고 알려지게 된 "인물의 성격평가 능력"이 매우 중요하다고 보았는데 특히 공자는 지식의 본질이 "인간을 아는 것"이라고 하였다. 중국 현인들은 지도자의 덕이 그와 그의 정부를 평가하는 데 아주 중요한 요소라고 생각한 것이다. 그렇지만 사람의 행위동기나 의도가 정확하게 개인의 모습이나 행동에 의해 결정되어지는 것인지에 대해서는 이들 간에도 서로 이견이 있었다. 사람이 철저한 자기단련을 통해 속임수나 기만과 같은 행위를 숨길 수 있을까? 많은 사람들이 인간의 눈이 그의 진정한 성격을 드러낸다고 믿는 경향이 있는데 공자는 자신의 입장에서 "덕이 있는 자가 분명히 바른 말을 할 것이다. 그러나 말을 잘한다고 해서 그가 덕이 있다고 할 수는 없다"라고 말한 적이 있다. 적의 강점과 약점을 조사하는 데 있어서 중국의 현자들은 군주의 성격을 중시하였는데 여기에 덧붙여 중국 정보분석가들은 그 군주가 능력이 있는 관료들을 중용하는지를 판단하는 것도 중요하다고 하였다. 중국 분석가들은 또한 강력하고 효과적인 정부를 나타내는 유용한 지표로서 공무원들의 업무실태와 농업의 상태를 살펴보라고 하였다. 대조적으로 관료들이 잔혹하고 고율의 세금을 걷으며 부정부패가 만연하다면 아무리 그 국가가 큰 군대를 보유하고 있다 하더라도 오히려 취약한 국가일 수 있다는 것이다.

　역설적인 것은 손자가 군사작전의 수행방식에 대하여 말하려고 한 많은 것들이 그 이후 수세기 동안 그 나라의 관료들에 의해 무시되어 버렸다는 점이다. 학자연하는 중국의 선비출신 관료들은 수시로 국경을 침범하는 야만인들을 심각한 위협으로 보지 않았으며 또 정부가 위험에 처하면 군사정벌에 나서기보다는 뇌물과 조작을 사용하거나 국력의 원천으로서 문화적 우월성을 더 뽐내려고 하였다. 이러한 태도는 결국 16세기 이후 중국이 호전적이며 군사적으로 잘 무장된 서구열강과 맞부딪혔을 때 특히 위험에 빠지게 되었다.

추가 고려사항

▶ 유럽과 아시아에서 초기에 나타난 정보분석의 공통된 요소들은 무엇이며 차이점은 무엇인가?

▶ 손자는 첩보활동이 특히 중요하다고 강조하는데 왜 그런가? 그것이 군지휘관에게 있어서 유일한 정보출처인가?

▶ 공자의 세계관에 따르면 사회관계 즉 부자관계나 군신관계 등이 매우 중요하다고 하는데 그렇다면 정보분석관과 정책결정자는 어떤 관계이어야 하는가?

추천도서

Kierman, Frank A., Jr., and Fairbank, John K., eds., *Chinese Ways in Warfare*, Cambridge, MA: Harvard University Press, 1974.

Sawyer, Ralph D., *The Tao of Spycraft: Intelligence Theory and Practice in Traditional China*, Boulder, CO: Westview 2004.

Sun-Tzu, *The Art of War*, Ralph D. Sawyer, trans., New York: Barnes&Noble, 1994.

7. 스페인 무적함대와 영국

　영국의 엘리자베스 여왕 1세(Queen Elizabeth Ⅰ: 1533－1603) 시대에 영국과 스페인의 관계는 한때 동맹을 맺은 적도 있지만 종교와 무역과 같은 문제로 인하여 상당히 긴장이 고조되고 있었다. 1580년대 중반 이후에는 세계 전역의 스페인 식민지에서뿐만 아니라 유럽해역에서도 양측은 선전포고 없이 해상전쟁을 벌이곤 하였다. 영국과의 이런 경쟁관계를 종식시키기 위해 스페인의 필립왕 2세(King Phlip Ⅱ: 1527－98)는 영국침공을 위한 대규모 함대 즉 "무적함대"(Armada)를 건설하기로 하였다.

　그 공격방식은 익히 잘 알려진 것으로 목재로 된 대형 범선을 활용하는 것이었다. 16세기 초엽부터 지구표면의 약 70%를 차지하는 바다와 바람이 있는 곳이라면 지구 어디든 대형 범선들이 많은 대포와 병사들을 수송하면서 대양을 누비고 다녔다. 이와 같은 대규모 장비와 사람들을 지구 멀리까지 운송할 수 있는 능력은 역사상 전례가 없는 것이었지만 영국 정부의 입장에서 중요한 문제는 과연 필립왕이 공격목표로 무엇을 선택할 것이며 언제 공격을 해 올 것인가였다. 스페인의 무적함대에 대적하는 기본계획으로서 무엇보다 중요한 정보는 두개의 경로로 얻는 것인데 하나는 영국 해군의 경험이었고 또 하나는 영국이 보유한 해외 첩보망이었다.

　당시 스페인은 유럽과 미대륙, 필리핀 등에 걸쳐 광대한 영토를 보유하고 있던 세계제국이었다. 영국 해군은 바로 얼마 전에 생겨난 새로운 군조직이었지만 1560년대 이후 계속해서 세계전역에서 벌인 스페인과의 직접전투를 통하여 스페인의 대형범선인 갤리온 범선에 대해 잘 알고 있었다. 존 호킨스(John Hawkins: 1532－95) 선장이나 프랜시스 드레이크(Francis Drake: 1540－96) 제독과 같은 항해사들은 스페인 함선이 비록 막강하긴 하지만 다소 느리고 기동성이 떨어진다는 것을 알고 있었다. 스페인의 대형범선 갤리온선(역자주: 3단 노와 대형 돛으로 장착된 범선)은 해상위로 높게 솟아 나와 다른 배들을 관찰하고 포격하는 데 쉽게 만들어졌으며 게다가 높게 되어 있기 때문에 적의 돌격부대가 측면을 기어오르는 것이 어려웠다. 따라서 이 범선의 주요 전술은 적의 배에 근접하여 대포로 일제사격을 가한 뒤에 선내에 숨어 있던 돌격병들을 대량으로 침투시켜 적을 단숨에 제압하는 것이었다.

1577년에 호킨스는 영국 해군 전함의 조달책임자인 해군위원회의 재정관이 되었다. 호킨스는 드레이크 제독과 여러 사람들의 도움을 받아 스페인 전함과 대적하는 데 효과적인 함선의 건조 임무를 맡게 되었다. 영국형 갤리온 범선은 해상위에 낮게 만들어져 속도와 기동성에는 유리하였지만 대규모 병력을 운송할 수 없어서 근접전투와 측면 침투공격에 취약하였다. 대신에 이들 함선의 경우 선장들은 적의 함선으로부터 일정 거리를 두고 대포로 연속포격을 가하는 방식을 선호하였다.

그러나 영국 왕실 해군이 직접전투와 관찰로부터 배울 수 있는 것에는 한계가 있었다. 해군 지휘관들은 당시에 막 생겨난 엘리자베스 여왕 정부의 첩보기관으로부터 스페인 해상침공에 대해 신빙성이 있는 정보가 별로 없다고 불평하였다. 당시 영국의 해외첩보망을 책임지고 있던 사람은 엘리자베스 여왕의 국무성 수석장관인 프랜시스 월싱햄(Francis Walsingham: 1532－90)이었다. 월싱햄은 비밀공작과 방첩, 첩보수집 등을 중앙집중적인 형태로 관리하였는데 그의 첩보수집방식은 요원들로 하여금 직접 관찰을 하거나 아니면 편지, 군명령서, 외교공문서와 같은 문서들을 중간에 가로채도록 하는 것이었다. 그러나 정보분석을 위한 대규모 정규조직은 아직 만들어 있지 않은 상태여서 대부분 첩보원들이 임시직 아마추어들이었으며 월싱햄 자신이 스스로 선임분석관이 되어 최종 분석을 하였다. 스페인에서 무역을 하고 있던 무역상들이 직접 관찰한 것을 보내주어 중요한 정보원이 되기도 하였으나 그나마 이러한 상업루트를 통해 취득한 정보들도 1585년 이후에는 급감하였다. 그 이유는 네덜란드에서 스페인 통치에 대항하는 반란이 일어나 이를 영국이 뒤에서 지원하자 이러한 영국의 지원을 끊으려고 스페인이 자국 항구에 정박해 있던 모든 영국과 네덜란드 배들을 나포해버렸기 때문이었다.

이것은 스페인 필립왕이 무적함대 건설을 진지하게 기획한 지 몇 달 만에 발생한 사건이었다. 필립왕이 무적함대 건설을 비밀에 붙이려고 하였으나 이미 유럽전역에 걸쳐 배와 선원, 보급물자를 모아들이는 바람에 이런 대형사업의 진행이 완전히 비밀리에 진행되지는 못했다. 1586년경 월싱햄 경의 첩보요원 중의 한 사람이 스페인의 공식문건 하나를 가로챘는데 거기에는 무적함대의 규모에 대한 설명과 함께 무적함대가 영국해협을 가로질러 테임즈 강 어귀에 상륙한 뒤 네덜란드에 주둔해 있던 스페인 군대와 함께 연합하여 런던으로 진격하는 작전계획이 포함되어 있었다.

다만 필립왕의 잦은 변덕으로 언제 스페인과의 결전이 이루어질지 예측한다는 것이 아주 어려웠다. 필립왕은 어떤 때는 무적함대를 스페인에서 아일랜드로 향하게 하려고 했다가 또 어떤 때는 그냥 네덜란드의 스페인령으로부터 직접 공격을 하는 것이 좋겠다고 하는 등 갈피를 잡지 못하였다. 나중에 이것이 정확하였던 것으로 판명되긴 하였지만 스페인이 테임즈 강 어귀에 상륙을 시도할 것이라는 보고를 듣고 어떤 영국 지휘관들은 전혀 새로운 시나리오로 스페인 함대가 영국 남부연안에 상륙하여 그 곳의 항구나 해군기지를 공격할 수 있는 상황을 상정하기도 하였다. 스페인 측의 일부사람들도 유사하게 영국에 도착하자마자 바로 항구를 먼저 장악해야 스페인 무적함대의 안전한 해군기지를 확보할 수 있다고 주장하기도 하였다. 그러나 무엇보다 어려운 문제는 과연 언제 스페인 무적함대가 출정할 것인가였다. 비록 스페인 함대의 막강한 능력은 분명한 것이었지만 필립왕의 상륙의도와 스페인 범선의 사용에 대해서는 판단하기가 어려웠다. 당시의 기술을 고려한다면 넓은 대양에 나가 있는 스페인 함선들을 일일이 정탐한다는 것이 요행이 아니라면 거의 불가능한 일이었다. 영국 첩자들의 보고가 산발적으로 이루어지고 출발일정이 계속 변동되는 상황에서 스페인 무적함대가 언제 영국침공을 위해 출발하고 언제쯤 영국에 도착하게 될지를 알아낸다는 것은 지극히 어려운 일이었다. 게다가 파리 주재 영국 대사는 스페인 함대가 해체되었다거나 다른 임무를 부여받아 떠났다거나 하는 믿기 어려운 보고를 보냈다. 월싱햄은 스페인 내부에서도 결단을 못내리고 계속 망설이고 있다는 것을 간파하였으나 그 파리대사가 별로 신의가 없고 충성스럽지 못하였기 때문에 파리로부터 온 보고를 신뢰하지 말라고 간청하였다. 게다가 이때 로마로부터 간접적이지만 매우 신빙성이 있는 정보가 전달되었는데 교황이 벌써 영국의 카톨릭 교도 복귀에 대비를 하고 있다는 것이었다. 월싱햄은 이러한 여러 가지 요인들을 신뢰하여 이들이 무적함대의 힘과 야욕을 확인해주는 징표라고 보았다. 무적함대에 대한 다양한 보고내용과 그것에 대한 질적 차이를 고려할 때 많은 거짓정보가 있었다. 1587년 여름 대규모 스페인 함대가 리스본 항을 출항하자 월싱햄 경은 그들이 드레이크를 찾아서 아조레(Azores)로 향한다는 것을 알아챘다. 1587년 연말경에 월싱햄은 스페인 무적함대의 영국침공이 임박하였다는 소식을 접하자 영국함대의 총동원령을 요청하였다. 드레이크 제독은 그 보고를 받자 준비를 그만두고 해양공격을 선제적으로 시도할 것을 촉구하였다. 그러나 아직 확신이 없었던 엘리자베스 여왕은 여러 모로 위험성을 따져본 뒤에 영국함대의 일부분만 동원하고 아일랜드, 스코틀랜드, 영국해협에 대한 위협에 대비하여 분산대응

형태로 병력을 산개시켰다. 순전히 군사전략적 관점에서 본다면 이러한 분산배치 전략은 극도로 위험한 방식이었다. 왜냐하면 이것은 가능한 한 군병력은 결정적인 지점에 한 곳에 집중해서 대응해야 한다는 기본적인 작전원칙을 위반한 것이었기 때문이다. 그러나 군주의 목표는 비용부담이 많은 총동원령보다는 미래의 불확실성에 즉흥적으로 대처할 수 있도록 일정 자금을 비축해두는 것이었다. 다행히도 이러한 도박이 나중에 틀리지 않은 결정으로 나타났지만 사실은 스페인 무적함대가 출항을 위한 모든 준비가 미처 갖추어져 있지 않았기 때문이었다.

필립왕은 수시로 작전계획을 변경하였으며 1588년 초까지 무적함대의 최종계획 —스페인 함대가 영국해협을 건너 네덜란드로부터 오는 육군과의 합동으로 공격하는 작전— 에 대하여 결정을 못 내리고 있었다. 이 계획은 처음에 만들어진 초기계획의 재판이나 마찬가지였다. 그러나 여타 다른 계획에 대한 보고는 아무리 그들이 일시적으로 정확하였든 아니든 최종 작전계획이 어떨 것인지에 대해 알려 주는 것은 없었다.

반면에 영국 해군은 스페인 적군의 취약점을 알아내기 위하여 직접적인 방식을 선택하였다. 1587년 4월에 드레이크는 스페인 함선들이 집결되는 항구중의 하나인 까디스항으로 전함들을 보내어 스페인 함선들과 보급선을 격파시켰다. 그 이후 몇 달 동안 드레이크제독은 해상에서 많은 스페인 전함들을 격침시키고 당시에 무적함대의 본부였던 리스본을 일시적으로 봉쇄까지 하였다.

그러나 스페인에게는 전혀 예상할 수 없었던 마지막 지연사태가 발생하여 패전의 결정적인 계기가 되었다. 대형 갤리온 범선과 수송선들로 구성된 약 130여척의 스페인 무적함대가 드디어 1588년 5월 말 리스본항을 떠나 날씨만 좋다면 한달 후에 영국해협에 도달할 것으로 예상되었다. 그러나 예상과 달리 폭풍과 악천후로 인하여 6월 중순경 스페인 남부연안인 꼬루냐에 재집결하게 되었으며 거기에서 물자보급과 수리로 다시 한달을 더 허비해야만 했다.

1588년 6월경에는 엘리자베스 여왕은 스페인 무적함대의 규모에 대하여 어느 정도 정확하게 알게 되었고 그 함대의 중요 임무가 영국해협에 있는 영국함대와 일전을 겨루는 것이라고 확신하였다. 다만 여왕은 그 함대와 육군의 합동부대가 어디에 상륙할지에 대해서는 잘못 판단을 하여 테임즈강 북쪽 어디쯤일 것으로 판단하였다. 사실 필립왕은 남쪽 강변을 생각하고 있었기 때문에 월싱햄 경이 분석한 무적함대의 성격과 임무에 대한 전략정보는 정확하였지만 함대의 상륙지점에 대한 정보 즉, 훨씬 어려운 전술정보의 제공은 실패한 셈이었다.

　1588년 7월 말경에 스페인 무적함대가 영국인들의 시야에 들어왔을 때 영국인들은 모두 깜짝 놀랐다. 대부분의 영국함선들은 아직 그대로 항구에 정박해 있었다. 단지 영국의 노련한 선장과 선원들이 신속하게 대응하여 제시간 내에 바다에서 스페인 함대에 맞설 수 있었다. 이후 몇 주 이내에 영국은 스페인 무적함대의 강점과 약점에 대하여 간파하기 시작하여 스페인 돌격대의 선내 기습작전을 피할 수 있었다. 그러나 그 많은 스페인 전함들을 모조리 다 침몰시킬 수는 없었다. 사실 스페인 무적함대에 결정적인 패배를 안겨준 것은 악천후라고 할 수 있다. 영국의 월싱햄 경은 현대 정보분석을 이용할 줄 알았던 선구자 중의 하나이다. 필립왕은 1590년에 월싱햄 경의 죽음으로 영국이 슬픔에 차 있다는 보고서를 접하자 여백에다가 "그래 거기야 그렇겠지. 하지만 여기에는 좋은 소식인 걸"이라고 써넣었다.

　스페인 무적함대 이야기는 전략정보와 전술정보와의 중요한 차이점을 잘 보여주고 있다. 어떤 국가가 적대적으로 변화하는 것과 같은 전략적인 문제와 관련된 지표와 증거들은 미묘하게 변화하겠지만 장기간에 걸쳐 진행되기 때문에 분석관들은 이것을 파악할 수 있다. 그러나 대조적으로 공격지점이나 시간, 공격방법과 같은 전술적인 문제는 보통 마지막 최종 순간에 가서야 명확해지므로 이를 예측한다는 것은 훨씬 더 어렵다. 전략정보든 전술정보든 이러한 정보보고는 다양한 이유 때문에 부정확할 수 있고 정책결정자들도 서로 다른 관점과 이해관계를 가지고 있기 때문에 같은 정보라도 전혀 다르게 해석될 수 있다. 스페인 무적함대의 정확한 도착날짜를 예측하려는 시도들은 독재정권에 대한 정보를 탐지하는 것이 훨씬 더 어려울 수 있음을 보여준다. 독재자들은 자주 자신들의 의도를 숨기거나 다른 것으로 가장하는 경향이 강하므로 그러한 표면적으로 나타나지 않은 숨겨진 비밀정보의 수집은 필수적이다. 게다가 그러한 독재자들은 대체로 변덕이 심하여 정확한 분석을 어렵게 한다. 마지막으로 가장 강력한 군주조차도 어쩔 수 없지만 작전에 큰 영향을 미치는 것은 날씨와 같은 요인이다.

　스페인 무적함대에 대한 대영제국의 반응은 신기술을 이해하고 대응조치를 강구하고자 하는 국가의 초기 노력의 예라고 할 수 있다. 그때까지 수 세기 동안 그리스 3단 노의 배처럼 제한된 활동범위와 화력을 가진 함선들이 대표적인 전함의 형태를 이루고 있었다. 여러 개의 돛대를 장착한 대형 갤리온 범선의 등장은 해양능력과 해상전쟁의 맥락에서 볼 때 극적인 전장의 확장을 의미한다. 그러한 해상능력을 판단하고 효과적인 대응수단을 강구할 수 없으면 결국 패배할 수밖에 없는 것이다.

추가 고려사항

▶ 해상전에서 지휘관들의 정보요구는 지상전의 지휘관들이 필요로 하는 정보요구와 어떻게 다른가?

▶ 상황의 불확실성을 고려하여 영국인들은 어떤 가정을 하였으며 이런 것들이 나중에 어떤 결과로 나타났는가?

▶ 당시의 기술을 고려할 때 영국인들이 사용할 수 있는 다른 정보분석방법이나 정보획득경로에는 어떤 것이 있었는가?

▶ 한명의 권위적인 지도자가 이끄는 독재정부의 경우에 정부행동을 예상하는 방법에는 어떤 것들이 있는가?

추천도서

Budiansky, Stephen, *Her Majesty's Spymaster: Elizabeth, Sir Francis Walsingbam, and the Birth of Modern Espoinage*, New York: Viking, 2005.

Fernandez-Armesto, Felipe, *The Spanish Armada: The Experience of War in 1588*, Oxford: Oxford University Press, 1988.

Haynes, Alan, *The Elizabethan Secret Services, 1570—1603*, New York: St. Martin's Press, 1992.

Hutchinson, Robert, *Elizabath's Spy Master: Francis Walsingbam and the Secret War that Saved England*, London: Phoenix, 2006.

Parker, Geoffrey, *The Grand Strategy of Philip II*, New Haven, CT: Yale University Press, 1998.

8. 조지 워싱턴

수세기 동안 존재했던 많은 지휘관들처럼 미국 초대 대통령이 되기 전 조지 워싱턴(George Washington: 1732－99) 장군도 정보장교로 근무한 경력이 있어서 정보를 잘 활용한 대표적인 인물이다. 군사정보에 대한 어떤 공식적 훈련을 받지는 않았지만 워싱턴 장군도 정책결정 시 정보를 활용하는 방법에 대해 대단히 잘 이해하고 있었다. 영국에 비하여 상대적으로 열세에 처해 있는 군부대의 지휘관이었으므로 독립전쟁기간 동안 첩보활동, 방첩, 정보분석과 같은 군사정보에 높은 비중을 두는 것이 자연히 그의 이익에 부합되었던 것이다.

소수의 측근 보좌관들로부터만 도움을 받아 워싱턴은 개인적으로 자신에게 유용한 정보를 가져올 수 있는 사람들을 조직하였다. 그는 어느 정도 공개적으로 활동하는 전통적으로 제복을 입은 정찰관들을 고용하였다. 그 자신 스스로 프랑스와 인도전쟁 기간에 이러한 임무를 수행한 적이 있었다. 군 사령관으로서 그는 적진배후에서 단기적인 비밀임무를 수행할 네이던 헤일(Nathan Hale: 1755－76)과 같은 병사들을 선발하였는데 그는 그의 첫 번째 임무에 실패하면서 재앙을 맞이하였다. 워싱턴은 민간인들을 모집하여 뉴욕시에 컬퍼링(Culper Ring)과 같은 장기활동 정보조직을 만들었다. 워싱턴은 중요한 결정을 하기 위해 필요로 하는 정보요구를 첩보요원들에게 전달할 때에는 자세하고 명확한 지침들을 전달한 것으로 유명하다. 워싱턴의 편지는 정보문제에 대해 많은 언급을 하고 있는데 다른 사령관들처럼 워싱턴도 보고서를 전달할 때 신속성, 정확성, 기밀성을 중시하였다.

… 정보가 만약 신속하게 전달되지 않으면 정보의 효과는 사라질 수 있다. 따라서 이러한 사항은 거짓정보를 피하는 것만큼 중요하므로 이러한 점을 일하는 사람들이 특별히 명심하도록 해야 한다.(1777년 4월 8일)

진정한 정보를 조기에 얻기 위해서라면 돈을 아끼지 말아야 한다. 항상 다시 수집하여 확인할 것이며 무엇보다 모호하고 불확실한 상황의 설명은 … 차라리 아무것도 전달받지 못한 것보다 혼란스럽고 위험할 수 있다는 것을 명심하라.(1778년 8월 8일)

가능한 모든 노력을 경주하여 믿을 수 있는 사람들을 뉴욕 스태튼 섬으로 보내어 적정상황과 병력숫자에 대한 정보를 획득하길 바란다. 좋은 정보를 취득하는 것이 중요하다는 것은 너무나 당연한 것이어서 아무리 강조해도 지나치지 않는다. 추가적으로 강조하면 가능한 한 모든 문제는 기밀에 붙여야 한다. 큰일의 성사여부가 대부분 기밀유지에 달려 있기 때문이다. 아무리 좋은 과제를 잘 기획하고 성공 가능성이 높더라도 비밀유지가 안 된다면 실패할 것이기 때문이다.

워싱턴은 위장용 가짜회사의 설립과 비밀잉크의 사용을 포함한 여러 가지 비밀공작 수행방법에 대해서도 상세하게 알려준다.

내 생각에는 정보수집활동에 그냥 전력투구를 하기보다는 작은 기업체라도 설립하여 평상시의 일을 가장해서 자신의 정보활동을 수행하는 것이 더 안전하고 유리할 것으로 생각된다. 그렇게 하는 것이 오히려 다른 방식으로는 취득하기 어려운 정보를 수집하는데 유리한 기회를 제공할 수 있다. 자신의 현재 직업과 잘 맞지 않는 형태로 정보활동을 하다보면 당연히 생길 수 있는 의심들을 현재 직업과 일치하는 형태로 할 때 막을 수 있는 것이다. (1779년 9월 24일)

또 워싱턴은 뉴욕시의 정보원에게서 온 첩보보고 관련 비밀잉크의 사용방법에 대하여 말하기를

작은 책자안의 빈종이, 수첩, 기록물의 맨 끝부분 여백, 정부간행물 또는 저렴한 서책이나 출판물 등에 써서 보내면 비밀잉크의 사용은 통신내용이 탐지될 가능성을 줄일 수 있을 뿐만 아니라 중간배달을 맡은 사람들의 걱정을 줄여 줄 것이다. 그리고 훨씬 더 좋은 방법은 토리(Tory)식 글씨체로 쓰되 가족문제를 섞어서 편지를 써 보내고 종이여백에 스테인(Stain: secret ink) 비밀잉크로 정보를 적어 보내는 방법이 있다.(1780년 2월 5일)

그러나 그럼에도 불구하고 워싱턴이 정보문제를 다루는 데 항상 성공적이었던 것은 아니었다. 미국측의 웨스트포인트 요새를 영국에게 넘기려고 음모를 꾸민 베네딕트 아놀드(Benedict Arnold: 1741–1801)를 체포한 것은 애국적인 순찰병이 우연히 순찰하는 중에 아놀드가 영국측과 접촉하는 것을 발견하고 관련 문서를 적발하였기 때문에 가능하였던 일이다.

또한 워싱턴은 뛰어난 정보분석의 원칙을 세워 작전을 수행하였다. 그중에는 세심하게 주의를 기울여 증거를 신빙성이 있게 만드는 것, 징후징표를 찾아내어 그들로부터 그럴 듯한 결론을 도출하는 것, 다양한 정보출처의 중요성에 초점을 맞추

는 것 등이 포함되어 있다.

 ··· 우리는 자주 적이 의도한 계획대로 행동하여 우리가 직접 관찰한 표면적인 모습이나 우리 측 첩보원이 제공한 정보대로 생각을 하게 되는데 이럴 경우에 우리에게 전혀 새로운 단서를 줄지 모르는 그러한 것에는 주의를 기울일 수 없게 된다.

 모든 상세한 점들이 수집된 정보와 맞도록 해야 한다. 왜냐하면 얼핏 사소한 것처럼 보이는 것들도 중요성을 갖는 다른 것들과 함께 제시되었을 때 아주 가치가 있는 결론을 도출할 수 있을지 모르기 때문이다.(1778년 10월 6일)

 ··· 다양한 정보를 비교함으로써 우리는 숨겨져 있거나 찾기 어려운, 단일 정보힌트로는 알 수가 없는 그러한 사실을 탐지할 수 있게 된다.···정보는 그다지 중요하지 않은 것 같은 부수적인 상황이나 그것의 연결을 통하여 흥미롭게 변하는 것이다. (1782년 4월 1일)

 그는 적의 위협을 평가한다는 것이 적의 능력과 의도 두 가지 다를 이해하여야 하는 문제라고 생각하였다.

 적의 힘과 동태 그리고 가능하면 적의 계획까지 초기에 좋은 정보를 얻어 내는 것이 중요하며 그것도 가능하면 여러 개의 다른 경로를 통해 정보를 획득하는 것이 중요하다.

 워싱턴은 위험을 감소시키는 방법이 전체 그림을 파악하는 것이라는 것이라고 이해하고 있었다.

 ··· 너의 정보를 주고받는 것에 덧붙여 생각나는 범위 내에 칸을 만드는 식의 분석표를 그리는 것도 좋은 방법이다. 사료와 곡식같은 것, 저장고, 서로 다른 연대와 대대, 업무와 상관관계, 그 유형과 정도, 지휘관 숫자, 대포숫자 등 ··· 이러한 표는 탈영병, 첩보요원 그리고 적진 근처에서 온 사람들로부터 입수한 모든 사항들이 하나의 관점에서 이해될 수 있어야 한다. 그리고 일이 천천히 진행되거나 잦은 수정으로 변경되거나 할 때도 주의 깊고 끈기 있게 살펴보면 매우 유용한 정보를 취득할 수 있다. 이런 분석에 숙달되면 때로는 그것으로부터 필기록 형태가 만들어질 수 있는 것이다.··· (1778년 11월 18일)

 워싱턴은 영국의 군사능력에 대한 전체적인 양상들을 이해하기 위하여 분석표를 어떻게 만들 것인지에 대해 정확하게 예증을 만들어 보여주지는 않았지만 그림 10은 그가 염두에 둔 것을 대략적으로 예상하여 만든 표이다. 마지막 인용은 특히 정보분석의 핵심적인 측면에 대한 매우 통찰력 있는 요약이다. 전술적이고 전략적

(그림 10) 워싱턴의 정보분석 스프레드시트

	탄약고	대대 및 연대	업무	장교	대포
A 장소					
B 장소					
C 장소					
기타 등등					

인 측면을 다 고려해보고 데이터를 그것이 의미를 갖게끔 분석틀 안에 넣고 다양한 정보원을 사용하여 정기적으로 업데이트하는 것이다.

워싱턴은 또한 정보활동의 또 다른 면을 노련하게 다루었는데 그것이 그가 성공하게 된 중요한 역할을 하였다. 1776년 말 부대원들의 자신감이 많이 떨어졌을 때 그는 트렌턴을 기습하여 유리한 고지를 선점해 버렸다. 그리고 1781년 독립전쟁이 최고 정점에 달했을 때 무엇보다 영국군을 뉴욕에 집중하게 만드는 것이 절대적으로 중요하였다. 이때 워싱턴은 마치 북쪽에 그의 부대를 그대로 남겨두어 적의 수중에 떨어지도록 거짓명령을 내린 것처럼 빵굽는 오븐을 그대로 두고 왔다. 그리고는 진군하는 부대를 위해서는 비록 값이 비쌌지만 오븐을 새로 제조하도록 하는 기만전술을 썼다. 이러한 기만전술은 워싱턴이 여전히 뉴욕의 영국군 본부를 공격하는 계획에 몰두해 있는 것처럼 영국이 믿게 만들었다. 영국지휘관들은 이러한 워싱턴의 거짓 징후를 사실인 것으로 믿었는데 결국 미불 연합군은 뉴욕으로 가는 척하다가 중간에 몰래 빠져 나와 남쪽 요크타운으로 진격하여 승리를 거두게 되었다.

물론 독립전쟁에서 미국이 승리를 거두고 오늘의 미국을 건설하게끔 기여한 요인은 많다. 예를 들면, 뛰어난 지도자들이 있었다든지 프랑스의 지원이 있었으며 독립하고자 하는 미국인들의 열망, 영국군대의 많은 실책 등등 많이 있지만 조지 워싱턴 장군의 탁월한 지도력과 군사정보의 효과적인 사용도 그중에 중요한 요인이 될 것이다.

추가 고려사항

▶ 시저나 손자와 비교할 때 워싱턴의 정보분석방식은 어떻게 다르며 어떤 점이 유사한가?

▶ 정보수집에 필요한 사항들을 가로세로로 구성하여 입력하는 데 있어서 워싱턴이 사용한 스프레드시트와 같은 분석도구는 어떻게 도움이 될 수 있는가?

▶ 워싱턴이 군사작전 시 정보분석을 위해 사용한 정보분석 원칙이 오늘날 소송 사건이나 기업 비즈니스와 같은 민간업무에 어떻게 사용될 수 있는가?

추천도서

Ferling, John, *Almost a Miracle: The American Victory in the war of Independence*, New York: Oxford University Press, 2007.

Flexner, James Thomas, *Washington: The Indispensable Man*, Boston, MA: LittleBrown, 1974.

Ketchum, Richard M., *Victory at Yorktown: The Campaign that Won the Revolution*, New York: Henry Holt, 2004.

Rose, Alexander, *Washington's Spies: The Story of America's First Spy Ring*, New York: Bantam, 2006.

Searchable online version of Washington's papers are available from the Library of Congress at http://memory.loc.gov/ammen/gwhtml/gwhome.html and from the University of Virginia at http://gwpapers.virginia.edu.

Part 03

20세기 전반기의 정보분석

Part
03

20세기 전반기의
정보분석

이전 역사 3000년 동안과는 대조적으로 19세기와 20세기의 정보분석은 3가지 요인, 관료주의와 기술 그리고 심리학에 의해 크게 변화를 겪게 된다.

19세기 이후로는 정부에서의 정책결정 지원이 점차 대규모 관료조직에 의해 수행되기 시작하였다. 이들 대형 관료조직의 특징은 수직적 계층구조와 분업구조로 되어 있으며 장점도 있지만 단점도 있다. 공장에서 잘 보여주는 것처럼 관료조직은 대량 업무, 특히 단조로운 일상적 업무를 잘 다룰 수 있지만 다양한 수직적 계층구조를 통해 정보가 위아래로 움직이는 과정에서 정보왜곡이나 지체를 초래할 수 있다. 조직의 관료주의적 형태는 이후 군대나 정부, 정당 그리고 기타 다른 여러 기능들에서 사용되기 시작하였다. 따라서 이런 것들이 정보분석에까지 확산되게 된 것은 시간문제였다.

19세기에 나타난 또 다른 중요한 발전은 과학의 발전에 따라 점점 더 기업이나 무기체계, 재판과정 그리고 여타 분야에 과학이 적용되기 시작하였다는 것이다. 물론 과학적 방법에는 여러 가지 다양한 방식이 있을 수 있으나 기본적으로 과학적 방식이란 어떤 의문점을 구성하고 그 의문점에 해답이 될 수 있는 한두 개의 가설을 구성한 뒤에 그 가설을 입증할 관련 사실을 사용하여 실험을 거쳐 그 실험결과에 의거하여 가설을 수용하거나 수정 또는 폐기하는 일련의 연속과정이다. 이러한 과정은 새로운 의약품의 생산이나 상품의 개발을 포함하여 많은 혜택을 가져왔으며 이외에도 과학적·체계적인 조사과정은 정보분석에도 많은 도움이 되었다.

심리학의 발전된 지식은 분석가로 하여금 자신들의 상관이나 적에 대해서뿐만 아니라 자신의 업무에 있어서 사고와 정책결정을 더 잘 이해하게 하였다. 인간의 마음은 추상적인 변화패턴이나 관련성을 인지하는 데뿐만 아니라 데이터를 조직하고 저장하는 데 대단한 능력을 발휘하지만 반면에 현실적으로 전혀 근거가 없는 연결고리를 만들어 성급한 결론에 도달하게도 한다. 분석가들은 잘못된 가정이나 편견과 같은 인지적 과오에 빠질 수 있는 잠재적 위험성을 깨닫고 그러한 결점을 극복하기 위한 방법을 찾아내는 것이 중요하다는 것을 알아야 한다.

　　이러한 사태의 발전은 1914년 제1차 세계 대전이 발생했을 때 진행되고 있었다. 이 전쟁에는 미국을 1차 대전에 참가하게 만드는 데 일조한 소위 짐머만 전보 사건(역자 주: 1917년 1월 17일 영국 해군정보부가 독일 외무장관 짐머만이 미국 독일대사관으로 보낸 전문을 가로챈 사건)과 같은 재미있고 중요한 정보분석의 일화가 있다. 제1차 대전은 그러나 정보분석이 중요한 역할을 한 전쟁은 아니었다. 오히려 1939년에 발발한 제2차 대전이야말로 정보분석에 있어서 많은 교훈과 도전과제로 가득 찬 전쟁이라고 할 수 있다.

9. 윌슨 대통령과 파리평화회의

　　제1차 세계 대전이 끝나갈 때 미국의 우드로 윌슨(Woodrow Wilson: 1876-1924) 대통령은 전혀 새로운 국제상황에서 미국의 국익을 신장시키는 문제에 직면하게 되었다. 미국은 그 전 어느 때보다도 국제무대에서 적극적인 역할을 해야 하는 상황이었다. 바야흐로 미국은 어느새 군사, 정치, 경제 모든 면에서 강대국으로 부상하고 있었으며 미국이 보유하고 있는 인적·물적 자원과 재정적 자원들을 전례가 없이 큰 세계적 규모로 투입하고 있었다.

　　윌슨 대통령은 이제 자신과 미국이 전쟁을 평화적으로 종식시키면서 보다 선진적이고 합리적이며 진보적인 시각을 제시해야 한다고 믿었다. 윌슨의 14개 조항을 살펴보면 개방과 자유, 정의와 자결 및 군축에 근거한 국제문제의 해결과 미래에 발생할 국제문제를 해결하는 데 있어서 국제연맹의 역할에 대한 그의 비전이 명확하게 드러난다. 물론 모든 사람들이 이러한 목표에 대하여 동의하지는 않았다. 그러나 미국의 막강한 국력이 뒷받침되어 이 기본원칙들이 회의 과정에서 논의의 기본 틀을 규정하게 되었다.

　　윌슨 대통령은 미국이 1차 대전에 참전한 지 몇 달 되지 않은 1917년 영구평화체제협상을 위한 정보자료 수집을 목적으로 조사위원회(Inquiry)로 알려진 준공식위원회(semi-official commission)를 설립하였다. 이 위원회를 운영하는 데 필요한 재정지원은 미국의회가 승인을 해준 대통령 국가안보비상기금으로부터 나온 것이었는데 아마도 이것이 고위정책결정자를 위해 정보분석에 관료적 지원을 해준 최초의 사례일 것이다.

　　프린스턴대학 총장을 지냈고 역사 및 정치학 박사학위를 취득한 학자로서의 폭넓은 학문적 경험이 윌슨 대통령으로 하여금 조사위원회의 직무수행에 있어서 확고하게 학문적인 접근방식을 취하도록 하였다. 그는 평화회의가 해결해야 할 여러 가지 복잡한 문제들에 대하여 지리, 경제, 역사, 인종 등에 걸쳐 다방면의 정보가 필요하였으며 또한 이러한 정보수집이 과학적인 방식 —즉 객관적이고 체계화된— 으로 이루어지기를 바랬다. 그러나 국무부나 육해군 정보국은 그가 원하는 바를 충족시켜주지 못하였기 때문에 윌슨 스스로 학계로부터 조사관들을 모집하였는데 주로 젊은 학자들 일색이었다. 그 조사위원회는 정부와 기업 그리고 민간 비정부기구들의 전문성을 이용하였다.

조사위원회 직원들은 자신들의 정보업무가 기획, 수집, 이해, 편집이라는 4단계로 진행된다고 생각하였다. 그들의 목표는 간결한 보고서의 생산인데 그것은 정보가 쉽게 검색될 수 있도록 서류철을 체계적으로 분류하고 정리해 놓는 것이었다. 통계수치와 대화록, 그리고 수백 개의 지도를 준비하였으며 단지 사실만을 보고하는 데 그치지 않고 필요한 행동조치를 제안하기도 하였다. 조사위원회의 조사관들은 자신들의 업무에 몰두하면 할수록 자신들의 의견이나 미국의 국익을 객관적이며 균형있게 다룬다는 것이 쉽지 않으며 전체 그림을 보면서 세세한 부분까지 완벽하게 다룬다는 것이 쉽지 않다는 것을 깨닫게 되었다. 파리평화회의는 유명인사와 거물급 인사들이 각국의 대표단으로 참석하여 세계역사상 가장 성대한 국제회의 중의 하나였다. 당시에 참가한 저명인사들에는 버나드 바루치(Bernard Baruch), 에드바르드 베네시(Edvard Benes), 윈스톤 처칠(Winston Churchill), 존 포스터 덜레스(John Foster Dulles)와 그의 동생 알렌(Allen), 허버트 후버(Herbert Hoover), 존 메이나드 케인즈(John Maynard Keynes), 로렌스(T. E. Lawrence), 토마시 마사리크(Tomas Masaryk), 쟝 모네(Jean Monnet), 이그나치 파데레프스키(Ignacy Paderewski), 얀 스뮈츠(Jan Smuts), 아놀드 토인비(Arnold Toynbee), 하임 바이츠만(Chaim Weizmann), 그리고 호치민(Ho Chi Minh) 등이 있었다.

파리평화회의는 협상과정에서 수많은 어려움에 봉착하였으나 그중에 중요한 몇 가지는 첫째 프랑스의 안보를 위한 사전 조정작업과 독일을 자제시키도록 하는 방법, 오스트리아-헝가리 제국의 해체를 다루는 문제, 러시아에 등장한 새로운 공산정권을 다루는 문제 등이었다.

이러한 문제들의 많은 부분이 국경과 관련된 문제이거나 다양한 인종의 민족주의적 열망과 관련된 것들이었다. 이처럼 서로 상충된 주장들을 해결하는 데 있어서 윌슨의 진보적 이상주의와 논리는 전통적 유럽외교 스타일—즉 비밀협약이 난무하고 거주민들의 희망에 대한 고려 없이 임의로 영토변경을 획정하는 식—과는 잘 맞지 않았다.

1919년 1월 18일에 개최된 파리평화회의는 미국 대통령이 해외로 나가서 참석한 최초의 국제회의였다. 윌슨은 조사위원회 업무를 하고 있던 125명 중에 23명을 선발하여 미국 대표단으로 데리고 갔는데 그 결과 대표단 숫자가 1,000명이 넘게 되었다. 이때 함께 간 조사위원회 직원 중에는 나중에 영향력이 있는 언론인이 된 월터 리프만(Walter Lippmann: 1889–1974)이 있으며 나중에 2차대전중의 미국해군사를 저술한 사뮤엘 엘리어트 모리슨(Samuel Eliot Morison: 1887–1976) 등이 있다. 이것이 많은 민간인 학자들이 외교협상에 깊게 관여하기 시작한 최초의 사례이다.

그 회의에서 조사위원회 소속 사람들은 미국 대표단의 영토 및 정치 정보분과로 배치되었는데 윌슨 대통령의 성격이 조금 냉담한 편이어서 대통령과 친밀한 업무관계를 발전시키지는 못하였지만 학문적인 범위를 넘어서 매우 유용한 정보를 제공하였다. 개방적인 분위기에 편승하여 이들은 로버트 랜싱(Robert Lansing: 1864–1928) 국무장관의 반대에도 불구하고 기자들에게 안내책자를 배포하면서 이것들이 단지 연구결과물로서 미국의 정책을 반드시 대변하는 것은 아니라고 주지시키기도 하였다. 또한 이들 학자 전문가들은 자신들의 민족주의적 입장들을 알리려는 각국의 로비스트들이 대표단 고위인사들의 시간을 뺏지 않고 자신들의 견해를 알릴 수 있는 공개적인 토론의 장을 제공하기도 하였다.

물론 이 영토 및 정치정보 분과만이 미국대표단에게 정보와 자문을 제공한 것은 아니었다. 각국의 미국 대사관들도 세계 도처에서 전세계 여러 국가들의 상황에 대하여 보고하였으며 사실을 규명하려는 대표단들에게 지원을 아끼지 않았다. 그 중에는 만약에 협약이 너무 가혹하면 어떤 지도자가 나타나 대규모 민중봉기를 이끌지도 모른다고 경고한 독일 관련 정보도 포함되어 있었다.

육군과 해군 정보국 또한 자신들의 정보원으로부터 입수한 정보를 대표단에게 보고하였으며 여기에 기업인들과 노조지도자들과 같은 일반인들도 자신들이 관련되어 있는 문제에 대해서는 의견을 제시하였다.

그러나 무엇보다 이 영토 및 정치 정보분과는 기존의 독일식민지였던 몇 개의 태평양 섬들을 일본이 차지하도록 허용하는 방안에 대하여 격렬하게 반대하였는데 그 이유는 미 해군대표가 뒤에서 적극적으로 지지하였듯이 장래에 미 해군기지로 사용하면 좋을 듯싶었기 때문이었다. 미국학자들은 또한 체코지역에 거주하는 독일인 소수계층이 원한다고 생각하여 역사 및 국방의 이유를 들어 체코에 사는 수데텐 지방(Sudeten) 독일인들을 체코슬로바키아 지역에 편입하는 방안을 지지하였다. 또 다른 의견으로는 다인종 국가인 러시아 제국을 여러 개의 독립국가로 분리시키는 것이 바람직하다는 제안도 나왔다.

그러나 막강한 국력에도 불구하고 미국은 파리회의에서 자신들이 원하는 대로 모든 것을 처리할 수 없었다. 타협을 해야 했으며 새롭게 동맹을 체결해야 했다. 영토 및 정치 정보분과는 한때 시험적으로나마 다른 대표단 전문가들과 상호 협력하는 방안도 시도하였다. 영국대표단을 다루는 데는 상당히 성공적이었으나 다른 유럽인들은 미국인들이 정치적 현실을 너무 도외시한다고 생각하여 그리 성공적이지 못했다.

마침내 1919년 6월 28일 파리회의의 성과를 담은 베르사이유 조약이 최종적으로 체결되었다. 이 조약은 독일이 해외식민지는 물론 유럽영토의 상당 부분을 프랑스와 폴란드에게 할양하는 등 영토를 축소하도록 하였다. 그리고 독일의 병력 규모도 엄격하게 제한을 가하고 엄청난 전쟁배상금을 지불하도록 명시하였는데 독일의 새로 들어선 민주정부는 전쟁의 모든 책임을 받아들여야만 했다. 오스트리아와 헝가리도 서로 분리되고 영토가 축소되었으며 이로 인해 남은 땅들은 중앙유럽과 발칸반도에 탄생한 신생국들에게 할양되었다. 파리회의는 러시아에 의해 제기된 이념적인 문제들에 대해 의견의 일치를 보지 못한 결과 조약에서도 러시아문제는 다루어지지 않았다. 그 조약의 틀을 벗어나서 승전동맹국들은 벌써 자신들의 국익을 보호하기 위하여 자국 군대를 파견하기도 하였다. 베르사이유 조약은 여전히 해결되지 않은 문제가 많이 있음을 인정하고 윌슨 대통령의 뜻대로 장래의 국제분쟁을 다루는 공식적인 장치로서 국제연맹의 창설을 명시하였다.

1919년 조인된 베르사이유 조약은 당시에도 그렇고 그 이후에도 윌슨 대통령이 제시한 14개 조항의 원칙을 제대로 수용하지 못한 것에 대하여 많은 비난을 받았다. 다른 어떤 곳보다도 폴란드, 러시아, 터키에서 계속된 분쟁을 완전히 종식시키지 못하였고 결국 그때 미봉책으로 남긴 문제로 인하여 20년 후에 제2차 대전의 불씨가 되었던 것이다.

윌슨의 조사위원회는 그리 대단하진 않지만 중요한 정책결정에 전문학자들을 중용하려 한 윌슨 대통령의 노력의 산물이었다. 그러한 노력이 잠시 실행된 것이며 베르사이유 협상에서도 나름대로 상당한 영향을 미쳤던 것이다. 돌이켜 보면 조사위원회 학자들의 직무성과라는 것이 경험이 없는 인력, 한정된 예산, 촉박한 보고기한 등으로 인하여 질적인 면에서는 우수하다고만 할 수 없는 혼합된 성격의 것이었다.

그럼에도 불구하고 미국학자들은 복잡한 문제들을 여러 가지 다양한 학문적 시각에서 바라보았다. 그들의 연구조사 결과와 자문은 상당히 가치가 있는 것으로 증명되었다. 그들이 제시한 의견 중에 상당 부분이 윌슨 대통령에 의해 채택되었으며 일부는 베르사이유 협약의 최종 협정안에 포함되기도 하였다. 더구나 그들이 수행한 업무는 정보분석의 수행방식뿐만 아니라 유럽과 아시아의 미래에 대해서도 몇 개의 중요한 이슈를 제기하기도 하였다. 그들은 어떤 것들은 명확하게 예견하였으나 또 어떤 것들은 그렇지 못하였다.

추가 고려사항

▶ 조사위원회의 일은 나중에 정보순환과정이라고 불리는 과정을 어떤 식으로 예상하여 대응하였는가?

▶ 베르사이유 회의에서 다루어진 영토문제와 같은 정치적 분쟁은 얼마나 합리적이며 객관적인 해결책이 나올 수 있는가?

▶ 미국학자들은 그들이 베르사이유에서 직면한 어려운 과제들을 다루는 데 있어서 그 밖의 어떤 다른 것을 하였는가?

▶ 조사위원회의 학문적 방식 예를 들면, 보고서, 서류, 지도, 통계 등을 활용하는 방법이 테러대응과 같은 문제를 해결하는 데 있어서 어떻게 적용될 수 있는가?

추천도서

Ferrell, Robert H., *Woodrow Wilson and World War I*, New York: Harper&Row,1985.

Gelfand, Lawrence E., *The Inquiry: American Preparations for Peace, 1917–1919*, New Haven, CT: Yale University Press, 1963.

MacMillan, Margaret, *Paris 1919: Six Months that changed the World*, New York: Random House, 2001.

Walworth, Arthur, *Wilson and His Peacemakers: American Diplomacy at the Paris Peace Conference, 1919*, New York: W. W. Norton, 1986.

10. 1930년대 독일공군력 평가

　제1차 세계대전에서는 공군력이 전쟁의 결정적 요인이 아니었지만 1920년대와 1930년대를 거쳐 기술이 비약적으로 발전하면서 많은 사람들이 공군력 강화에 관심을 가지게 되었다. 줄리오 두에(Giulio Douhet: 1869-1930)와 같은 이탈리아 군사이론가는 공중으로부터의 대량폭격이 차기 전쟁의 결정적인 무기가 될 것이라고 내다보았으며 영국 보수당 지도자인 스탠리 볼드윈(Stanley Baldwin: 1867-1947)은 "언제나 폭격기가 전쟁을 끝낼 것이다"라고 주장하였다. 심지어 대중문화에서도 그러한 영향이 나타나서 "다가올 미래의 모습"이라는 영화에서는 공군력이 결정적으로 중요하게 되는 세상이 그려지기도 하였다. 예산문제에 신경을 쓰는 민간관료들뿐만 아니라 국방을 설계하고 실행하는 군사 기획가들도 광범위하게 영향을 미치고 지속적으로 발전해가는 이 기술문제를 어떻게 평가할지 골몰하고 있었다. 그중에서 특히 심각한 문제는 독일로부터 오는 공격의 위협을 예상하는 것이었다.

　베르사이유 조약에는 독일은 공군을 보유해서는 안 된다고 명시되어 있었다. 그러나 종전 후에 들어선 독일의 민주정부는 점점 더 중요해지고 있는 공군력의 중요성을 감안하여 이 조약을 어긴 채 조금씩 은밀하게 공군의 재무장을 추진하였다. 자신의 대외정책의 핵심내용으로 베르사이유 조약을 비판해 온 국가사회당(나치당)의 당수인 아돌프 히틀러(Adolf Hitler: 1889-1945)는 1933년 독일의 수상이 되었고 곧 바로 독재체제를 수립하였다. 다른 군사 재무장노력과 함께 히틀러는 전투기를 제조하기 위한 은밀한 노력에 박차를 가하였다.

　히틀러가 권좌에 오른 그 해에 표면상 민간기관으로 설립되기는 했지만 독일 공군성이 신설되어 향후 12개월에 걸쳐 244대의 군비행기를 생산하겠다는 비밀계획을 수립하였다. 이후 일년도 채 되지 않은 1934년 1월 공군성은 군사재무장을 위해 대량으로 물량을 투입하는 훨씬 야심찬 계획을 채택하였는데 그 계획을 보면 800대 이상의 폭격기 생산, 250대의 전투기 생산, 수백 대의 훈련과 정찰목적의 보조 항공기 생산 등이었다. 1935년이 되면 독일의 목표는 궁극적으로 3,800대 이상의 전투기를 보유하는 것으로 바뀐다. 만약 어떤 외부인이 이러한 비현실적인 계획을 입수하였다고 한다면 이것이 진정으로 추진되고 있는 계획이라고 하더라도 아무도 미래의 독일의 전쟁능력을 판단할 수 있는 정확한 자료라고 생각하지는 않았을 것이다.

　나치 정부가 군사 재무장의 초기단계에서 염두에 둔 것은 가능한 많은 비행기를 생산하여 적의 공격에 대한 억제력을 확보하는 것이었는데 문제는 질적인 개선보다 양적 생산을 우선함으로써 그처럼 양산된 비행기들의 대부분이 조만간 구형으로 전락될 수 있다는 것이었다. 독일인들 스스로 이 대규모의 신속한 공군 재무장계획이 비현실적이라는 것을 깨닫게 되었다. 그러나 그럼에도 불구하고 다소 축소되기는 하였으나 야심찬 공군 재무장계획은 계속되었다. 1935년 3월 히틀러는 독일에 대한 영국의 외경심을 얻고자 그간의 비밀유지정책을 폐기하고 독일이 이제 공군을 보유할 것이라고 공표하였다. 더구나 그는 독일을 방문한 영국 정치인들에게 독일의 공군력이 영국의 공군(RAF) 전력 —당시에 1,000대의 전투기를 보유하고 있던— 과 거의 비슷하다고 주장하였다.

　당시 영국은 람제이 맥도널드(Ramsay MacDonald: 전 노동당 당수) 수상이 내각을 이끌고 있었으나 볼드윈이 이끄는 보수당과 연합내각을 구성하고 있었다. 이 연합내각은 국외에서는 평화유지에 전념하고 국내적으로는 소비를 자제하는 긴축정책에 전념하고 있었다. 1935년에는 볼드윈이 수상으로서 정권을 잡았으나 이전의 정부와 유사한 정책노선을 계속 추진하였다. 나치정부가 국내에서 입지를 강화하고 해외에서는 호전적으로 나가면서 국제무대에서도 걱정과 불안감이 고조되기 시작하였다. 이에 대한 반응으로 영국지도자들도 영국 공군(RAF)을 확충하고 근대화할 필요성을 느꼈으나 보다 제한된 형태로 하기를 원하였다. 즉 필요이상으로 예산을 쓰고 싶지 않았던 이들은 독일의 위협에 대한 전문적인 평가를 위하여 신설된 정보기구인 공군 정보국과 산업정보센터에 정보를 요청하였다.

　공군성은 전략폭격이 미래전쟁의 수행에 있어 결정적인 요소가 될 것이라고 판단하였으나 내각이 추진하는 재정긴축 정책으로 인하여 한정된 국방예산에서 더 많은 예산을 배정받기 위해서는 육군, 해군과 치열하게 경쟁하는 것이 불가피하였다. 또한, 당시 영국 공군의 가장 큰 우려사항과 핵심과제가 되었던 것은 전쟁 발생 초기에 독일이 먼저 강력한 결정타를 날려 영국의 주요 도시들을 초토화하지 않을까 하는 것이었다. 따라서 영국공군성은 대규모 폭격기를 유지함으로써 평시에는 전쟁발발에 대한 억지력으로 작용하도록 하고 일단 전쟁이 발생하면 강력한 반격을 가할 수 있어야 한다는 견해를 제출하였다.

공군성은 1934년 히틀러가 권력을 잡자 이러한 히틀러의 출현이 의미하는 정책적 의미를 평가한 최초의 보고서를 제출하였다. 당시 독일의 철저한 비밀유지를 고려한다면 영국공군성이 정보부족으로 인하여 정확한 예상을 한다는 것이 쉽지 않았을 것이다. 게다가 히틀러의 극단주의적 주장이 시사하는 의미에 대해서도 불확실한 것이 많았는데 과연 그가 자신이 공언한 대로 전쟁을 할 것인가? 그해 5월에 프랑스에서 영국에게 보낸 군사정보는 파리에 있는 관료들이 독일로부터 입수했다는 보고서인데, 이 보고서 내용에는 나치정부가 대략 500여대의 실전 최정예 비행기로 구성된 비행단을 구상하고 있으며 이 비행기들은 최첨단 기술로 만들어져 공중에서의 핵심 전투병력을 구성하게 될 것이라는 것이었다. 명확한 생산기한은 없었지만 독일은 이러한 공군여단을 3-4개 보유할 계획이라고 주장하였다. 그해 늦게 프랑스는 독일이 향후 1936년까지 대략 1,300대의 최정예 실전비행기로 구성된 막강한 공군력을 보유할 것이라는 추가 정보보고서를 보냈다. 그러나 비록 독일의 위협을 과장하려는 관료주의적 이해관계가 있긴 하였지만 영국 정보분석가들은 이때까지 독일 공군의 성장속도와 공군력 증강이 어디에 사용될지에 대해서는 특별히 염려하지 않았다. 국민성에 대한 일종의 고정관념같은 것을 가지고 있던 이들은 막연하게 독일인들은 양보다는 질을 선호하지 않느냐고 단정해 버렸다. 따라서 영국공군성은 처음에 독일이 2개의 공군사단을 건설하려면 1939년까지 가야 될 것이고 대략 1,600여대까지의 공군력을 증강하려면 1945년까지는 가야 할 것으로 예상하였다.

정부 행정기관 체계에 속하지 않고 정보업무를 수행하던 산업정보센터는 자체적으로 독일의 비행기생산을 예측하였다. 이곳의 정보분석가들은 독일 항공산업 종사자의 숫자와 공장규모 같은 통계적 요인들을 종합적으로 계산하여 그들의 평가보고서를 작성하였다. 공군의 정보보고서보다 훨씬 놀라운 분석보고서를 제출한 이 산업정보센터는 1934년부터 1935년을 거치면서 독일의 항공기 생산능력이 매달 60-70대로부터 200대로까지 극적으로 증가되고 있다고 결론을 내렸다.

영국의회 내에서 뒷전으로 밀려난 윈스톤 처칠(Winston Churchill: 1874-1965)은 언변에 능하고 활발하게 활동하고 있었으나 권력에서 물러난 관계로 많은 사람들이 이미 한물 간 정치인으로 간주하고 있었는데 독일의 군사력 증강을 계속해서 경고하고 있었다. 처칠은 영국이 국방을 강화하기 위하여 훨씬 더 많은 것을 대비해야 한다고 주장하였다. 일찍이 1934년에 윈스톤 처칠은 국방비 지출에 대한 원내토론에서 독일이 베르사이유 조약을 위반하고 은밀히 영국 공군의 3분의 2에 육박하는 공군력을 보유하고 있으며 1936년경이면 영국 공군을 능가하게 될 것이라고 주장하였다. 폭격기가 전쟁을 끝내게 될 것이라고 믿는 사람들에게 처칠은 정부가 영국의 국방력을 제고시킬 수 있는 새로운 기술들을 연구할 것을 강력히 촉구하였다. 당시 정부인사들에 대해 모두 천하태평 지도체제라고 힐난하면서 처칠은 자신의 생각을 지지하는 군부 인사나 관료들로부터 얻은 정보를 적극 활용하여 이들을 설득하였다. 그의 이러한 경고성 발언은 독일 항공산업체와 잦은 접촉을 하고 있던 영국 기업가들이나 독일 내에 심어 놓은 영국 비밀정보원으로부터 입수한 기밀 보고서에 근거한 것이었다.

　　예를 들면 1934년 영국 외무성 내의 한 정보요원은 처칠에게 아주 중요한 내부 문건 하나를 보여주었는데 이 보고서에 따르면 향후 2년 내에 독일 정부가 1,000여 대의 항공기를 보유한 막강한 공군력을 갖추게 될 것이라는 전망이었다. 물론 처칠이 그의 정부비판 연설에서 조금 과장하는 경향이 있으며 또 약간 잘못된 편견을 가지고 있었던 것도 사실이다. 예를 들면 해상에서의 군함은 공중에서의 비행기 공습에 사실상 크게 위협받지 않는다는 식의 잘못된 생각을 가지고 있기도 하였다. 그러나 나치 독일이 조만간 영국에게 심각한 안보위협을 제기할 것이며 그것도 특히 공중으로부터의 위협이 심각할 것이라고 지적한 것은 정확한 것이었다.

　　1936년 이후 영국은 독일공군에 대하여 정보활동을 벌이는 정보요원의 숫자를 더 확대할 수 있었다. 독일 정부가 독일공군을 더 이상 비밀로 하지 않고 공개해버린 이상 해외무관들의 독일 공군기지와 공장방문이 허용되었기 때문이었다. 1936년 독일공군의 비행훈련에 대한 영국정부의 보고는 독일폭격기들의 주요 임무가 지상군 작전을 지원하는 것일 수 있다고 시사했다. 독일과 상당히 밀접하게 사업을 하고 있던 영국 기업가로부터 입수한 정보에 따르면 독일이 1938년 말까지 대략 2,000대의 실전 비행기를 제조할 계획이라는 것이었다. 또한 그 기업가의 정보원에 따르면 독일공군이 중형 폭격기의 생산을 더 선호해서 대형 폭격기 생산을 포기한 것 같다고 보고하였다. 이러한 보고의 결과 독일공군력이 급격하게 증강되고 있는 것이 밝혀졌고 영국 공군성은 독일이 1939년까지 총 2,500대의 항공기를 확보할 것으로 평가를 수정하였다.

　　처칠의 경고성 비난과 향상된 정보력 그리고 심각해지는 독일의 실질적인 위협 ―즉 1936년 군축협상의 실패와 라인지방의 점령에 이은 군사 재무장사태에서 나타난― 에 대한 적극적인 반응으로 영국 정보평가서들도 점점 독일에 대해 강력하게 경종을 울리는 논조를 띠어 갔다. 1936년 영국 내각은 마지못해 공군력 증강에 대한 예산액 증대를 합의하였다. 그들은 1934년에 대략 1,200대의 생산을 기획하였으나 1937년까지 1,700대 이상을 생산하기로 목표를 상향 조정하였다. 이 항공기생산 확대프로그램에는 신형 허리케인 전투기와 스핏 파이어 전투기의 제조 계획이 들어 있으며 이 신형 전투기들에는 8개의 기관총, 뚜껑이 있는 조종실, 접을 수 있는 이착륙장치, 비행기와 지상 관제소와의 교신을 위한 단파 무선기 그리고 자국비행기와 적군을 판별해주는 송신기 등의 최고 첨단시설이 장착되었다.

영국내각은 또한 전투기 사령부의 새로운 사령관으로 부임한 공군대장 휴 도우딩 경(Sir Hugh Dowding: 1882 – 1970)의 제안을 받아들였다. 그는 더 많은 비행기 생산과 조종사 양성, 공군기지 건설을 요청하였다. 또한 날아오는 적 비행기를 탐지하는 새로운 레이더망 설치와 민간인 관측자들의 연결망, 그리고 더 단단하게 강화된 전화선 등이 요청되었다. 이 모든 것들이 중앙의 작전실로 자료를 송신하게 되면 이곳이 중심이 되어 체계적인 방공관리시스템이 구성되어지는 것이었다. 독일을 막론하고 전 세계 어느 나라도 이 정도의 체계적인 방공시스템을 갖춘 나라는 아직 없었다.

수천마일 떨어진 미국은 독일공군에 대해 덜 위협을 느끼고 있었으나 그중에는 독일공군에 대해 깊은 관심을 가진 상당수의 미국인 전문가들이 있었다. 1936년 베를린 주재 미 대사관에 근무하는 트루먼 스미스 소령은 1927년 대서양을 단독 횡단했던 미국의 영웅이자 세계에서 가장 유명한 비행사인 찰스 린드버그(Charles Lindbergh: 1902 – 74)를 독일로 초청하였다. 스미스 소령은 린드버그가 갖고 있는 유명세가 새로 창설된 독일공군에 대하여 정확한 정보를 입수할 수 있는 좋은 정보채널이 될 것으로 기대하였다. 또한 스미스 무관은 린드버그의 기술적 전문성이 대사관 인사들이 보고 들은 내용에 대해 보다 적절한 평가를 하는 데 도움이 될 것으로 생각하였다.

아니나 다를까 선전의 중요성에 대하여 익히 잘 알고 있던 나치정부는 이 미국 영웅이 베를린에 도착하자 레드 카펫을 깔아 주며 대대적인 환영식을 거행하였다. 독일정부는 린드버그로 하여금 독일 공군 장관인 헤르만 괴링(1893 – 1946)을 만나게 주선해 주었으며 그전까지 어느 외국인에게도 공개하지 않았던 시설들도 둘러보게 해주었다. 린드버그는 독일공군의 유능한 인력뿐만 아니라 현대화된 군 기지와 공장들을 둘러보고 대단한 인상을 받았다. 물론 그가 본 비행기 중 일부는 구형

비행기들이었지만 신형 비행기와 새로 기획된 비행기들은 훨씬 더 뛰어난 것들이었다. 스미스 소령은 린드버그의 독일방문을 통하여 미국관료들로 하여금 독일공군 증강이 향후 유럽의 세력균형에 큰 영향을 미칠 요인이라는 것을 이해시키고 싶었던 것이었다.

이후 2년 동안 린드버그는 몇 번 더 독일을 방문하게 되는데 1937년 11월에 그와 스미스가 함께 작성한 보고서에 따르면:

> … 독일은 또 다시 세계적인 공군강국이 되었다. 독일 공군과 항공산업은 유치원 수준에서 출발하였다. 완전히 성인수준까지 도달하려면 향후 3년 이상은 걸릴 것이다. 그러나 4년이라는 이 짧은 기간에 최저 수준에서 현재수준까지 성장한 것은 우리시대의 가장 중요한 세계적 사건으로 기록되어야 할 것이다.

이 보고서에서 린드버그와 스미스는 독일공군력 증강을 최소한 실전 정예 비행기 1,800대와 예비 비행기 600대의 보유 정도로 예상하였다. 그들은 독일이 이미 기술적 발전에 있어서는 프랑스를 앞질렀으며 영국을 거의 다 따라잡았다고 결론을 내렸다. 4, 5년 내에 미국과 거의 동등한 수준까지 도달하게 될 것으로 내다보았다. 그들의 견해에 따르면 독일공군의 약점은 요원들의 경험 미숙이었다. 그러나 미국 본국정부에서는 이들의 의견이 받아들여지지 않았다. 예산문제에 골머리를 쓰고 있던 미국 관료들은 영국 관료들과 마찬가지로 이러한 정보평가서가 너무 과장적이며 독일의 선전술에 지나치게 영향을 받아 작성되었다고 일축해버렸다.

이후 추가 보고서에서 스미스와 베를린에 있던 그의 동료들은 자신들의 분석을 더 정교하게 다듬었는데 이를테면 이들은 구형비행기가 계속 생산되는 이유가 공수부대를 실어 나르기 위해 제조되는 것으로 의심했다. 그들은 또한 독일공군이 장거리 폭격보다 일선에 배치된 보병부대의 지원에 더 우선순위를 두고 있으므로 당분간은 미국에게 큰 위협을 제기하지 않을 것으로 내다보았다.

독일공군은 스페인 내전 당시에 자신들의 증강된 공군력을 입증하였다. 전쟁초기인 1936년 여름에 독일 공군기들은 파시스트인 프란시스코 프랑코 장군의 예하 부대들을 스페인 식민지인 모로코로부터 스페인 본토로 수송하였다. 약간의 스페인 비행기와 이탈리아 비행기들의 도움을 받아 독일공군은 당시로서는 전례가 없을 정도의 엄청난 병참 규모인 3개월 내 20,000명이 넘는 병사들과 대량 보급장비들을 실어 날랐다. 이후 몇 달 동안 독일공군은 전투작전에도 참가하였는데 그중에는

1937년 4월에 발생한 악명이 높은 괴르니카 공습도 있었다. 스페인에서의 독일공군 업무 중 대부분이 지상군 부대에게 전술적 지원을 제공하는 것이었다. 전부 합쳐서 대략 100대 이상의 독일 항공기들과 5,000명이 넘는 공군병력들이 그 전쟁에서 파시스트 정권을 지원하여 그들의 승리에 결정적인 기여를 하였으며 또한 이 전쟁참 가를 통하여 중요한 전투경험을 축적하였다.

1930년대 말 스페인 내전이 계속되면서 독일공군은 계속 증강되고 현대화되어 갔다. 메서쉬미트(Messerschmitt) 109 전투기와 중형폭격기인 수튜카(Stuka)라는 급 강하 폭격기를 포함하여 자체 제작한 금속동체의 신예 단발기를 선보이기 시작하 였다. 그러나 그들도 숙련된 인력부족으로 전투기 생산에 영향을 받으면서 증강속 도도 점차 둔화되어져 갔다.

1938년 영국분석가들은 독일의 전체 전투기 생산능력이 영국을 앞질렀을 뿐만 아니라 영국과 프랑스 두 나라의 생산량을 다 합친 것을 넘어서는 것으로 추정하였 다. 또 다른 정보분석평가도 독일이 영국과 프랑스의 합친 수보다 더 많은 폭격기를 보유하고 있다고 보고하였다. 비록 모든 유형의 항공기들을 전부 다 포함시켜 전체 공군력을 평가한다면 조금 덜 염려스럽지만 네빌 챔벌레인(Neville Chamberlain: 1869–1940) 영국수상의 질문에 대한 답변에서 영국전략기획가는 현재 영국과 영국 동맹국들의 전체 공군력 수준이 독일의 체코 점령을 저지하는 데 불충분한 수준이 라고 주장하였다. 만약 전쟁이 당장 발발하게 되면 비행기를 포함하여 영국이 반격 을 도모할 수 있을 만큼의 충분한 군사적 장비를 갖추는 데 많은 시일이 걸릴 것이 라는 것이었다. 따라서 1938년 9월 뮌헨위기(역자 주: 1938년 히틀러가 체코슬로바키아 에 독일인이 많이 거주하는 쥬데텐란트의 할양을 요구하면서 발생한 국제위기)로 양국 간 에 전운이 고조되었을 때 영국 챔벌레인 수상과 영국지도자들이 독일의 체코침공 에 대항하여 전쟁에 나서지 않겠다고 결정한 배경에는 바로 이러한 독일공군에 대 한 엄중한 평가가 자리잡고 있었기 때문이었다.

1938년 11월 뮌헨위기로 인하여 독일과의 전쟁가능성이 한 층 더 확실해지면 서 영국내각은 자국 내 공장과 정비시설 그리고 훈련학교 등이 수용할 수 있는 최 대 수준으로 전투기 생산을 확충시키기로 결정하였다.

1939년 전쟁이 임박해지자 영국 분석가들은 자국의 전쟁준비는 점점 진전되는 한편 독일의 재무장계획은 취약점이 드러나고 있으므로 충분히 희망이 있다고 생 각하였다. 영국 정치지도자들도 이제 한 목소리로 영국 공군력 강화를 지지하고 있고 더 많은 정보가 제공됨에 따라 영국의 정세평가도 더 정확해져 갔다. 이를 테면 1939년 초 영국 공군 분석관들은 독일공군의 단기적인 생산목표가 모든 기종을 포함하여 총 3,700대의 항공기 보유라고 생각하였다. 실제 9월에 전쟁이 발생했을 때 독일공군의 전체 전투기 생산규모는 모든 기종을 포함하여 모두 3,750대였다. 영국 분석가들은 독일의 항공기 생산속도가 최고 정점에 달해 있으며 영국의 현재 생산 능력으로는 일년 정도 걸려야 따라잡을 수 있을 것으로 추정하였다. 게다가 그들은 독일 비행기 상당수가 즉시 출격을 위하여 대기하고 있다는 사실을 알게 되었다. 독일에 비하여 상대적으로 공중전에서의 우월한 전력을 보유하고 있다고 영국이 낙관론을 가진 배경에는 영국 군사력이 개전 초기에 독일이 가하는 강력한 선제공격을 충분히 견딜 정도가 될 거라는 판단에 근거한 것이었다. 일단 전쟁 초기의 불리한 상황을 견디고 나면 이후 영국은 우월한 경제력을 사용하여 장기전으로 버티다가 최종승리를 도모한다는 것이 영국의 전략이었다.

1940년 5월 10일 처칠이 영국의 수상이 되었다. 그날은 공교롭게도 독일군이 프랑스로 진격하는 도중에 먼저 벨기에와 네덜란드에 대한 공격을 시작한 날이었다. 이후 한 달도 채 되지 않아 프랑스의 저항도 무너져 6월 17일 프랑스는 독일에게 항복하고 휴전을 요청하였다. 몇 주 후 드디어 영국과의 전쟁이 시작되었을 때 독일공군은 자신들이 사실 훨씬 더 많은 항공기를 보유하고 있다고 주장했지만 실제로 영국을 공격하는 데는 대략 1,000대의 폭격기와 800대의 전투기만을 보유하고 있었다. 이러한 독일공군에 대항하여 영국 공군은 약 700대의 허리케인 폭격기와 스핏파이어 전투기를 보유하고 있었다(영국 폭격기는 사실상 이 전쟁에서는 큰 역할을 하지는 못할 것이었다).

1930년대 대영제국의 국정을 책임졌던 영국내각은 영국 공군의 증강이나 다른 방공시스템 —예를 들면 레이더나 중앙지휘사령부 구축에 필요한 기반구축 등— 을 위해 그들이 취한 정책결정에 대해 그다지 좋은 평가를 받지 못한다. 그들은 정책결정이 느렸으며 때때로 잘못된 방향으로 나갔다. 그러나 1940년대만 보면 개전 초기 영국이 독일공격을 견디고도 이후 다시 반격의 가능성을 찾을 수 있을 만큼 충분히 격차를 줄였다고 판단한 점은 정확한 것 같다. 정보분석도 이러한 성공에 상당히 중요한 역할을 하였으나 이에 대한 평가는 조금 엇갈린다.

독일공군을 평가하려 하였던 영국의 정보분석가들은 몇 가지 문제에 부딪혔다. 새로운 기술적 능력을 판단하는 것이 어려웠다. 시간당 350마일(560km)을 비행하는 전투기들이 1차대전 시 많이 사용했던 직물소재의 다중 날개 비행기를 급속히 대체하고 있었다. 스페인 내전에서 파시스트정권을 도울 때 독일은 현대화된 비행기를 사용하였지만 독일의 신형 전투기나 폭격기의 능력에 대해서는 거의 알려진 바가 없었다. 게다가 독일은 공군력 증강을 완전히 비밀에 붙이고 계속해서 그들의 계획을 수정하였다. 마지막으로 나치 독일의 관료들은 자신들이 원하는 바와 실제 자신들이 갖고 있는 것을 과장하려는 경향이 있었다.

이 모든 문제에도 불구하고 영국과 미국 정보분석가들은 결국 시간이 지나면서 점차 정확한 예측을 하면서 대응할 수 있었다. 물론 처음에는 상대를 얕잡아보고 독일공군의 증강에 대해 잘못 판단하였으며 지나치게 과소평가한 것도 사실이다. 초기에 잘못된 선입관으로 인하여 독일인은 천성적으로 효율성을 선호할 것이므로 기술적으로 뛰어난 비행기를 제조하기 위해 더 오랜 시간을 소비할 것이라고 단정하였다.

이와 대조적으로 영국 산업정보센터는 보다 사실에 기초한 접근방법을 사용하여 거의 근사치에 가깝게 예측하였다. 나중에 조금 간섭을 받긴 하였지만 자신의 눈으로 직접 관찰하여 작성한 린드버그의 정보만큼이나 사업을 하고 있던 기업가의 인간정보를 통해 입수한 비밀정보들은 상당히 정확한 것이었다. 1938년경 독일 공군력에 대한 평가는 생산숫자적인 측면에서만 본다면 상당히 정확하게 평가한 정보분석 보고이었다. 그러나 이것은 생산숫자에만 집착한 결과 분석관들이 독일공군력의 또 다른 중요한 측면을 간과한 것으로 나타났다. 출격대기 능력 —언제라도 출격할 수 있게 대기되어 있는 실제 사용가능한 비행기의 숫자— 이 당시에 많이 쓰인 실전 정예 비행기와 예비 비행기와의 차이보다 더 정확한 공군력의 판단기준이 되었기 때문이다.

보다 일반적으로 보면 몇 개의 정확한 지표가 있다 할지라도 당시 분석가들은 히틀러의 공군 교리 즉 그가 그의 군비행기를 어떻게 사용하려고 하였는지에 대하여 전혀 파악하지 못하였다. 평시에도 이 독일지도자는 상대방 정부를 겁주기 위하여 전투기의 대량생산을 이용하려고 하였다. 그는 비행기의 질적인 면에는 크게 관심을 갖질 않았다. 실제 전쟁이 발발하였을 때 기습과 기동성을 강조하는, "육군에 의한 짧지만 강력한 공격을 의미하는 소위 전격작전(blitzkrig)"을 지원하기 위한 목적으로 대부분의 비행기를 사용하려고 하였다. 그는 당시에 많은 사람들이 염려하였던 작전, 즉 공중으로부터의 대량 폭격작전을 할 생각이 별로 없었다. 1940년 가을에 독일공군이 영국에 공습을 하려고 하였을 때 아직 충분히 준비되어 있지 못하여 작전성공이 쉽지 않다는 것을 깨닫게 되었다. 그러나 이러한 1930년대 정보분석가들에 대한 정보실패의 비난은 또 다른 인지적 오류를 피하기 위해 좀 더 조심스럽게 접근할 필요가 있다. 사건이 발생한 후에 뒤돌아보면서 검토하게 되면 여러 가지 일들이 전개되는 과정이 명확한 것처럼 보이고 이를 예측하는 것이 쉬운 것처럼 보이기 쉽다.

추가 고려사항

▶ 히틀러가 독일공군을 어떻게 사용할지 알아내려 한 영국의 문제와 스페인이 무적함대를 어떻게 사용하려는지 알아내려고 하였던 영국의 문제가 어떻게 다르며 또 어떻게 유사한가?

▶ 1930년대에 독일공군의 당시 상태에 대해서 신뢰할 만한 정보 —만약에 그런 정보의 입수가 가능하였다고 하면— 를 찾는다면 어떤 것이 되겠는가?

▶ 1930년대 독일공군증강에 대한 영국 정보분석가들의 분석은 정책결정자들이 듣고 싶어 하는 것과 정반대로 정보판단이 내려질 경우에 어떻게 하면 이런 것들을 정책토론의 한 부분이 되게 할 수 있는지에 대한 좋은 보기이다.

▶ 그 밖의 다른 보기로는 어떤 것이 있으며 그러한 사례들이 영국에서 일어난 것과 유사한 형태로 전개되었는가 아니면 다른 형태로 되어졌는가?

▶ 숫자를 세는 방법 이외에 비행기가 아닌 다른 무기체계의 능력을 평가하는 데 있어서 유용한 판단기준으로는 어떤 것들이 있는가?

추천도서

Berg, A. Scott, *Lindbergh*, New York: G. P. Putnam's Sons, 1998.

Hessen, Robert, ed., *Berlin Alert: The Memoirs and Reports of Truman Smith*, Stanford, CA: Hoover Institution Press,1984.

Homze, Edward, *Arming the Luftwaffe: The Reich Air Ministry and the German Aircraft Industry, 1919–1939*, Lincoln, NE: University of Nebraska Press, 1976.

May, Ernest, ed., *Knowing One's Enemies: Intelligence Assessment Before the Two World Wars*, Princeton, NJ: Princeton University Press, 1984, chapter 9.

Wark, Wesley K., *The Ultimate Enemy: British Intelligence and Nazi Germany, 1933–1939*, Ithaca, NY: Cornell University Press, 1985.

〈그림 11〉 1939년 유럽

11. 스탈린의 히틀러에 대한 오판

1940년 스탈린(Joseph Stalin, 1879–1953)은 전체주의 소비에트연방 체제를 통치하는 독재자가 되었다. 1917년 러시아혁명 이후 공산주의 신념을 전 세계에 확산시키기 위한 이념적 열망과 노력들이 그를 소련의 최고 권좌에 앉게 했으며 국익보호를 최우선으로 하는 대외정책을 채택하도록 하였다. 1930년대 말에 벌어진 잔인한 숙청은 스탈린에게 반대하는 세력이나 심지어 반대하는 것으로 의심되는 세력에게까지 무자비하게 자행되었다. 1940년 7월에 이르러서는 스탈린체제에 불응하는 군사정보기구의 수장들도 모두 처형되기에 이르렀다(아마 총살된 것으로 추정된다).

이런 모든 것들은 스탈린 치하에 있는 모든 정보기관들이 스탈린의 정책결정을 지지하는 관료주의 체계로 확립되었다는 것을 의미한다. 크게 2개의 주요 정보기관이 있었는데, 첫 번째는 수차례 조직구조가 재편되고 여러 번 이름이 바뀌면서 1930년대 중반과 1940년대 중반에 확립된 민간정보기관인 내무인민위원회(NKVD: People's Commissariat for Internal Affairs)이다. 두 번째 정보기관은 군사정보 업무를 하는 군총참모부 정보총국(GRU: Chief Intelligence Directorate of the General Staff)이었다. 두 정보기관 모두 공산주의 이념에 기반을 두고 있었으며, 당시 시스템으로는 첩보활동이 가장 효과적이고 우수하게 운용되고 있어 전 세계에서 최고로 손꼽힐 만한 첩보수집력을 자랑했다. 이는 당시 미국, 영국, 심지어 나치 독일군의 주요 임무를 맡은 사람 중에 소련 스파이가 2명에 1명꼴로 있다고 회자될 만큼 방대하였다. 이처럼 방대한 숫자의 스파이들이 활동했던 만큼 데이터는 매우 정확하고 또 중요한 내용을 담고 있기도 했다. 그러나 스탈린에게 보고될 시점에 이르러서는 그 내용이 많이 왜곡되기도 했는데, 스탈린 그 자신이 고위 정보분석가이기도 하여 견해가 다른 대안적인 관점이나 정보를 달가워하지 않았기 때문이다.

1940년 스탈린과 그의 산하에 있는 정보국들의 최우선 과제는 히틀러치하의 독일로부터 받게 될 위협의 정도와 수준을 파악하고 조사하는 것이었다. 당시 독일은 소련(USSR)의 석유와 석탄, 쌀 등 다양한 자원이 필요했으며 동시에 독일의 안위를 위해서는 이웃 강대국과 연합을 맺지 않으면 안 되는 상황에 처해 있었다. 그러면서도 히틀러는 종종 공산주의에 대한 혐오감을 드러내거나 동쪽 국경 부근에 독일인을 위한 "삶의 터전"을 건설할 것이라는 결심을 노골적으로 표현하기도 하였다.

　　스탈린 또한 나치독일과 애초부터 이해관계가 다르다는 것은 알고 있었으나 아직 독일과의 전쟁은 준비되어 있지 않아서 가능한 독일과의 결전을 절실히 피하고 싶었다. 스탈린은 히틀러의 공격을 피하기 위해 역사적 이해(혹은 더 정확히 말하면 역사에 대한 무지)에 기반하여 다음과 같은 전략적 평가를 하였다. 우선 독일정부가 이중으로 전선을 벌이는 전쟁은 피하려고 할 것이며, 따라서 히틀러도 영국과의 전쟁을 승리로 끝내든 평화협정으로 끝내든 그 이전까지는 소련을 침공하지 않을 것으로 생각하였다. 게다가 스탈린은 1914년 군사동원 준비를 마쳤다고 생각했기 때문에 공격을 유발할 수도 있는 추가적인 군사적 준비활동을 하려고 하지 않았다. 독일과 영국간의 전쟁 중에 추가적인 공격이 있더라도 이를 알아챌 만한 또 다른 단서가 있을 것으로 확신했고 그 동안에 준비해도 결코 늦지 않을 것으로 판단했던 것이다. 가령 최소한 최후통첩을 한 이후에 독일이 공격해 올 것이라고 생각했던 것이다. 그는 자신의 전략적 평가에 대한 확인을 위해 모스크바 주재 독일대사관에게 확언을 받기도 했다. 그러나 사실 스탈린이 이 때문에 큰 실책을 하게 되는데 당시 독일대사관은 히틀러 치하에 있지 않았기 때문에 독일지도층의 실질적인 정보라고 취급될 만한 정보는 제공할 수 없었다.

　　히틀러는 1940년 프랑스를 점령하자마자 소련에 대한 공격을 준비했는데, 영국과의 전쟁이 장기전으로 갈 것으로 생각했기 때문이었다. 처음에는 침공을 준비하는 수준의 장기 프로젝트로서 군사기지를 건설하거나 운송수단과 설비를 향상시키는 활동들을 위주로 전개하였다. 그러나 1940년 12월 18일 히틀러는 영국과의 평화협정을 기다릴 필요가 없이 곧바로 소련에 대한 기습공격을 준비하라고 예하부대에 첫 명령을 내렸으며 이듬해 봄에 출정하는 것을 계획했다. 이 명령은 2주 안에 소련 정보기관의 감시하에 있는 모스크바의 독일외무부에도 정확하게 전달되었다. 그러나 겨울이었기 때문에 실질적인 준비는 다소 조용한 페이스로 진행되었다.

　　1941년 봄이 되자 수백만의 군부대 이동을 포함하여 동유럽 전체에 걸친 독일군의 군사적 준비활동은 더 이상 숨기기 어렵게 되었다. 그러자 히틀러와 독일군 사령관들은 다소 이해하기 어려운 변명을 하거나 속임수를 가장한 거짓 캠페인을 벌이기 시작하였다. 그럼에도 불구하고 이는 꽤 타당한 설득력을 가졌는데 당시에 독일이 워낙 영국과 접전을 벌이고 있었고 소련과 상호 호혜적인 관계를 유지하고 있었기 때문이었다. 따라서 독일은 지속적으로 소련 근방에 주둔하는 자국 내 병력에 대해 영국 공군의 공격 및 기습에 대비하기 위한 것이라고 핑계를 둘러댔다. 더불어 동유럽 내 독일공군인 루프트바페(Luftwaffe)에 영문의 암호해독지와 영국지도를 일부러 보내곤 했다. 1941년 봄이 끝나가는 시점에 소련과의 협의 아래 독일정부는 국가분열에 대한 대응이자 이탈리아 동맹국에 대한 원조, 또한 지중해 내 영국군과의 전투에 있어 우위를 점하려 한다는 명분으로 발칸반도를 점령하였다. 그러나 이 또한 기만술 중의 하나였다. 이어서 7월 초가 되자 나치군의 선전장관 파울 요제프 괴벨스(Joseph Goebbels)는 크레테에서 있었던 공습은 영국의 침공에 대비한 훈련이었다고 나치당 신문에 기고하였다. 해외 기자단들에게 충분히 전달될 만큼 수백만부를 발행한 뒤에 독일은 마치 군사기밀이라도 들켰다는 듯이 다시 황급히 회수하는 척 하였다.

독일군의 소련 침공에 대한 소식은 소련 외부의 채널을 통해 들려오기 시작했다. 1941년 3월 미국의 루즈벨트 대통령(1882-1945)은 모스크바 주재 미 대사관에 베를린 미 대사관으로부터 입수한 메시지와 일본 외교전문을 해독한 문서를 전달한다. 매우 복잡한 암호해독인 만큼이나 조심스러운 내용을 담고 있었다.

… 세계 현황을 파악하려는 여러 움직임들과 더불어 미국정부는 거의 사실에 가까운 정보를 입수했는데 이는 독일이 곧 소련을 침략할 의도가 있다는 것이다.…

그러나 스탈린은 그의 책상 위에 올려진 이 보고서 위에다가 곧장 "선동문!"이라고 쓰고는 그다지 신경을 쓰지 않았다. 영국은 미군보다 훨씬 더 정확하고 민감한 수준의 독일통신을 중간에 도청하여 해독할 수 있는 프로그램이 있었다. 영국은 이러한 리포트를 "울트라"(Ultra)라는 코드나 혹은 독일어로 부호화기계라는 뜻의 "애니그마"(Enigma)라고 불렀다. 1941년 3월 말 동유럽 내 독일군의 움직임에 관한 울트라 리포트가 보고되었다. 즉 몇몇 기갑부대가 발칸반도 내에서 우회를 했다는 것이었는데 문제는 이 전차들의 최종 목적지가 폴란드라는 것으로 밝혀졌던 것이다. 처칠은 이를 통해 독일의 소련침공이 멀지 않음을 확신하였다. 소련에 이를 전달하는 것이 영국군에 이득이 될지 아닐지에 관한 격렬한 논쟁 끝에 처칠은 4월 21일 전례 없이 스탈린에게 사적으로 조심스러운 전문을 보냈다.

매우 신뢰할 만한 정보요원으로부터 확실한 정보가 있어 귀하께 전달합니다. 3월 20일 독일군이 유고슬라비아를 점령했다고 판단한 이후 기갑부대의 3/5 가량이 루마니아에서부터 폴란드 남부로 향하고 있다는 보고입니다. 세르비아 혁명에 대한 소식을 접한 이후부터 독일이 철수하고 있는 것으로 보여집니다. 각하의 능력으로 미루어 보건대 이 사실로부터 유추되는 사안의 심각성을 충분히 알아채실 것으로 믿습니다.

그러나 이 의심많은 스탈린은 처칠이 소련을 전쟁에 개입시켜 영국이 전쟁압박으로부터 벗어나고자 이와 같은 전문을 보내왔다고 단정하였다. 게다가 소련 내 여러 정보기관으로부터 영국에 관한 보고를 받은 이후인지라 스탈린은 처칠의 경고를 무시해 버렸다. 1941년 봄 이후 독일의 군사적 움직임에 대해 스탈린 자신의 시나리오는 향후 약화된 독일이 전쟁을 도발해 오기까지 1년 정도의 여유가 있을 것으로 생각했다. 따라서 그는 소련 내 정보기관에게 다음 2가지를 중심으로 조사하라고 지시하였다. (1) 독일군이 향후 협약을 위해 어떠한 조건을 요구할지에 관한 예비조짐, (2) 영국이 혹시 독일과 단독 강화를 맺을지에 관한 움직임 등이었다. 전쟁이 임박했다거나 불가피할 것이라는 평가에 대해서는 소련 내 정보기관들의 견해가 일치되지 않았다. 예를 들어 몇몇 정보보고들은 히틀러가 아직 소련과 어떠한 관계를 맺을지에 관한 결정을 내리지 않은 상태이며 오히려 소련의 경제적 지원 때문에 우호적인 접근을 하는 것에 더 관심을 두고 있다는 내용을 담고 있었다. 그와 더불어 히틀러가 소련을 포함해 유럽대륙 수준의 동맹을 건설하여 영국으로 하여금 동맹국을 찾을 수 없도록 하여 결국 독일과 전쟁을 종결하는 합의에 이르게 하려고 한다는 보고도 전달되었다. 자연히 선입견이 강한 스탈린은 그의 결정에 확신을 주는 이와 같은 내용의 정보를 더욱 신뢰하였다.

스탈린은 또한 소련 내 최고 정예 스파이들의 첩보보고를 듣고 더욱 확신을 갖게 되었다. "캠브리지 파이브" 중의 한명이었던 앤서니 블런트(1907-83)는 1930년대에 소련 정보기관에 스카우트되었는데, 그는 영국 외무성정보를 기반으로 한 분석에서 독일이 1941년 봄에 소련과의 전쟁을 준비하고 있다는 증거를 찾기 어렵다고 보고했다. 이어서 "캠브리지 파이브"의 또 다른 멤버였던 킴 필비(1912-88) 또한 1940년 5월 수상하게 여겨졌던 독일의 총통대리 루돌프 헤스가 감행했던 스코틀랜드 행 비행이 소련의 진을 빼기 위한 영국과 독일 합작의 시도였다고 보고했다. 그러나 독일군기지 근방에서 활동했던 이들은 전쟁이 임박했음을 알리는 징후들을 알아챌 수 있었다. 내무인민위원회(NKVD) 산하에서 활동하던 소련 경비부대와 우크라이나 부근의 경비부대는 1941년 4월 다음과 같은 내용의 보고서를 올렸다.

우리 첩보원 보고와 국경 부근의 정보보고에 의하면 독일이 소련과의 전쟁준비를 급격히 강화하고 있는 것으로 보인다. 국경부근의 군부대 규모를 확장하고 있으며, 각종 운송로 와 방어요새 건설 및 군수품 운반을 활발하게 진행하고 있다.

소련 공산군사령관들 또한 그들 지휘하에 있던 정보채널들을 통해 독일군의 움직임에 대한 보고들을 받기 시작했으며 고위 장교들은 1941년 봄에 이르러 급증 하는 경고메시지를 받기 시작했다. 독일군의 정찰비행 횟수가 급격히 증가하기 시 작했으며 군부대의 규모 또한 거대해지고 전차들은 점점 더 국경부근으로 이동하 고 있었다. 게다가 몇몇 독일군 탈영병들은 독일군이 소련 침공을 위해 준비 중이 라고 진술하기도 하였다.

그러나 독일군은 이런 수상한 비행움직임들이 미숙한 몇몇 대원들이 실수로 비행항로를 이탈해서 발생한 것일 뿐이라고 기만전술로 둘러댔다. 이에 스탈린은 독일비행기에 발포하지 말라고 명령하였다. 소련의 군사령관들은 독일침공에 대해 소극적이나마 대비책을 준비하는 한편, 독일에 대한 불필요한 자극을 하지 말라는 스탈린의 명령 또한 무시할 수 없었다. 히틀러가 공격을 할 것으로 믿지 않는 사람 들은 독일군의 군사력 증강을 인정하기는 하였지만 이것이 단지 소련의 영토 및 경 제적 양보를 얻어내기 위한 압박수단일 뿐이라고 주장했다.

당시 독일 공산당멤버이자 저널리스트로 위장하여 소련의 스파이로 활동한 리 하르트 조르게(1895-1944)는 도쿄의 독일대사관에 침투하는 데 성공했다. 일본은 독일과 연합국이었기 때문에 유럽의 반대편에 위치하였지만 일본의 수도에서 정보 요원으로 활동하면서 상당히 유용한 정보들을 습득할 수 있었다. 1940년에서 1941 년으로 넘어 가는 겨울에 조르게는 동유럽 내 독일군이 군부대를 건설하고 군장비 들을 증강하고 있다는 정보를 입수할 수 있었다. 1941년 5월, 도쿄로부터 한층 더 위험성을 경고하는 메시지가 도착했으며 5월 6일 조르게는 모스크바에 다음과 같 은 내용의 전문을 보냈다.

히틀러 및 그의 사령관들은 소련과의 전쟁이 현재 영국과의 전쟁을 수행하는 데 있어 전 혀 영향을 못 미칠 것으로 판단하고 있는데 이를 통해 미루어 보면 독일의 소련에 대한 전쟁이 곧 임박하다고 판단됨. 독일 장교들은 소련 공산군의 전투력을 매우 낮게 평가하 여 수주일 내에 소련군을 격파하고 점령할 수 있을 것으로 보고 있음.

5월 21일, 그는 다시 다음과 같은 내용을 보고한다.

베를린으로부터 새로 부임한 대사가 말하기를 그들이 5월 말까지 다시 베를린으로 복귀하라는 명령을 받았다고 함. 이를 통해 짐작컨대 5월 말에 독일의 소련에 대한 전쟁이 개시될 것으로 추정됨. 한편 그들은 전쟁의 위험이 올 해를 넘기지 않을 가능성에 대해서도 말하면서 독일군이 150개 사단으로 구성된 9개 군단을 보유하고 있다는 내용도 언급하였음.

그러나 스탈린은 조르게를 여자에게 속아 도쿄에서의 개인사업을 위해 정보를 조작하는 인물로 폄하해 버리면서 또 다시 경고 메시지를 일축했다. 그러나 조르게는 다른 리포트를 통해 히틀러가 여전히 소련침공에 앞서 영국과의 전쟁을 끝낼 의지를 가지고 있으며 따라서 베를린과 모스크바 사이의 긴장을 해결할 여지가 남아있다고 보고하기도 했다. 그리고 스탈린은 후자의 보고에 더 관심을 가졌다. 6월 1일 조르게는 2개의 메시지를 전한다.

독일정부는 오트(Ott) 대사에게 독일이 6월 말에 소련을 침공할 예정이라고 하였다고 함. … 도쿄 내 독일공군(GAF)의 기술직 분야에 소속되어 있는 대원들은 지체 없이 본국으로 돌아오라는 명령을 받았으며 오트 대사는 무관에게 소련을 통해서는 그 어떤 주요 보고서들도 발송하지 말라고 명령했음. 이에 소련을 통해 수송되는 고무의 선적이 최소한으로 줄어들기 시작했음.…

독-소전쟁이 대략 6월 15일 개시될 것으로 예상된다는 정보는 스콜(Scholl) 중령이 5월 6일 베를린을 떠날 때 그곳에서 입수한 정보라고 함.

모스크바의 정보국 관료들은 이 또한 "선동"의 일부로 간주했다. 6월 중순 소련군 지도부는 독일군 움직임과 정찰활동들을 예의 주시하다가 국방장관 셰몬티 티모셴코(Seymon Timoshenko: 1895–1970) 장군과 총참모장 게오르기 주코프(Georgy Zhukov: 1896–1974) 장군이 나서서 스탈린에게 전군의 비상경계령을 권고하였다. 그러나 스탈린은 선동이나 자극적인 행동 때문에 전쟁을 유발하고 싶지 않다는 이유로 또 다시 거절했다. 스탈린은 국경부근의 독일군 규모에 대해 확인하는 것 또한 잊지 않았는데, 약 150개 사단이 조직되어 있다는 보고에 전쟁을 일으키기에는 다소 적은 규모라고 판단했다. 이에 소련장교들은 독일군의 1개 사단의 구성이 소련군 규모보다 더 크게 구성되어 있다고 다시 보고했으나 스탈린은 정보기관의 정보가 늘 맞는 것은 아니라며 또 다시 이 경고를 일축했다.

대부분의 영국 고위관료들도 처음에는 독일이 소련에 대한 전쟁을 개시할 것이라고 생각하지 않았다. 그러나 6월초 들어서 독일군의 움직임이 심상치 않고 통신 및 교신빈도가 급증하는 등 전쟁의 징후를 알리는 증거들이 속속 드러나자 생각을 바꾸고 대비태세를 갖추기 시작했다. 6월 16일, 영국은 런던에 위치한 소련대사에게 영국 내 울트라 암호 해독서를 비롯한 다양한 정보들을 토대로 독일군의 동유럽 내 배치도를 전달했다. 그러나 이 소련대사 역시 스탈린의 영향으로 이를 대수롭지 않게 여기면서 다음과 같은 견해를 덧붙였다.

> 군부대의 정보보고가 항상 정확하지 않고 영국이 소련의 전쟁참여를 자극시키려는 의도가 있다고 판단이 되지만 한편 이토록 구체적인 내용을 영국측에서 전달한다는 것은 꽤 드물고 놀라운 일이므로 좀 더 확실한 사실을 찾아볼 필요가 있으며, 국경 부근 군부대에 비상경계 태세를 하달하는 것이 좋겠음.

다음날 모스크바에 또 다른 서신이 한통 도착했는데, 평소와 다르게 스탈린의 견해와 반대되는 정보가 최우선으로 보고되었다. 소련의 고위 정보관료들은 스탈린에게 독일공군성에서 일하고 있는 매우 신뢰할 만한 정보원으로부터 도착한 보고라고 강조했다.

> … 독일공군성의 지도층과 독일공군 간부들은 독일의 소련침공이 확정적이라고 확신하고 있음. 소련에 대하여 어떠한 요구사항이 제기되든 이에 상관없이 우선적으로 독일군의 기습공격에 대비하는 조치가 마련되어져야 할 것임.

그러나 스탈린은 이것도 잘못된 정보라며 무시해 버렸다. 6월 18일 모스크바 주재 독일대사관 일행들과 가족들이 서류뭉치를 태우고 독일로 전부 떠났다는 내용을 보고받은 뒤에도 스탈린은 그의 분석이 확실하다는 믿음에서 벗어나지를 못했다. 6월 21일 저녁에 티모셴코와 주코프는 크렘린 궁으로 스탈린을 찾아가 독일군의 침공이 머지않았다는 정보를 입수하였으므로 국경에 주둔해 있는 전군에 비상경계령을 발할 것을 권고했다. 그러자 지속적으로 국경부근에서 독일군이 보이는 수상한 움직임에 대한 전술정보와 이례적인 숫자의 군사활동으로 인하여 굳건했던 스탈린의 마음도 흔들리기 시작했다. 그러나 여전히 그는 경계태세를 갖추는 것이 아직 섣부르다고 판단했고 혹시 히틀러를 자극시킬 수 있다고 생각하여 독일과의 의견차이를 좁힐 평화로운 방법이나 대안을 준비할 시간적 여유가 충분하다고 판단했다. 이에 혹시 있을지 모를 독일군의 공격에 대비할 수 있을 만큼 준비태세를 갖추되 긴장을 유발할 그 어떤 행동도 취하지 말 것을 당부했다. 방어태세에 대한 명령은 내렸으나 차후 본인의 명령이 없이는 그 어떤 추가적인 행동이나 조치도 취하지 말 것을 당부했다.

이 명령문은 그날 밤 자정 12시 30분에 발송되었다. 1941년 6월 22일 새벽 매우 유명한 장면으로 회자되는 상황이 그려지고 있었다. 소련 침공명령을 기다리는 독일군 장교들이 국경에서 독일군을 위해 소련으로부터 보급품을 실어 오는 열차들을 바라보고 있었다. 새벽 4시경 마침내 독일군 대포들이 불을 뿜었다. 이때는 독일군으로부터 총성이 발사되었다는 첫 보고를 받은 이후였지만 여전히 스탈린의 지휘아래에 있던 소련군 사령관들은 독일의 사소한 자극일 뿐 전쟁의 신호탄이라고는 여기지 않았다. 히틀러가 여전히 평화협정을 유지하고 있다고 여겼기에 소련은 베를린에게 공격에 대한 해명을 요구하는 서신을 독일대사관으로 보냈다. 그러나 얼마 지나지 않아 소련군이 대량으로 살상되고 막대한 피해를 입으면서 이 일화는 결국 역사적으로 기록에 남을 대패로 기록되었으며 이를 회복하기 위해 역사적으로 가장 방대한 노력이 투입된 것으로 유명하다.

독재자로서의 역할에 충실했던 스탈린은 늘 모든 것에 해박하고 실패를 모르는 완벽한 인물로 비쳐져야 한다고 생각했다. 그러나 정보분석가로서의 능력이 부족했던 그의 사례는 많은 분석가들이 직면하기 쉬운 인지적 오류들을 극명하게 보여준다. 여기에는 전쟁은 어떻게 개시되는 것이라는 잘못된 가정을 포함하여 자신의 생각과 배치되는 보고보다는 일치되는 보고를 더욱 중시하는 것 등이 포함된다. 스탈린은 또한 다양한 합리적 행위자모델을 토대로 했기에 히틀러가 이중전선의 전쟁을 수행하려 한다는 것을 전혀 납득하지 못했고 예측하지 못했다.

당시의 인지적 오류들은 독일군이 펼친 고도의 기만전략 때문에 더욱 악화되기도 했다. 1941년의 사례는 기만수법을 판단할 때 장기간을 바라본 전략적 평가보다 전술적 단서들이 더 정확할 수 있음을 보여주기도 한다. 다양한 정보채널과 개별 정보요원들을 통해 입수된 크고 작은 단서들을 토대로 판단하는 것이 다소 독단적이거나 시간에 따라 변화되는 상황을 반영하기 어려운 전략적 판단보다 훨씬 더 정확할 수 있다.

1941년 히틀러에 대해 적절히 대비하지 못했던 스탈린의 실패는 결코 정보부족으로 인해 기인된 것이 아니다. 실제로 1930년부터 이후 10년에 가까운 세월동안 소련은 역사적으로 가장 훌륭한 첩보활동을 펼쳤다. 수많은 첩보 중에 잘못된 첩보가 섞여 있었을 수도 있었겠지만, 전반적으로 수많은 단서들이 비교적 사실적인 내용을 전달하였다. 이를 간과하지 않았더라면 스탈린의 독선적인 판단보다 훨씬 더 정확한 결론에 도달할 수 있었을 것이다. 조르게의 경우 그의 모든 정보보고들이 발송되지 못했고 모스크바에 도착했던 메시지들도 정확성과 중요성에 있어서 다소 차이가 있기에 평가가 엇갈린다. 게다가 흥미롭게도 스탈린 사후에 소련 정보기관들은 스탈린을 불신하고 자국 내 정보요원의 역량을 훨씬 더 강조하였다. 그러나 어쨌든 분명한 것은 이 같은 비밀 첩보수집 시스템이 전반적으로 잘 운용되었다는 것이다. 사실 가장 큰 문제는 그 모든 정보보고들을 제대로 활용하지 못한 스탈린의 잘못된 판단탓인 것이다.

추가 고려 사항

▶ 왜 독일은 소련을 속이는 그들의 기만전술에 있어서 그처럼 성공적일 수 있었는가?

▶ 우리가 이미 결과를 알고 있어서 사후약방문식으로 깨닫게 된 편견일 수도 있지만 히틀러가 소련을 침공하는 것이 과연 불가피했던 일인가?

▶ 당시에 이 견해에 찬성하거나 반대하는 증거들의 수준은 어느 정도였는가?

▶ 스탈린이 스스로 최고선임 분석관으로 자처하면서 발생했던 문제들을 완화시킬 좀 더 나은 방법은 없었는가? 또 그런 것들이 실용적인 방법이 되었겠는가?

▶ 현재 당시의 소련과 유사한 시스템과 정보의 취약점을 갖고 있는 나라들로는 어떤 나라들이 있는가?

추천도서

Barros, James, and Gregor, Richard, *Double Deception: Stalin, Hitler, and the Invasion of Russia*, Dekalb, IL: Northern Illinois University Press, 1995.

Gorodetsky, Gabriel, *Grand Delusion: Stalin and the German Invasion of Russia*, New Haven, CT: Yale University Press, 1999.

Murphy, David, *What Stalin Knew: The Enigma of Barbarossa*, New Haven, CT: Yale University Press, 2005.

Read, Anthony, and Fisher, David, *The Deadly Embrace: Hitler, Stalin, and the Nazi-Soviet Pact, 1939-1941*, New York: W. W. Norton, 1980.

Whaley, Barton, *Codeword BARBAROSSA*, Cambridge, MA: MIT Press, 1973.

Whymant, Robert, *Stalin's Spy: Richard Sorge and the Tokyo Espionage Ring*, New York: St. Martin's Press, 1998.

(그림 12) 2차대전 당시 태평양

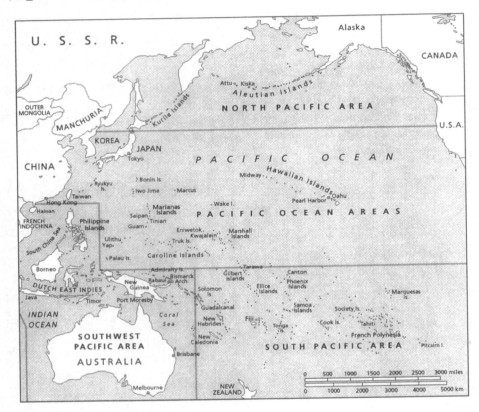

12. 진주만 공격

1941년 전 세계의 많은 국가들이 2차 대전에 참여하였으나 미국만이 아직 참전하지 않은 채 유일한 강대국으로 중립을 지키고 있었다. 미국민의 여론은 강력하게 고립주의를 원하여 참전에 반대하고 있었으나 프랭클린 루즈벨트(Franklin Roosevelt) 대통령을 포함하여 미국 관료들 대부분이 미국의 개입이 불가피하다고 믿고 있었다. 그러나 루즈벨트 대통령의 관심은 여전히 대서양 건너 유럽문제에 집중되어 있었다. 왜냐하면 나치독일의 육군이 유럽 전역을 거의 다 짓밟았으며 독일 해군은 영국의 해상수송라인을 계속해서 위협하고 있었기 때문이다.

1941년 10월 독일잠수함이 두 번에 걸쳐 영국행 미국 수송선을 호송하던 미국 전함들을 어뢰로 격침시켰다. 이런 상황에서 영국과 소련 두 강대국 중의 하나라도 독일에게 패전하거나 강화를 제의한다면 미국으로서는 극도로 불리한 입지에 몰리게 될 상황이었다. 전쟁의 그림자가 드리우는 것을 보고 루즈벨트 대통령은 영국과 소련에게 군수물자를 제공하기 시작하였으며 특히 미 해군함대의 전력강화를 위한 신형 함대 건조계획을 착수하였다.

유럽지역과는 대조적으로 아시아 지역은 조금 덜 위험한 것처럼 보였다. 일본이 지난 10년간이나 중국을 차지하기 위한 침략전쟁에 열중하였으나 최근 전황은 계속 교착상태에 빠져 큰 변화가 없었기 때문이었다. 일본은 또한 1940년에 독일이 프랑스와 네덜란드를 공격하여 승리를 거두고 대영제국에 계속 압박을 가하는 상황을 최대한으로 이용하여 재빨리 동남아에 있는 그들의 식민지를 차지할 생각이었다. 그러나 유럽 전황의 변화로 인하여 언제 어디서 그것이 가능할 수 있을지 불확실해졌다. 미국정부는 사실 동남아에서 새로운 전쟁의 발생이나 이 지역에서 전쟁이 확대되는 것을 원치 않았다. 미국 워싱턴 정부는 미국이 일본에게 중요한 원자재의 최대 수출국이라는 사실을 이용하여 일본의 의도를 저지시키려 하였으며 일본에 대한 제재조치로서 일본으로 가는 석유수출과 고철수출을 금지시켰다. 게다가 일본에 대한 압력을 더 한층 강화하기 위하여 미국 워싱턴 관료들은 캘리포니아 기지에 있던 미 태평양 함대의 함정 대부분을 하와이 기지로 옮겼다.

그러나 동경에 있는 일본정부의 입장에서는 이런 정책 우선순위, 다가오는 위협, 기회 이런 것들이 전혀 다른 관점에서 보였다. 일본 지도자들의 전쟁 참가 동기, 즉 전쟁결정요인은 영토는 작은 섬 몇 개인데 인구는 많으며 계속 증가하는 상황에서 천연자원은 너무 부족하여 심한 압박을 받게 된 사실에 근거한다. 당시 일본 장관이나 장군과 해군제독들은 중국에 대한 외부의 원조를 차단하면서 석유와 고무, 쌀, 주석과 같은 절실히 필요한 생필품들을 획득하기 위한 유일한 방편으로서 동남아로의 확전을 생각하였다. 그들에게 있어서 이 문제는 죽느냐 사느냐 하는 생존의 문제였으며 그들의 관점에서 보면 시간이 결코 그들에게 유리하지 않았기 때문에 재빨리 행동해야만 했다. 동남아 원정을 하는 데 있어서 수반될 위험성에 대하여 동경의 일본정부 내에서도 상당한 의구심과 의견대립이 있었다.

그러나 일본 고위층은 빠른 시간 내에 일본이 그 지역의 통제권을 장악해야만 한다고 생각하였다. 그들은 또한 필리핀과 하와이에 있는 미군기지가 그들의 동쪽 측면에 심각한 위협이 되므로 약화시키거나 제거되어져야만 한다고 판단하였다. 일본 지도자들은 사실상 미국본토를 공격할 의사는 없었던 것 같다. 대신에 그들은 미국에게 강력한 결정타를 날려 동아시아에서 자신들의 입지를 강화함으로써 미국정부가 굳이 개입할 필요를 못 느끼게끔 하려는 생각이었다. 그 결과로서 1940년 말부터 소수의 일본해군 장교팀이 은밀히 모여 항공모함에서 발진한 폭격기를 이용하여 진주만을 공습하는 대담한 전략을 기획하기 시작하였다.

이러한 일본의 침공계획은 조용히 진행되었으므로 태평양 관련 미국지도층의 정책결정과정은 사실 일본의 고위층에서 무엇을 하려는지에 대해 전혀 모른 채 이루어졌다. 미국정부는 일본 내에 어떤 비밀첩보 수집능력을 갖고 있질 않았다. 일본이 그들의 다음 행동에 대해 위장과 기만전술로 계속 나갔기 때문에 미국으로서는 일본의 능력과 의도에 대해 정확한 정보를 수집한다는 것이 극도로 어려운 일이었다. 그럼에도 불구하고 동경주재 주미 대사관은 일본인의 심리에 대하여 상당히 예리한 통찰력을 갖고 있어서 일본과 미국의 전쟁가능성을 분석하는 데 있어서 정상적인 국가적 판단에서 한다면 그런 사건이 발생하지 않겠지만 일본의 생각이 정상적으로 온전한지 여부는 미국의 기준으로 판단해서는 안 된다고 주장하였다.

1941년 1월 한 흥미 있는 보고는 일본의 미 대사관이 본국에 보낸 보고서 내용으로서 페루대사관과의 접촉을 통해 들은 바로는 일본정부와 미국의 관계가 더욱 악화된다면 필시 일본이 진주만을 공격할 것이라는 것이었다. 일본주재 주미 대사관도 일본에 대해 의심을 품긴 하였으나 그 첩보를 그냥 국무성으로 전달만 했다. 워싱턴에서 그 보고서를 읽은 미 국무부 관리들은 어떻게 해서 하필 페루인들이 그와 같은 극비안건에 대하여 고급정보를 취득하게 되었는지 의아하게 생각하여 그 정보를 그냥 무시해버렸다.

사실 그 다음 몇 달간에는 아무것도 일어나질 않았다. 그래서 이후에 훨씬 늦게까지 그 정보에는 아무도 더 이상 관심을 두질 않았다.

미국은 일본의 침공위협에 대하여 전략평가를 실시하였으나 그다지 걱정할 것이 없는 것으로 결론내렸다. 하와이 진주만에 새로 보강된 기지의 장교들은 어떤 사태가 발생하여도 자신들이 다 다룰 수 있을 것으로 자신하였다. 새로 건조된 신형군함은 물론 대량의 전투기와 폭격기 그리고 충분한 보급물자와 방비시설 등등 만반의 대비태세가 되어 있었기 때문이었다. 다년간에 걸친 전쟁모의실험 게임에서 미군 사령관들이 일본의 공격가능성을 생각해 보지 않은 것은 아니었다. 그러나 일본의 군함들이 일본에서 하와이까지 4,000마일(6,400km)이 넘는 거리를 항해하는데 충분한 만큼의 연료를 수송할 수가 없을 것이므로 사실상 불가능한 것으로 단정지었다. 또한 일본이 그 멀리까지 오는데 성공했다 하여도 진주만의 낮은 수심 때문에 어뢰공격이 제대로 되지 않을 것으로 생각하였다.

그러나 1941년경 그들이 전혀 알지 못하고 있었던 사실은 일본 해군이 이미 그 두 개의 문제를 해결하는 데 성공했다는 점이다. 미국적 사고의 또 다른 측면도 미국의 이러한 느슨하고 안이한 태도를 부추겼다. 즉 하와이 자체의 아름답고 평화로우며 외떨어진 느낌이 안도감을 느끼게 해 주었다. 또 보다 넓은 시야에서 미국 분석가들은 일본이 자신들보다 열배도 더 넘는 산업생산력을 가진 미국에게 자살공격과 같은 무모한 공격을 할 만큼 어리석지는 않으리라고 짐작하였다. 당시의 인종적인 편견 같은 것으로서 미국인 중에 많은 사람들이 일본인들이 천성적으로 자신들보다 열등한 민족이라고 생각하는 경향이 있었다.

당시에 단지 미국인의 소수에게만 알려진 사실이지만 사실 상황이 그다지 위험하지 않다고 미국인들이 안도감을 갖은 데는 또 하나의 유리한 이점 즉 미국이 일본의 암호를 해독하고 있었다는 점이다. 미국은 일본의 암호코드를 성공적으로 해독하여 일본정부가 해외의 자국대사관과 교신하는 외교전문을 상당부분 알고 있었던 것이다.

미국 정책 입안가들은 일본이 외교관계를 단절하든지 최후통첩을 보내는 등의 결정적인 사건을 벌일 경우에 일본 정부의 교신내용을 중간에 도청해서 알아내거

나 또는 최소한 며칠간의 사전 경보를 통해서 미리 미국함대를 바다로 내 보내어
일본의 공격을 어렵게 만들 수 있으리라고 추정하였다.

1940년 6월부터 1941년 10월까지 하와이 기지들은 동아시아에서의 외교안보
상황이 악화되기 시작하면서 이미 몇 차례나 비상경보를 발한 적이 있었다. 이러한
비상경보는 미국인에게 혼란과 비용부담을 초래하였지만 아무런 일도 일어나질 않
았다. 따라서 많은 사람들이 이러한 비상경보조치가 쓸데없이 자원을 낭비하는 짓
이라고 냉소하였다.

미국정부는 1941년 가을이 지나갈 무렵에 통신감청과 또 다른 정보보고들을
통하여 아시아에서의 긴장이 고조되는 것을 탐지하였다. 9월 말에 동경에서 보낸
정보로서 10월 9일까지 아직 해독되지 않은 일본대사관의 통신감청 내용은 하와이
호놀룰루에 거주하는 일본스파이에게 보내는 지시사항이 들어 있었다. 그에 대한
지시는 진주만을 다섯 구획으로 나누어 각각의 지역에 대한 정보를 수집하여 보고
하라는 것이었다.

> 군함과 항공모함에 관하여 정박해있는 것들과 (그리 중요하지는 않지만) 부두와 부표에
> 매여 있는 것, 선창가에 정박해있는 것 등을 보고하라. (선박의 유형과 등급에 대하여 간
> 략하게 명명하고 가능하면 같은 부두를 따라서 2개 이상의 선박들이 언제 정박하는지에
> 대해 언급하길 바란다.)

통신경력을 갖고 있던 워싱턴의 정보분석가들은 일본의 새로운 지역기반 보고
형식을 전달 메시지를 단축시키려는 시도로 오해하였다. 메시지가 짧으면 짧을 수
록 다루기가 편하고 단축된 전송은 군부대의 방첩대나 미 연방수사국(FBI)이 사용
하는 것과 같은 직접 추적장치를 이용한 송신자 탐지가 훨씬 어렵게 된다는 것을
의미하기 때문이었다. 미 정보분석가들은 호놀룰루 말고도 다른 항구 여러 곳에 유
사한 내용의 메시지가 전달되었다는 것을 알고 이를 단지 일본인의 철저하고 세심
한 행동으로 간주해버렸다.

11월 동안에 감청된 일본의 외교전문은 내용이 한층 더 불길한 논조를 띠고
있다. 예를 들면 11월 2일 일본정부는 워싱턴 주재 일본대사관에게 전문을 보냈다.

> 우리 일본제국은 일본과 미국 간의 관계를 개선하기 위한 근본적인 정책을 조심스럽게
> 검토해왔다. 그러나 이번 5일 오전회의에서 최종결정을 내리게 될 것이며 차후에 즉각

그 결과를 알려주겠다. 이것이 우리 일본 정부가 외교관계를 개선하기 위한 마지막 노력이 될 것이다. 상황이 아주 심각해지고 있다.…

11월 내내 일본군함과 수송선으로 구성된 거대 선단이 일본에서 출발하여 계속 남하하고 있다는 보고가 끊임없이 이어졌다. 그러나 이 정보는 프렌치 인도차이나와 네덜란드 동인도, 홍콩과 같은 지역에 대한 위협의 증대로 인식되었다. 일본의 대형 선단이 남하한다는 것은 사실이었으나 미국은 다른 가상 시나리오에 사로잡혀 이러한 정보를 묵살하게 된다. 여기에 일본은 부인과 기만전술을 지극히 효과적으로 잘 사용하였다. 11월 16일에 미국 정보분석가들은 일본 항공모함으로부터 발송되는 고주파 원거리 통신감청이 갑자기 끊겼다는 사실에 주목하고는 이것이 일본군함이 항구에 정박해서 단지 저주파 교신만을 사용하고 있는 것으로 추정하였다. 사실 그때 일본은 전 함대에 무선통신 금지령을 발령하였던 것이다. 진주만 공격을 위한 해군함대가 11월 말 일본 북부에서 출발하였을 때 미국에게 들킬 가능성을 최소화하려고 세계에서 가장 항해된 적이 없는 항로를 따라 항해해 나간 것이었다.

12월 1일 미국의 청음초소(비밀정보 청취장소)들은 일본함대가 호출신호를 갑자기 바꾸었다는 사실을 주목하였다. 그런데 이런 호출신호변경은 보통 6개월 간격으로 사전예방책으로 이루어지기 마련인데 지난달인 11월 1일자로 시행되어졌다는 것이었다. 게다가 일본 해군기지를 살펴보면 남아있는 승무원 중에 더 많은 비율이 휴가로 나갔기 때문에 많은 사람들이 출발하지 않은 것이 분명하였다. 워싱턴에 있던 고위사령관들은 악화일로에 있던 외교관계를 주시하고 있었다. 11월 24일 해군참모총장은 다음과 같은 메시지를 보낸다.

… 일본과의 협상결과가 우호적으로 나타날 가능성이 회의적이나 일본정부의 발표와 그들의 해군과 군병력의 움직임으로 볼 때 우리 생각에는 필리핀이나 괌을 포함하여 어떤 방향으로도 기습공격이 가능하다고 판단된다.

이 전문을 본 육군참모총장도 이에 동의를 하면서 그 지역에 있는 육군 고위장교에게 알려주는 데 필요한 조치를 요구하였다. 이미 긴장이 고조된 상황을 복잡하게 하지 말 것이며 일본의 행동을 불필요하게 자극하지 말고 필요하면 이 사실을 극비에 붙이도록 하라. 괌은 따로 연락을 받게 될 것이다.

3일 후에 파괴공작에 대하여 우려하는 지시를 포함하여 해군지휘사령부는 더한층 긴급한 경보를 발령한다.

이번 전달사항은 전쟁경보로 생각해야 한다. 태평양 상황을 안정시키기 위하여 기대했던 일본과의 협상은 결국 끝났다. 일본의 침략 행위가 며칠 내로 있을 것 같다. 일본 군병력의 숫자나 장비 그리고 해군특수부대의 조직은 필리핀이나 태국, 심지어 보르네오까지 일본의 수륙 양동작전의 징후를 보여준다. 전시작전계획 46에 따라 분담된 임무를 수행하기 위한 대비형태로 적절한 방어태세를 구축하라. 각자 구역책임자와 군 당국자들에게 공지하도록 하라.

비슷한 경보가 전쟁성으로부터 또 전달 될 것이다. … 영국에게도 공지하라. 대륙지역 괌 그리고 사모아는 사보타지 공격에 대비한 적절한 조치를 취하도록 하라.

11월 27일 같은 날 워싱턴에 있는 육군 정보국 본부는 하와이 기지의 지상군 사령부에게 사보타지 공격의 위험성을 주지시키는 지침을 보냈다.

일본과의 협상은 실질적으로는 교착상태에 빠졌다 (마침표) 교전행위가 바로 일어날 수 있다 (마침표) 전복행위가 발생할지도 모른다 (마침표) 총사령관인 참모총장에게 알리도록 하라.

도청된 일본의 외교전문들도 외교관계의 단절이 곧 임박했다는 것을 확인해 주었다. 동경주재 관료들은 이러한 외교단절이 그들의 대사관에 암호화된 메시지를 전달하는 능력을 약화시킬지 모른다고 생각하여 중요한 메시지를 명확하게 전달할 수 있는 대안이 필요해졌다. 11월 28일 미국정보국은 9일 전에 보내진 일본의 메시지를 해독하여 배포하였다.

비상상황 발생 시 특별메시지를 방송으로 보내는 것과 관련하여

비상 상황이 발생할 경우이거나(외교관계를 단절하게 될 위험성이 있는 경우처럼) 국제적 통신방법이 끊길 경우에 다음과 같은 경고가 매일 일본의 단파방송으로 보내질 것이다.
(1) 일본과 미국관계가 위태로운 경우: 동풍이 불고 비가 온다.
(2) 일본과 소련의 관계: 북풍이 불고 구름이 많다
(3) 일본과 영국의 관계: 서풍이 불고 하늘이 맑다

이런 신호가 기상예보처럼 방송중간이나 마지막에 보내질 것이며 각 문장들은 두 번씩 반복될 것이다. 이러한 방송이 들리면 무조건 모든 암호서류들을 파쇄하라. 이것이 미리 알아야 할 은밀한 사전약속이다 긴급 정보로 전송하라.

이러한 비상 메시지는 결코 미 정보국에 의해 도청된 적이 없으며 또한 실제로 보내진 적이 없는지 모른다. 그러나 일본 정부가 자국과 다른 국가들 간의 외교단절을 미리 준비하였다는 것은 불길한 것이었다. 일본은 또한 자신의 동맹국들에게는 비록 대략적이긴 하지만 자신들의 공격가능성을 암시해주었다.

11월 30일 일본외무성은 베를린 주재 자국 대사관에게 전문을 보내어 다음 사실을 독일지도자들에게 알려 주라고 하였다.

지금은 몇 번의 무력충돌을 겪으면서 영미권 국가들과 일본과의 사이에 갑자기 전쟁이 발발할 수도 있는 지극히 위험한 상황이며 이 전쟁의 발발은 그 누구의 예상보다 갑자기 빨리 일어날 수도 있다.

12월 초 대부분이 여전히 일본과의 외교적 긴장과 동남아에 주의를 기울이고 있었다. 12월 3일 워싱턴의 해군지휘사령부는 외교관계의 갑작스러운 단절을 위해 통상적이며 의례적인 준비가 진행되고 있음에 주목하였다.

매우 신뢰할 만한 정보가 지금 입수되었는데 홍콩, 싱가포르, 마닐라, 워싱턴 그리고 런던에 주재하는 일본 대사관 및 영사관에 대해 그들이 소지하고 있는 암호변환기와 해독기를 모조리 파괴하고 기타 모든 기밀서류도 다 태워버리라는 분명하고 긴급한 지시가 전달되었다는 것이다.

3일 후 하와이에 있는 미 연방수사국(FBI)은 그곳 일본 영사관이 서류를 태운 사실을 확인하였다. 12월 6일 일본정부는 워싱턴 주재 자국대사관에게 14개 부분으로 이루어진 긴 메시지를 전송하였는데 그 중에 중요한 항목을 보면:

… 미국정부와 협력을 통해 미일관계를 재조정하고 태평양에서의 평화를 보존하려고 한 우리 일본 정부의 진심어린 희망은 물거품이 되어 버렸다. 따라서 일본정부는 유감스럽게도 현재의 미국태도를 고려할 때 미국과 더 이상의 협상으로 합의에 도달하는 것이 불가능하다고 생각할 수밖에 없음을 통고한다.

… 대사는 미국정부에게(가능하다면 미국무부장관에게) 그곳 현지 시간 7일 오후 1시에 (하와이 시간으로는 아침 7시 30분 경) 본국정부의 답변을 제출하길 바란다.

… 그리고 즉각 남아있는 모든 암호해독기와 기계암호 코드들을 모조리 파괴하고 기밀서류들도 다 같이 처분하길 바란다.

미국 동부시간으로 12월 7일 일요일 아침 미국 정보분석가들은 아마도 동남아에서의 임박한 공격행위 때문에 일본정부가 미국과의 외교관계를 단절하려는 것으로 추정하였다. 하와이와 워싱턴 두 곳 다 긴박함이 부족했기 때문에 이러한 마지막에 보낸 최종적인 전술적 징표를 알아차리지 못하였다. 그 날 아침 미국 순양함들은 진주만 어귀에서 일본 잠수함을 발견하고는 공격을 하였다. 게다가 새로운 무선통신기술을 장착한 첨단 부대도 일본공격이 개시되기 한시간 전에 하와이로 오고 있는 일본폭격기들을 탐지하였으나 그 비행기들을 비슷한 시간에 캘리포니아로부터 오는 자국 비행기인 것으로 오인하였다. 8시 몇 분 직전에 진주만에 폭탄이 투하되기 시작하였다.

(그림 13) 1941년 12월 진주만에서 침몰되는 미국 아리조나 전함의 잔해
         (출처: 미 해군 사진, 의회도서관)

진주만은 역사적으로 정보분석 실패사례 중에 가장 유명하고 중요한 사례이다. 결과적으로 미국은 그토록 참전을 기피했던 전쟁에 참전하게 되는데 그것도 많은 수의 전함이 침몰되거나 파손되어 매우 불리한 여건속에서 억지로 참전하게 되었다(그림 13 참조).

미국이 일본에게 기습공격을 당하게 된 가장 주요한 이유 중의 하나는 워싱턴이나 하와이에 있던 분석관들과 정책결정자들 모두가 일본 정책결정자들의 사고를 전혀 이해하지 못한 데 기인한다. 일본 지도층은 일종의 왜곡된 사무라이 문화가 깊게 배어 있었는데 이 사무라이 문화에서는 외부공격에 대해 군사적 해결책을 쉽게 생각해내고 영광스러운 패배를 차라리 수용할 수 있는 것으로 생각하는 경향이 있다. 즉 일본 군부지도자들의 가치관에서 보면 정신력이 육체적 힘보다 더 중요하며 모욕을 당하느니 차라리 장렬한 죽음을 선택하는 것이 더 의미 있는 삶이라고 생각하는 것이다. 일본 군부지도자들에게 있어서 불만족스러운 현상의 유지는 사실상 패배에 가까운 것으로서 자국의 석유비축량이 고갈되기 전에 그리고 미국이 더 강력해지기 전에 선제공격을 감행해야만 한다고 생각한 것이었다.

더구나 미국이 우려를 표명하거나 평화적 압력을 가하는 조치들—이를테면 원자재 수출 금수조치 또는 미국 함대의 일부를 하와이로 옮기는 것 등— 을 일본은 통상적인 외교절차의 한 부분으로 생각하지 않고 이러한 조치들을 자국의 사활적 이익을 침해하는 심각한 위협으로 간주하였던 것이다.

동경주재 미 대사관은 미국의 압력에 대한 일본의 반응이 자제하는 방향으로 나가기보다는 오히려 더 저항하는 형태로 나올 것이라고 지적하였지만 그럼에도 불구하고 본국 워싱턴 정부는 자신들의 사고방식을 바꾸지 않았다.

적절한 분석틀이 없다면 아무리 정확한 정보가 주어져도 제대로 이해되지 못한다. 정보수집의 관점에서 본다면 미국 정보분석가들과 정책결정자들은 자신들이 일본으로부터 수집한 첩보에서 큰 차이점이 존재한다는 것을 깨닫지 못하였다. 동경주재 미 대사관은 일본 정부와 군부 고위층의 정책결정과정에 도저히 접근할 수 없었다. 비록 그들이 일본의 외교전문을 감청하고 있었다 하더라도 가장 중요한 해군 암호문과 군사암호문은 해독하지 못하였다. 그 결과 공격개시 몇 주 전에 중요한 사건들이 발생하였으나 미국은 그 징후를 탐지하지 못하였다. 예를 들면 일본 해군은 고위장교의 정기적 인사교체를 중단했는데 그 이유는 경험이 많은 노련한 장교들을 핵심요직에 그대로 두기 위해서였다.

　　게다가 공격명령 2주 전인 1941년 11월 초 일본함대에게 보낸 작전명령서의
전문도 탐지하지 못했으며 그 달 말에 일본군함의 진주만 출항도 탐지하지 못했다.
　　혹자는 사후판단 지혜(역자 주: 사건이 발생한 후에 그 전개과정과 결과를 알고 난
후에 깨닫는 지혜, 영어로 Hindsight)식으로 당시에 모든 전쟁 징후들이 한 곳에 집중
되어 종합적으로 분석되었더라면 충분히 그 공격을 예상할 수 있었을 것으로 생각
할지 모른다. 전부는 아니지만 대부분의 일본 공격 징후들은 여기에 다 정리되어
있다. 1941년 미국 분석관들과 정책결정자들은 자신들이 어떤 중요한 것을 보지 못
하고 있다는 사실을 깨닫지 못하고 있었으며 그들이 주목하여 보고 있는 것이 사실
다른 설명이나 다른 결과를 초래할 수 있다는 것을 이해하지 못하였다.
　　당시의 가장 가치가 있는 자료인 감청된 일본외교전문들을 검토해보면 이들이
하나로 합해지든 아니든 간에 그 어느 것도 일본의 정확한 공격시점과 목표, 공격
방식에 대하여 명확하게 시사해 주는 것이 없다. 마지막으로 일본의 기술적 향상이
나 진주만 공격부대의 출정일정과 같은 중요한 정보도 결코 수집되지 않았다.
　　대규모 정부조직에서 정보를 처리하는데 관료주의적 어려움은 진주만 정보실
패를 초래하게 한 또 다른 중요한 요인이다. 육군과 해군 사이에는 서로 정보협력
이 잘 이루어지지 않았으며 중요한 신호정보를 배포하는 것도 제한적으로만 이루
어졌다. 한 발자국 뒤로 물러서서 전체 큰 그림을 분석해 보려는 노력이 없었다. 일
본공격의 전술적 탁월함에도 불구하고 일본의 정책결정자들 입장에서 보면 그들도
대단히 커다란 전략정보실패가 있었다는 사실에 주목해야 한다. 그들은 무엇보다
미국영토에 대한 일본의 기습공격이 분열된 미국을 단합시켜 전쟁참여로 일사불란
하게 나가게 할 것이라는 것을 알지 못하였다. 또한 그들은 그들의 첫 도박(역자 주:
진주만 공격)이 실패하면 그들보다 몇 배나 우월한 국력을 가진 미국과의 장기전에
서 결코 승리할 수 없으리란 것을 미처 깨닫지 못하였다. 이것은 일본도 미국과 마
찬가지로 위험과 선택방안에 대한 분석평가과정에서 진지하고 정보에 능통한 정보
분석력이 미흡했다는 것이다.

추가 고려사항

▶ 1941년 일본의 전략과 행동에 대한 미국의 분석을 잘못되게 한 결정적인 인지
　적 오류는 무엇인가? 또 그것들이 전체의 진주만 정보실패에 얼마나 핵심적인
　역할을 하였는가?

▶ 진주만과 바바로사는 전쟁에서 기만전술을 성공적으로 사용한 중요한 사례이다. 이러한 속임수를 피할 수 있는 정보분석기법에는 어떤 것들이 있는가?

▶ 오늘날 외교적 시그널이 잘못 이해되어 긴장을 고조시킨 사례는 어떤 것이 있는가?

▶ 제2차 대전 이후 기술을 활용하여 진주만과 같은 기습공격을 예방하는데 도움이 된 사례가 있는가?

추천도서

Feis, Herbert, *The Road to Pearl Harbor: The coming of the War Between the United States and Japan*, Princeton, NJ: Princeton University Press, 1950.

Ike, Nobutako, trans, and ed., *Japan's Decision for War: Records of the 1941 Policy Conferences*, Stanford, CA: Stanford University Press, 1967.

Prange, Gordon W., *At Dawn We Slept: The Untold Story of Pearl Harbor*, New York: Penguin, 1991.

Wohlstetter, Roberta, *Pearl Harbor: Warming and Decision*, Stanford, CA: Stanford University Press, 1962.

13. 연합군 폭격기의 공격목표

20세기 초엽의 30여년간 비약적인 기술발전이 이루어지면서 군사적 능력의 투입은 전혀 새로운 양상을 보여주게 되었다. 장거리 비행능력의 전략폭격기가 거대한 양의 탄두를 적재하고 수백 마일을 날아갈 수 있게 된 것이다. 전략폭격기 옹호론자들은 이제 야전의 병력들을 직접 격퇴시킬 필요 없이 적을 섬멸할 수 있는 잠재적 역량을 가지게 된 것이라고 주장했다. 이제 군 지휘관들은 적의 산업생산시설이나 수송망, 지역주민 등과 같이 전쟁수행에 필요한 군사역량을 공격할 수 있는 전략적인 목표를 달성할 수 있게 되었다. 1940년 봄 프랑스가 함락된 뒤에 전략폭격기는 영국이 영국해협을 가로지르는 침공방식을 조직하기 전까지 독일에 피해를 입힐 수 있는 유일한 방법이었다.

세계 제2차 대전 동안 연합군 폭격기의 가장 큰 문제는 효율성에 관한 것으로, 가장 적은 수의 폭탄으로 독일에게 얼마나 큰 피해를 입히느냐에 관한 것이었다. 이에 대한 해결책은 독일의 전시경제에 대한 중요성과 취약성을 근거로 하여 제한된 시설, 즉 꼭 필요한 공격용 목표를 선정하는 것이었다. 이에 대한 분석은 2단계로 이루어졌다: 적절한 공격 대상들을 선정하고 폭격 후 그 결과들을 분석해 추가적인 공격이 필요한지 판단하는 것이었다. 정보분석이 이 단계에서 매우 중요한 역할을 수행했는데 영국군 및 미군의 공격목표 분석가들은 각각 다른 방법으로 이를 발전시켜나갔다.

전략폭격에 대한 영국 공군의 군사 작전교리는 전략폭격기를 대량으로 집중투입하여 도시와 같은 밀집지역을 야간에 공습하는 방식이었다. 영국전략가들은 높은 고도에서 폭탄을 투하하는 것이 실질적으로 매우 부정확하여 특정지역을 맞추는 것이 어려운데다가 또한 적 전투기 공격 및 대공포의 위협으로부터 오는 위험을 피하기 위해서는 야간에 활동하는 것이 유리하다고 판단하였다. 영국군은 그 밖에도 독일치하의 프랑스 연안근처에 콘크리트로 만든 U-보트 격납고와 같은 구체적인 공격 타겟을 발견했으나, 실질적으로는 공략하기가 거의 불가능한 곳이었다. 따라서 도시주변을 공습하며 산업기반을 파괴하는 데에 주력했다. 추가적으로는 도시거주지의 시설을 파괴함으로써 국민들의 사기를 저하시키고자 하는 심리적인 이점도 취하려는 전략이었다. 어찌됐건 전략폭격기의 이점을 열렬히 주장했던 주창자들에 의하면, 성공적인 비행공습이 위험한 지상군 침투전략을 선택하지 않아도 되게 하는 이점이 있다는 것이었다.

공격목표지역을 설정하고 피해규모를 측정하기 위해 영국군 분석가들은 공중 정찰이나 암호해독, 포로 및 피난자 인터뷰, 전문지와 기술지구독, 은행 및 보험회사정보기반의 전략수립 등과 같은 매우 다양한 정보출처를 활용했다. 1942년 들어서 미군은 유럽전쟁에 참여하면서 전략폭격기에 대한 방대한 정보출처는 물론 색다른 전략을 구사하기 시작했다. 미 공군(U.S. Army Air Force)은 미리 선정한 타겟을 토대로 항공전쟁구획계획(Air War Plans Division)을 세웠다. 미군전략가들은 주간에만 구체적인 지역을 정확하게 공격하는 효율적인 방법을 선호했다. 그들은 효과적인 피해를 가하기 위해 좀 더 위험할 수 있는 방법도 기꺼이 선택한 것이다. 독일의 나치군이 유럽지역을 통제하고 있는 것이 문제이긴 했으나 잠재적인 타겟이 그만큼 숱하게 많이 존재했다.

미군의 전략은 전략정보국(OSS: Office of Strategic Services)에 속해 있던 조사분석국(R&A)의 민간 전문분석가들이 기획한 것이었다. 런던에 있는 미국 조사분석팀은 미군전략에 대한 지원의 일환으로서 독일경제를 상세히 연구해 정밀폭격의 정확성을 높여주는 것이었다. 당시 런던에 있던 미국 조사분석팀에 소속되어 일했던 찰스 킨들버그(Charles Kindleberger: 1910－2003)는 후에 MIT의 저명한 경제사 교수가 되었으며, 왈트 로스토우(Walt Rostow: 1916－2003)는 린든 존슨 대통령의 특별안보보좌관이 되었다. 이들 전문분석가들은 비용/편익분석(cost/benefit) 형태의 분석방법을 사용했다. 미군항공기와 연료, 폭탄, 전투력 등의 비용을 산정하고 독일군에 경제적으로 더 막대한 피해를 줄 수 있는 장소를 타겟으로 설정, 공격을 하도록 했는데 항공기와 군인들의 손실을 포함하더라도 훨씬 막대한 피해를 입힐 정도였다.

미군과 영국군은 서유럽 상공의 제공권을 장악하는 것을 최우선으로 하자는데 동의했는데, 이는 공중전을 통해 독일 전투기를 격추시키거나 독일군기지 및 생산시설, 지상 공급처 등을 폭파하여 연합군폭격기를 공격할 수 있는 독일전투기들의 능력을 궤멸시키는 것이 목표였다. 즉 이 전략은 전투기의 위협이 제거되거나 그 수가 현저하게 감소한 뒤에 연합군폭격기가 자유롭게 상공을 비행하여 제공권을 장악하게 되는 것을 감안한 것이었다. 시간이 흐른 뒤에 군사전략가들은 독일군 전투기의 전투능력을 약화시킬 수 있는 공격타겟으로 150개 공장을 선정했는데, 이는 이 공장들이 항공기와 연료를 생산하고 볼베어링 등과 같은 핵심 부품을 생산하

(그림 14) 1943년 독일 상공을 날고 있는 미국의 B-17 폭격기

는 거점이었기 때문이었다.

1943년 말에 들어서 연합군의 전략폭격기는 이전만큼 좋은 성과를 올리지 못하고 있었다. 전투기와 볼베어링을 생산하는 공장 그리고 페네문데의 로켓테스트설비나 루마니아의 정유시설인 플로에슈티지역과 같은 타겟들에게 막대한 피해를 입혔으나 그럼에도 불구하고 영국과 미국의 비행기와 병력도 막대한 피해를 입었으며 악천후(그림 14를 참고)로 인하여 공습작전의 수행에 많은 어려움을 겪고 있었다. 독일군들은 생산 및 수송에 있어 지속적인 어려움을 겪었지만 이런 주요 기능들을 여하히 유지하거나 오히려 더 증가시켰다. 독일군들은 공습을 피해 항공기를 수리하거나 생산기지를 분산시켜 생산을 계속하는 효과적인 방법을 고안해 냈다. 이제 공습만으로 독일군의 항복을 받아낼 정도의 충분한 피해를 입히지 못하였다는 것이 명백해졌다. 문제는 독일군에 결정타를 날릴 수 있는 소수의 핵심 공습목표를 찾아내지 못하고 있다는 것이었다.

연합군 정세평가의 주요 가정은 독일경제가 전쟁을 하기 위해 총동원되는 전시경제로 운용되고 있기 때문에 비축된 예비자원이 많지 않은 상황에서 공중폭격을 통하여 몇 군데 시설과 공장에 제한된 손실만 입혀도 생산에 막대한 피해를 입힐 수 있을 것이라는 것이었다. 그러나 연합군 정보분석가들은 사실 전쟁기간중 독일경제가 매우 비효율적으로 운용되고 있다는 것을 파악하지 못했다. 예를 들어

1943년 독일은 전시 기반체제를 갖추고 있지 않았다. 히틀러는 전쟁이 단기간에 끝날 것이라고 가정하였으나 그가 스스로 생각한 몇 개의 가정들이 나중에 틀린 것으로 판명되었다. 따라서 독일의 주요 자원은 여전히 소비재생산에 주력하고 있었으며, 나치 이념의 차원에서 여성들은 공장 및 생산작업에 동원되지 않았다. 게다가 독일의 점령지 약탈방식이나 노예인력의 활용방식 또한 효율적이지 못하였다.

1944년 초 연합군 내에서 전략폭격기를 두고 가장 활발하게 논의됐던 사항은 유럽 해방을 목적으로 영국해협에서 이루어질 수륙양용 합동 '대 군주작전'(Overlord Operation)에 대한 것이었다(역자 주: 노르망디 상륙작전의 암호명). 영국군은 영국학자의 제안으로 수송로를 담당하라는 내용을 지시받았는데, 특히 프랑스의 철로를 따라 선박하역장이나 정비시설을 집중적으로 공략하는 계획을 수립했다. 이러한 공격목표들은 거대해서 눈에 띄기 쉽고 공격하기가 수월했으며, 건물 및 차도, 철도차량과 같이 비교적 다양한 자원과 밀집되어 있는 것이 특징이었다. 작전은 백 여개의 주요 타겟을 공격하면서도 노르망디지역이 연합군 측의 중요한 곳으로 드러나지 않도록 분산시켜 나가는 것이었다. 여전히 해변지역이 취약하긴 했으나 철도수송을 방해함으로써 독일군이 상륙지점 인근지역에서 연합군 상륙병력에 대해 숫적 우위를 점하지 못하도록 하는 것이었다.

미군들은 그러나 이와 대조적으로, 미 전략정보국(OSS) 분석가들의 의견에 따라 석유 관련시설들에게 공격목표의 우선순위를 두는 것이 유리할 것으로 판단했다. 독일은 자국 내에 석유자원이 없었기 때문에 합성연료에 의존하거나 인근 루마니아로부터 석유를 수입해 쓰고 있었다. 미군분석가들은 독일 내에 3/4에 가까운 합성연료를 공급하는 14개 공장과 1/2 이상의 석유를 공급하는 13개의 정유소를 공격해야 한다고 주장했다. 미 전략정보국 분석가들은 수송로를 공격하는 작전이 단기간에 효과를 보지 못할 것을 염려하였다. 철도망은 매우 거대하고 다양한 루트가 존재하며 피해수리와 복구가 빠른데다가 교량파괴도 정확하게 맞추기가 힘들기 때문에 수송로를 공격하는 작전이 그 의도한 성과를 낳지 못할 것으로 염려했던 것이다.

연합군 최고 사령관이었던 드와이트 아이젠하워(Dwight Eisenhower: 1890－1969) 장군은 성공적인 작전도 중요하지만 연합군이 분열되지 않도록 하는 것도 중요하다고 생각하여 1944년 3월 절충안을 내놓았다. 프랑스 내 주요 철로를 공격하는 것을 우선으로 수행하되 궂은 날씨와 같은 변수에 의해 지연될 시, 곧바로 독일 내 정유공장에 폭탄을 투하하는 두 가지 작전을 병행하는 절충안을 내 놓았던 것이다. 이에 따라 미군은 공격개시 전 주에 가능한 한 많은 교량을 폭격해 나갔다.

1944년 봄, 공습 목표를 선정하는 데 있어 또 다른 문제에 봉착했는데, 독일군이 프랑스지역에 새롭게 개발한 V-로켓무기를 발사할 시설들의 건설현장을 발견한 것이었다. 히틀러와 나치 지도층은 공공연히 그들이 연합군 측의 폭탄투하에 맞서 "보복"을 감행할 아주 강력한 무기를 개발했다고 주장했다. V-무기에 대한 정보는 미지수였지만, 이 무기의 발사장소로 미루어 짐작할 때 런던을 공격목표로 할 것이라는 것은 명약관화하였다. 이러한 심각한 위협을 무시하는 것은 불가능했으며 따라서 폭격기의 일부는 이 발사장소를 폭격하는 데 사용되어져야 하였다.

1944년 6월 6일 D-Day에 개시된 노르망디 상륙작전은 대성공이었다. 1944년 가을로 들어 설 즈음에는 연합군이 프랑스지역을 거의 다 회복하면서 철도 수송로 및 석유, 도시 등을 무자비한 공격으로 점령하고 마침내 전쟁기계인 독일로 하여금 무릎을 꿇게 만들었다. 독일군은 위장전술이나 해산작전, 유인공장 등과 같이 진부한 기만술을 시도하고 폐허를 지속적으로 복구해나갔지만 전세는 기울기 시작했다. 또한 연합군측은 압수된 암호 해독지를 통해 독일이 연료가 부족한 상황에 직면했다는 것을 알아냈다. 독일군은 12월에 있었던 벌지전투(Bulge Battle)에서 갑작스런 기습작전을 성공시키기도 하였지만, 전차의 연료보유량이 현저히 부족했기 때문에 우세적인 상황을 유지하지 못하였다.

1945년이 시작되면서 수송로와 석유공급처에 대한 공격을 동시에 개시하자 지난 초여름에 정점을 찍었던 독일의 무기생산능력이 1/3 수준으로 급감하기 시작했다. 많은 공장과 정유소, 광산들이 여전히 온전한 상태에 있긴 했으나 물자와 연료를 보급할 수단이 차단되었다. 1월 말에 이르러서는 군수장관이었던 알베트 슈페어(Alberty Speer: 1905-1981)가 히틀러에게 산업적인 측면에서 사실상 전쟁에서 이미 패배했다고 보고했다. 1945년 5월 공식적으로 전쟁이 종료된 이후에, 독일과 미군이 함께 참여한 가운데 공습을 통해 이루어졌던 전략폭격에 대한 평가가 시작되었다. 이 조사를 통해 독일군의 추정된 피해가 막대하긴 하였지만 막상 1944년 봄에 철도 수송로와 석유 정유시설에 대한 공격이 개시되기 이전까지는 전략가들이 계획했던 만큼 대상목표의 공습효과가 독일경제 및 전황에 큰 영향을 미치지 못한 것으로 나타났다. 철로와 석유시설에 대한 공습이 큰 효과가 있었지만 당시 독일군의 취약점이었던 발전소에 대한 공습을 제대로 고려하지 못한 것 또한 아쉬운 부분이었다.

좀 더 넓은 시각으로 본다면 2차 대전 동안 전략폭격기를 이용해 이루어진 공습효과에 대해서는 여전히 논쟁이 뜨겁다. 약 2백만 톤에 가까운 폭탄이 투하되었는데 좀 더 효과적인 공습이 이루어졌더라면 전쟁을 좀 더 일찍 끝낼 수 있지 않았을까? 재정적으로나 인명, 재산에 있어 너무나 피해와 손실이 극심하였다. 군사 및 경제적 목적의 타겟이 얼마나 유효하게 파괴되어 전략적으로 성공적이었는지와는 별개로 민간측면에서 볼 때 수만 명에 달하는 인명피해와 도시의 파괴 그리고 수많은 가옥파손 및 문화 유적지의 피해와 손실이 너무나 컸다. 사실 그 이후에 전략폭격기가 전쟁을 끝내는 데 있어 결정적이었던 것은 아니라는 것이 밝혀졌다. 독일은 연합국 지상군이 상륙한 뒤 영토의 대부분이 점령되고 나서야 비로소 항복을 선언했기 때문이다.

추가 고려사항

▶ 폭격기를 위한 최고의 공격목표는 무엇이었으며 공격목표를 선정하는 데 있어서 최고의 판단기준은 무엇이었는가?

▶ 공격목표의 분석을 위한 자료의 질은 무엇이며 그 밖의 어떤 다른 정보가 유용하였는가?

▶ 제2차대전의 종식을 앞당기는 데 있어서 전략폭격기의 역할은 무엇이었으며 그 밖의 다른 전쟁사례에서는 어떠한가? 보다 좋은 공격목표의 선정이 전략을 더 효과적으로 만드는가?

추천도서

Ehlers, Robert S., Jr., *Targeting the Third Reich: Air Intelligence and the Allied Bombing Campaigns*, Lawrence, KS: University Press of Kansas, 2009.

Hinsley, F. H., *British Intelligence in the Second World War*, Abridged version, Cambridge: Cambridge University Press, 1993, chapter 25, 26, and 36.

Katz, Barry M., *Foreign Intelligence: Research and Analysis in the Office of Strategic Services, 1942−1945*, Cambridge, MA: Harvard University Press, 1989.

Levine, Alan J., *The Strategic Bombing of Germany, 1940−1945*, New York: Praeger, 1992.

Neillands, Robin, *The Bomber War: The Allied Air Offensive Against Nazi Germany*, New York: Overlook Press, 2001.

14. 독일의 첨단 V-무기 공격

제2차 세계대전 중 누구도 쉽사리 전쟁의 승패를 가늠하기 어려웠던 때에 영국의 정보분석가들은 그 전에 본적이 없지만 그 위험수준이 어느 정도인지를 알아내야만 하는 특별히 어려운 문제에 봉착하게 된다. 그것은 독일의 부인과 기만전술이 반복되고 있던 상황에서, 독일이 개발한 신무기의 성능을 평가하고 빠른 시일 내에 그에 대한 적절한 대응책을 준비하는 것이었다. 사실 신무기가 설계되는 초기에 그 대응책을 구상하는 것이 가장 쉽긴 하지만, 이 단계에서는 모든 일이 대개 사무실에서 이루어지거나 사람들의 머릿속에서 이루어지기 때문에 그 위협의 성격을 정확하게 간파한다는 것이 쉽지 않다. 시제품(Prototype)이 개발되어 공개적으로 알려지고 무기성능 실험단계가 되면 신무기에 대해 훨씬 더 잘 이해할 수 있게 되지만 그러나 문제는 그때는 이미 너무 늦다는 것이다. 일단 신무기가 작동되는 시점에서 그에 대한 대응책의 개발은 무용지물이 되기 쉽기 때문이다.

2차대전 동안 히틀러는 연설을 통해 독일에서 개발 중인 신무기에 대해 가끔 언급하면서도 구체적인 사항은 말하지 않아 긴장감을 조성하곤 했다. 영국군과 미군의 정보분석가들은 이를 통해 독일이 몇몇 프로젝트를 진행하면서 원자폭탄이나 제트기 등과 같이 심각한 위협의 신무기 개발에 착수했다는 것을 알 수 있었다. 과연 그 밖의 어떤 신무기가 있었을까?

1942년 후반 즈음부터 시작해서 영국 비밀정보국(SIS: British Secret Intelligence Service)을 위해 일하고 있던 유럽대륙의 정보요원들은 독일이 "로켓(독일어로는 Rakete로 불리는)이라 불리는 긴 사이즈의 무기를 개발했다는 첩보를 보고하기 시작했다. 시간이 점차 흐를수록, 다른 여러 출처들을 통해서 모호하면서도 분명히 로켓을 지칭하는 듯한 다양한 첩보들이 나오기 시작했다. 첩보보고들은 구체적인 크기나 사정거리, 연료, 미사일탄두, 그리고 결정적으로 로켓의 발사시기 등에 대해 제각기 다른 정보들을 담고 있었지만, 이 신무기가 발트 해 연안의 페네문데(Peenemünde)에서 테스트되고 있다는 내용은 공통적으로 전하고 있었다.

이러한 첩보는 다소 모호하긴 하였지만 중요하므로 점점 더 많은 첩보를 수집하도록 하여 드디어 1943년 4월 페네문데의 사전정찰(reconnaissance) 임무를 통해 최근에 건설이 완성된 현장이 확인되었다. 새로 건설된 구조물들의 목적은 알 수 없으나, 분석가들은 독일이 신무기 성능을 실험하기 위한 시설일 것으로 생각하였다. 6월에 접어들어서는 조금 더 적극적인 정찰비행을 통해 약 11-12미터 크기에 날개가 없는 실린더형의 물체가 확인되었다. 분석가들은 전에 본 적이 없는 형태의 이 물체가 '로켓'을 지칭한다고 판단했으나, 그 위험성에 대해서는 도저히 가늠할 수가 없었다.

영국사령부는 페네문데에서 진행되고 있는 프로젝트가 영국 공군(RAF: Royal Air Force)이 공격을 개시해야 할 만큼 심각한 위협인지에 판단해야만 했다. 폭격기의 목표를 현재의 중요한 타겟으로부터 다른 곳으로 전용하여 공습을 가함으로써 발생할 수 있는 큰 손실을 감수하기 전에, 영국정부는 독일 로켓의 위험성과 능력에 대하여 더 정확한 정보가 필요했던 것이다. 이를 위해 과학적 지식을 가진 많은 분석가들이 이 문제에 접근하기 시작했다.

런던의 몇몇 전문가들은 지난 1세기 이상 육군이 전술적인 목적으로 사용하였던 영국군의 로켓과 유사한 케이스로 접근하기도 했다. 1814년 볼티모어의 매켄리 전투일화로 미국인들에게 "로켓의 붉은 불빛(미국 애국가)"으로 알려진 초창기 수준의 로켓으로 판단했던 것이다. 그러나 당시의 로켓들은 사정거리가 매우 제한되었으며 소량의 탄두를 탑재하여 실질적인 파괴력이 있다기보다 심리적인 위력이 컸었다. 이후 시간이 흐른 뒤 대포가 더 거대한 파괴력과 정확성 그리고 폭약을 탑재하게 되면서 군부대에서 유용하게 발전된 것이었다.

로켓공학 분야의 영국전문가들은 좀 더 신중한 자세를 취하면서도 로켓 추진체의 고체연료 무게 때문에 약 12미터정도나 되는 이 거대한 로켓의 탄두와 사정거리가 실질적으로 약할 것이라고 단정하였다. 그러나 얼마 지나지 않아, 첩보원으로부터 독일로켓의 추진체가 "액상기체"로 되어 있다는 정보가 입수되자 상황은 혼란스럽게 되었다. 또 다른 이들은 미스터리한 실린더 형의 이 물체가 로켓이 아닐 수도 있다는 추측을 내놓았다. 오히려 그것이 어뢰나 속임수를 위한 유인무기일 수도 있다는 가설이 등장했던 것이다.

몇몇 영국 과학자들이 독일 로켓이 전혀 다른 성질과 폭발력을 가진 급진적인 새 무기일 수도 있다는 의견을 내놓자 관심이 집중되었다. 그들은 페네문데에서 촬영한 사진을 통해 포착된 실린더 형 물체에 주목하면서 공중정찰과 첩보원을 통한 정보가 매우 제한적이기 때문에 이 무기 프로그램에 관한 더 포괄적이고 다양한 첩보수집을 요구하였는데 특히 비행실험이나 모니터링을 관할하는 군부대의 통신감청을 촉구했다.

이에 정보수집가들은 더욱 혈안이 되어 무수한 정보보고서를 양산하였지만, 상황은 그다지 호전되지 않았다. 몇몇 정보출처로부터 나온 첩보로는 로켓크기가 더 작고 심지어 날개가 있다는 정보가 보고되는 지경에 이르렀다. 사진분석가들은 공중정찰 임무를 통해 성과를 도출하려 했지만, 그들이 찾고 있는 실체를 몰라서 더욱 어려움을 겪게 되었다. 프랑스에서는 매우 긴 경사로가 특징적인 거대한 지역이 건설되고 있는 것이 확인되고 있었는데, 대서양 수비방벽과는 현저하게 다른 외양을 보였다. 따라서 이것이 작전본부를 강화하기 위함인지, 아니면 몇몇 군인들의 주장과 같이 거대 로켓을 발사하기 위한 장소인지 분간하기가 어려웠다.

1943년 8월이 되자 불확실한 보고에도 불구하고 더욱 불안감이 엄습한 영국군들은 마침내 프랑스에 새로 건설된 지역과 페네문데 무기발사시험지역을 공습하여 독일군에게 상당한 피해를 입혔다. 프랑스에 주둔하고 있던 독일 점령군은 공습이 끝난 이후 이 지역을 다시 복구하기 시작했고, 적의 공습을 대비하는 대공포 병력을 한층 더 강화하였다. 이런 독일군의 대응은 이 시설들이 매우 중요한 곳이라는 사실을 반증하는 것이기도 했다. 페네문데에 대한 공습 이후, 사진정찰을 통해서 건설된 지역에 상당한 피해가 있었다는 것이 확인되었다. 또한 공습 이후 독일군들은 발사지역을 동쪽으로 더 이동시켰으며, 일부 시설들은 지하로 옮겼다. 8월 공습에서 사용되었던 몇 개의 폭탄은 조준 실수로, 그 발사시험지역근방에 그 프로젝트를 위해 징집되었던 외국인 근로자막사에 투하되기도 했다. 이들 노동자중 일부는 런던에 페네문데 활동을 보고하는 주요 정보요원 중의 하나였다. 그러나 영국요원이 폭탄투하과정에서 사망했거나, 독일군에 포로로 잡히게 되어서인지 모르지만 여하한 이유로 영국군은 그 이후로 외국인 근로자들로부터 더 이상의 정보를 입수하지 못하였다.

1943년 8월 말경 첩보요원에 의한 좀 더 구체적인 첩보가 수집되어 독일군의 군사행동에 대한 상세하고 유용한 정보가 보고되었다. 독일군 고위장교가 매우 거대한 양을 적재할 수 있는 로켓과 무인제트기 2개의 군사프로그램을 발표했다는 내용이었다. 그러나 한편으로 또 다른 첩보에 의하면, 기술적인 결함에 봉착했다는 소식이 들려오기도 하였다. 또한 최소 한 명의 영국 고위과학자는 회의적인 견해를 피력하였는데, 설사 로켓이 거대한 탄두를 적재하고 연료를 장착할 수 있다 하더라도 영국을 통과해 운반해야 하는 문제에 부딪힐 것으로 예상하여 오히려 더 작은 사이즈의 무인 제트기가(이를 날아다니는 폭탄으로 묘사하면서) 존재한다면 훨씬 더 위력적일 것이라고 주장했다. 그러나 대체적으로 이 신무기를 긴급하게 사용하지 않을 것이라는 의견이 강했기 때문에 구체적인 정보를 수집하고 대응책을 마련할 시간을 가진 후에 결정하기로 하였다.

　　1943년 가을 들어서 사진정찰과 암호해독, 첩보원이 구체적으로 묘사한 보고 내용 등을 통해 실제로 2개의 군사 무기 프로그램이 존재한다는 것이 명백해졌다. 11월의 정찰임무를 통해서 마침내 페네뮌데의 경사로 건설지역에서 날아다니는 폭탄이 목격되었으며, 이로써 프랑스에 건설되었던 경사로지역 또한 무인제트기와 관련이 있다는 것이 밝혀졌다. 1943년 말, 점점 더 많은 정보가 축적되어 지난 몇 년간 각 프로젝트의 성격을 요약한 정보보고서들이 나왔다.

　　한 개의 신무기는 V-1이라는 이름으로 알려진 것으로, 독일공군이 후원하여 개발되었다. 이 무인제트기는 약 27피트(8.2미터) 길이로, 양 날개와 외부 엔진을 장착하고 있으며 정교한 발사지역이 필요한 것이 특징이다. 최대속도는 시속 약 400마일(644킬로미터)이고 사정거리는 약 150마일(250킬로미터)에 이른다.

　　또 다른 신무기는 V-2로서 육군의 후원에 의해 개발되었으며 훨씬 발전된 형태이다. 이 로켓은 46피트(14미터)에 달하고 첨단기술로 판단되는 관성 유도 시스템을 장착하고 있으며, 알코올 및 액체산소를 혼합한 액화연료를 사용하는 것으로 알려졌다. V-2는 광대한 발사시설을 필요로 하지는 않으나, 사정거리는 200마일(320킬로미터)에 이르고 그 속도와 높이를 따를 무기가 없어 현재 기술로는 이 무기를 막아 낼 효과적인 방법이 없다.

　　신무기의 위협성격이 분명해지자, 프랑스의 발사지역에 대한 집중폭격을 강화했으며 특히 런던을 향한 V-1 발사대에 대한 공습을 집중적으로 감행했다. 영국의 공중폭격에 대항하여, 독일군은 영국의 폭격을 유도하기 위해 오래된 발사지역을 복구하는 기만술을 사용했으며, 공중에서는 파악하기 힘든 곳에 발사지역을 건설해 나갔다. 영국 폭격기와 미군 폭격기는 주로 신무기 발사장소를 공습목표로 정하여 폭탄을 집중 투하했는데, 사실 이는 독일군이 지하에 공장시설을 숨겨놓았거나 여기 저기 분산시켜 놓음으로써 무기 제조장소에 대한 정확한 위치정보가 부족한 탓이었다.

　　영국전문가들은 1944년에 이르러서야 V-1을 실제로 목격할 수 있게 되었다.

발트해 연안에서 독일군이 탄두 없이 발사했던 실험용 무기가 사고로 스웨덴과 근처해안에 불시착했는데, 중립적인 입장을 취했던 스웨덴이 영국전문가들로 하여금 조사할 수 있도록 허용하였던 것이다. 정밀조사를 통해 V-1이 로켓이 아니라 무인제트기라는 것이 밝혀졌다. V-1은 전투기와 다를 바가 없는 날개형태를 가지고 있었으며, 영국군은 1940년 영국전투 당시를 표본으로 V-1에 대한 방비책을 마련하기 위해 당시의 레이더와 관측소, 그리고 전투기, 대공포대, 공중폭발 풍선 등을 확보해 나가기 시작했다.

V-1, V-2가 언제 발사될지는 불분명하였다. 영국전문가들은 1943년 말 또는 1944년 초가 되지 않을까라며 발사공격에 대하여 예측시기를 다양하게 제시하였다. 예상한 날짜가 다가오거나 지나갈수록 오히려 연합군 측에서는 구체적인 발사 날짜와 더불어 날짜를 알아낼 효과적인 방법조차 강구하지 못했다. 이처럼 당시에 이 문제를 제대로 이해하지 못하게 된 배경은 독일 측 자체가 사소한 기술적 결함이나 보급물자 부족으로 인하여 계속 날짜를 변경하였기 때문이다.

1944년 5월, 몇 번의 발사연기 후에 마침내 히틀러는 그 다음 달인 6월에 V-1 무기의 공격개시를 명령하였다. 6월 6일 연합군이 노르망디에 성공적으로 상륙함과 동시에 이 명령은 또 다시 되풀이되었다. 6월 13일 첫 번째 무인제트기이자 날아다니는 폭탄인 V-1이 발사되었다. 그 것은 예상보다 정확성은 떨어졌으나, 주요 공격목표였던 런던을 향해 떨어져 심리적 위압감은 물론, 물리적인 타격을 주기에 충분했다. V-1 무기의 공격이 피해를 입히긴 했지만 영국군은 이 무기를 관찰하고 직접 가져와 정밀조사를 하게 되면서 오히려 더욱 구체적인 정보를 얻을 수 있는 기회를 갖게 되었다. 또 다른 대응책으로서 V-1의 발사장소 위치가 노출되면서 상대의 취약점을 발굴하게 되었다. 6월에 연합군이 유럽대륙에 상륙하면서부터 1944년 가을부터는 실제 발사장소나 잠재적인 발사장소를 탐색하는 것으로 대응프로그램을 전개해 나갔다.

그와 동시에 영국군은 독일의 V-2를 동반한 공격이 이어질 것으로 예측, 대비태세를 갖추려 하였으나 이 로켓의 성능과 파괴력에 대한 정보가 거의 없는 상태여서 대응책 마련에 어려움을 겪고 있었다. 1944년 6월경 시험용 V-2가 또 다시 스웨덴 근방에서 잘못 추락되었는데, 그 잔해들이 V-1과는 확연히 다르고, 다른 기타 무기들과도 전혀 다른 형태를 보여 새로운 V-2 무기라는 사실이 확인되었다. 그러나 여전히 연료나 탄두의 사이즈, 로켓의 조정방식과 더불어 이러한 신무기들이 얼마만큼 생산되고 있는지 알 수가 없었다.

9월 8일, 영국군이 V-1에 대한 파악을 완료하고 그 위협에 대한 대응책을 마련하여 축하하는 자리를 가지고 있을 때, V-2의 공중 폭격으로 기습을 당하였다. V-2의 사정거리가 더 위협적이었으며, 독일에서 자체적으로 발사되거나 또는 여전히 독일치하에 있는 네덜란드에서도 발사가 가능했던 것이다. 이 로켓은 공격목표로 향하기 전에 대기권 높이 비행할 수 있으며 일단 발사된 이후에는 너무나 빠른 속도로 날아가기 때문에 공격을 멈추거나 공격 전에 사전 조기경보 징후를 알아낼 수가 없었다. V-2의 공격을 막을 유일한 방법은 잠재적인 발사 위치를 미리 찾아서 제거하는 것뿐이었는데, 이러한 이유로 영국군은 1944년 9월 야전 총사령관 버나드 몽고메리(Bernard Montgomery: 1887-1976)의 지휘하에 직접 독일을 겨냥하기보다 발사지인 네덜란드 아른험(Arnhem)을 향해 대대적인 공습을 감행하게 되었다.

1945년 5월까지 독일군은 V-1 및 V-2를 끊임없이 발사하였다. 런던을 주요 공격목표로 발사하였고 또 수천 발이 벨기에 리아쥐와 앤트와프를 향해서도 발사되었는데, 이는 연합군의 병참원조를 저지하기 위한 것이었다. 9개월 간 총 V-1 12,000발과 V-2 3,000발 이상이 발사되어 13,000여명의 사상자가 발생하였고 광대한 지역이 파괴되었다. 또한 독일이 의도한 대로 연합군측에 상당한 심리적인 긴장감을 조성하고 많은 중요자원을 이 무기위협 대응에 허비하도록 하였다. 그러나 이러한 독일군의 신무기들이 독일군을 패배하지 않도록 막아주지는 못했다. 사실 독일의 V 무기프로그램 중 가장 위협적이었던 것은 미사일기술로, 이 프로젝트에 가담했던 독일과학자 중 일부는 미국으로 흡수되고 그중 일부는 소련연방에 흡수되었다. 이후 V-1은 크루즈 미사일의 모태가 되며 V-2 설계는 대륙간 탄도미사일의 디자인으로 발전되었다.

그 이전에 유사한 무기가 없었기 때문에 그 당시로서 V 신무기들을 이해하는 것은 꽤나 복잡하고 어려운 문제였다. 정보는 불확실하고 헷갈렸으며 무엇보다 문제의 성격이 잘못 이해되었다. 이 문제를 해결하는데 핵심은 정확한 분석틀을 구상하여 그 분석틀에 맞게 적절한 자료를 수집해 나가는 것이었다.

처음부터 잘못된 가정을 포함하여 모든 인지적 오작동 요소들이 V-신무기를 정확하게 평가하지 못하게 만든 결정적인 장애물이었다. V-신무기의 사례는 정보분석에서 흔하게 나타나는 인지적 실책의 본보기이다. 어느 한쪽으로 치우친 편견으로 인해, 정보분석에서 심리적으로 제한된 몇 개만의 사실이나 기존의 판단에만 집착하여 새로운 시각으로 보질 못하는 것이다. 이번 사례의 경우에는 데이터를 처리하는 과정에서 고체연료를 사용했던 로켓 때문에 혼돈을 겪은 경우이다. 영국전문가들은 무기를 이해하는 데 있어 로켓에 고체연료보다 훨씬 더 효율적인 액체연료를 사용했다는 점을 간과했고, 이는 시간을 지체시켰던 주요한 요인이었다. 전문가들의 오래된 경력과 전문지식으로 인해 오히려 문제의 관점을 바꿔 핵심을 새롭게 파악하는 것이 어려웠고 그들의 판단에 대한 지나친 자신감 때문에 더욱 더 어려운 분석과정을 거쳐야 했다.

정보수집이 불완전하기도 하였지만 발견된 단서들 또한 적절한 배경지식의 부족과 앞뒤 맥락을 파악할 수 있는 적절한 여과장치가 부족하여 제대로 처리되지 못했다. 돌아보면 기밀보고서들의 상당부분이 매우 부정확했다. 특히 2개의 무기프로그램 존재에 대해 언급한 정보들도 정확하긴 하였지만 제대로 이해된 상태에서 작성된 것은 아니었다. 정보보고의 세 번째 항목은 너무 신비하기만 하고 기존의 지식에 부합되지 않아서 애초부터 주요하게 취급되지 않았다. 이 항목에는 "액상기체"로 만들어졌던 추진체에 대한 내용이 언급되었으며, 이는 실제로 V-2가 연료로 사용했던 알코올 및 액화산소에 대한 것이었으나, 중요하게 고려되지 않았다. 그러나 영국 정보분석가와 정책결정자들 사이에 다소 오해가 있었고 관료적 경쟁의식이 있긴 하였지만 종국에는 V-무기의 성능 대부분을 파악할 수 있을 만큼의 충분한 협력은 있었다. 소련연방과 달리 영국 시스템은 소수의 의견도 적극 수용하여 여러 개의 가설들을 종합적으로 고려하는 좀 더 발전된 제도에 기반을 두고 있었기 때문이다.

추가 고려사항

▶ V-무기들을 다루면서 영국이 겪은 경험에 근거해 볼 때 자신들이 경험해보지 못한 새로운 것이지만 매우 중요한 것들을 알아내려고 할 때 정보분석가들이 취해야 할 조치는 무엇인가?

▶ 영국이 다양한 첩보원으로부터 정보보고를 취하려고 한 것이 얼마나 도움이 되었는가?

▶ 서로 다른 정보출처의 한계 이를테면 사람들의 보고나 공중정찰 같은 것들의 한계로는 어떤 것들이 있는가?

▶ 독일공군의 전력강화, 전략폭격기의 공습목표 선정, 독일 V 무기의 능력과 같은 정보문제를 분석하는 영국시스템과 나치 독일정부의 침공위협을 분석하려 했던 소련의 정보분석 시스템이 어떻게 다른지 비교하라.

추천도서

Hinsley, F. H., *British Intelligence in the Second World War*, abridged version,Cambridge: Cambridge University, 1993, chapters 26 and 35.

Jones, R.V., *The Wizard War: British Scientific Intelligence, 1939－1945*, New York: Coward, McCann & Geoghegan, 1978.

King, Benjamin, and Kutta, Timothy, *Impact: The History of Germany's V－Weapons in World War II*, Rockville Centre, NY: Sarpedon, 1998.

Part 04

냉전기의 정보분석

    제2차 세계대전은 역사상 가장 파괴적인 전쟁으로 불행하게도 가장 많은 희생을 치루었음에도 불구하고 전쟁의 종식이 평화의 시대를 가져오지는 못하였다. 이를 대신해 초강대국인 미국과 소련 간의 치열한 경쟁만이 남게 되었으며, 거의 반세기 동안 거대한 이들 두 세력은 극심한 대립과 함께 상대를 누르기 위해 책략을 구사해야만 하였다. 그리고 이러한 경쟁은 자본주의와 공산주의라는 이념적 차이에 의해 더욱 악화되었다.

    미국 정부는 이러한 새롭고 더 위협적인 환경에 대응해 나가기 위해 1947년 국가안전법에 의거하여 조직을 재편하였다. 공군, 육군, 해군을 관장하는 통합된 조직으로 국방부를 창설하고 첩보활동, 비밀공작, 정보분석 업무를 관리하기 위하여 CIA를 설립하였다. 그리고 국방부와 CIA와 같은 안보기관을 전체적으로 관리하기 위하여 국가안전보장회의를 신설하였다.

    냉전시대의 이러한 대립과 투쟁의 위험은 그 어느 때보다도 심각하였는데 이것은 핵무기의 존재로 인한 것이었다. 역사상 처음으로 전 세계는 핵탄두와 미사일 기술로 인해 더욱 위협을 받게 되었다.

    초강대국들 사이의 경쟁에는 정보적인 요소도 크게 한 몫을 담당하였는데 양측은 거대하고 많은 비용이 드는 정보기구를 발전시키려 하였으며 첨단 기술정보 수집 체계를 구축하려고 노력하였다. 광범위한 기만과 스파이 활동이 역시 있었으며 이러한 모든 긴장과 위험에도 불구하고 냉전기간 중에 이들 두 초강대국간의 직접적인 전쟁은 없었는데 이는 정보가 큰 역할을 담당하였기 때문이었다.

(그림 15) 원자폭탄 폭발 (전쟁사진 정보실, 의회 도서관)

15. 원자폭탄 스파이들

1945년 8월 6일과 9일 미국은 일본에 2개의 원자폭탄을 투하하였다. 한 달도 채 못 된 9월 2일 일본은 항복하였다. 원자폭탄의 무서운 힘이 제2차 세계대전을 종식으로 이끄는 데 가장 결정적인 원인이 되었으며, 미국이 원자폭탄을 가진 유일한 국가라는 사실은 전쟁 이후의 세계를 형성하는 데 결정적인 요인이 될 것으로 예상되었다.

전쟁이 끝난 지 며칠도 안 된 1945년 9월 5일 소련군 총참모부 정보총국(GRU) 소속으로 캐나다 오타와 주재 소련 대사관에 파견되어 암호담당 요원으로 활동한 이고르 가우첸코(Igor Gouzenko: 1919−82)가 망명하였다. 가우첸코가 망명 시 가져 온 서류들은 미국이 핵무기를 독점하고 있다는 것을 허물어 버릴 정도로 강력하였다. 그는 소련 정보기관들이 지역 공산주의 정당과 협력하여 미국, 영국 및 캐나다 내에 폭넓은 정보 네트워크를 구축하고 있다고 주장하였다. 특히 소련 정보기관은 핵무기를 생산한 맨해튼 프로젝트(Manhattan Project)를 목표로 삼았으며 성공하였다고 그는 진술하였다. 가우첸코는 맨해튼 프로젝트에 참여하여 소련에 제보한 적어도 한 명의 캐나다인의 성명을 제공하였다. 그는 또한 미국 정부 내에 소련 스파이들이 있다고 진술하였으나 관련자들의 이름을 알지는 못하였다.

캐나다 정부는 가우첸코가 제공한 첩보에 기초하여 수사를 시작하였다. 용의자로 알려진 사람들 중 한 명은 클라우스 푹스(Klaus Fuchs: 1911−88)였다. 그는 뉴 멕시코(New Mexico)주 로스 앨러모스(Los Alamos)에 소재한 실험실에서 원자폭탄을 완성한 영국 출신 과학자들 중 한 명으로 1945년 7월 뉴 멕시코주 알라모고도(Alamogordo)에서 최초의 원자폭탄 실험에 참여한 인물이었다. 만일 푹스가 스파이 활동에 연루된 것이 사실이라면 이는 중대한 보안누설 사건이 되는 것이었으며, 그가 어느 정도 연루되었는지는 정확히 파악되지 않았다.

캐나다인들은 가우첸코가 진술한 내용을 미국의 연방수사국(Federal Bureau of Investigation: FBI)에 전달하였고 FBI는 넘겨받은 내용을 검토하기 시작하였다. FBI 수사관들은 가우첸코가 망명하기 직전 엘리자베스 벤틀리(Elizabeth Bently: 1908−63)가 코네티컷(Connecticut)주 뉴 헤번(New Heven)에 있는 FBI 지부에 자진해서 첩보를 제공하였음을 알게 되었다. 그녀는 이전에 미 공산당 당원이었으며 미국 내에 소련 간첩망의 연락책이었다고 주장하였다. 그러나 그녀는 가우첸코와 달리 자신의 고발을 입증하는 서류를 갖고 있지는 않았다. 그녀는 자신이 접촉한 인물 중 한 명을 "줄리어스"(Julius)라는 기술자로 기억하였으나 줄리어스가 그의 본명인지 아니면 가명인지는 분명치 않았다. FBI는 가우첸코와 벤틀리에 의해 제공된 단서를 가지고 광범위한 수사를 시작하였다.

　FBI가 미국 내에 소련 간첩망에 대한 의혹을 조사할 즈음 냉전은 꿈틀거리기 시작하였다. 이제 소련은 나치 독일에 대항한 연합국에서 이념적이고 정치적인 경쟁국으로 변하고 있었다. 1945년부터 시작하여 1948년을 지나면서 동유럽에서는 친소련 정부들이 들어섰다. 같은 시기에 북한에서는 공산주의자들이 정권을 장악하였으며, 1949년 중국에서도 공산주의자들이 정권을 장악하였다.

　한편 미국에서 본격적인 수사가 착수되었으며 다른 기관들도 수사에 합세하였다. 미 군사암호 작성자들은 제2차 대전시 미국 내의 소련 외교공관으로부터 도청한 암호전문을 검토하기 시작하였다. 전쟁이 진행되던 기간에는 그 내용을 해독하지 않았지만 냉전이 시작되면서 암호전문 해독은 우선순위 사업이 되었다. 이와 관련 "베노나"(Venona)라는 암호명이 부여되었다. 일부 암호전문을 해독한 결과 가우첸코와 벤틀리의 진술 내용이 확인되었다.

▷ 모스크바에 보낸 한 메시지는 맨해튼 프로젝트에서만 나올 수밖에 없는 원자폭탄 연구에 대한 기술적인 상세 내용을 포함하고 있었으며 이후 수사 결과를 통해 그 내용은 푹스에 의해 작성되었음이 밝혀졌다.

▷ 또 다른 보고는 소련 정보기관이 미국 내에서 활동하는 첩보원을 관리하고 있으며 그는 아마도 외국에서 태어난 것으로 추정되는 과학자로서 그의 누이가 미국 대학에 입학한 것으로 나타났다.

▷ 세 번째 전문은 한 첩보원의 활동을 다루었으나 그의 이름은 가명으로만 표기되었다. 그러나 메시지에 그의 아내의 실명이 에델(Ethel)인 것으로 나타났고 1944년 당시 그녀는 29세로서 결혼한 지 5년이 되었다는 사실을 알게 되었다.

　1949년 9월 미국의 정찰 항공기는 소련이 얼마전 원자폭탄을 실험한 증거를 탐지하였고 그 다음 달 해리 트루먼(Harry Truman: 1884－1972) 대통령은 소련의 핵 실험을 공개적으로 폭로하였다. 이제 핵무기에 대한 미국의 독점은 끝났으며 오직 4년만 지속되었을 뿐이었다. 이러한 폭로는 정부와 대중 여론에 충격을 주었다. 1950년 초 위스콘신(Wisconsin)주의 공화당 상원의원인 조셉 매카시(Joseph McCarthy: 1908–57)는 소련의 스파이들이 미 정부 내에 곳곳에 암약하고 있다고 주장하는 대중 캠페인을 시작하였다.

소련이 원자폭탄을 보유하고 있다는 것에 대한 민관의 관심이 증폭되면서 많은 의문들이 형성되었다: 미국 내의 스파이 활동으로 인해 소련이 그렇게 빨리 자체 핵무기 개발을 할 수 있게 되었을까? 누가 스파이들이며 그들은 무엇을 소련에 넘겨주었을까? 이와 관련 미국과 영국 당국에 원자폭탄 프로그램에 대한 스파이 행위를 신속히 수사하라고 촉구하는 강한 여론이 형성되었다.

FBI는 해리 골드(Harry Gold: 1910–72)를 내사하기 시작하였는데 그는 캐나다 당국의 수사시 가우첸코의 진술에서 언급되었던 인물이었다. 골드는 스위스에서 태어난 유태인으로서 그의 부모와 함께 필라델피아(Philadelphia)로 이주해 왔으며 귀화 미국시민이 되었다. 그는 공산당에 전혀 가담하지 않았음에도 불구하고 소련에 동정적이었는데 왜냐하면 그는 소련을 반유대적인 나치에 맞설 수 있는 강한 상대로 보았기 때문이었다.

FBI는 1930년대에 골드가 화학자로서 기술적인 자료를 미국 회사들로부터 소련인들에게 넘겨주는 데 동의하였다는 사실을 알게 되었다. 벤틀리는 골드가 자신을 대신해서 소련 간첩망을 위한 연락책이 되었다고 주장하였다. FBI는 1950년 5월 골드를 체포하였다. 며칠간의 심문 후에 골드는 푹스가 모스크바를 위한 스파이였고 자신이 푹스로부터 자료를 넘겨받아 소련의 정보요원에게 넘겼음을 인정하였다. 한편 이와 같은 중대한 진술은 입증을 필요로 하였다.

영국의 국내 방첩기관인 보안부(MI5)는 푹스를 수사하기 시작하였다. 영국 측은 FBI로부터 맨해튼 프로젝트의 기술적인 보고내용이 포함된 베노나 해독 내용을 받았다. 그러나 소련 정보요원들이 푹스가 작성한 보고내용을 가지고 있다고 해서 푹스가 그 보고내용을 소련에 제공하였다고 볼 수는 없었다. 이것을 다른 누군가로부터 입수하였을 수도 있는 것이었다. 푹스가 제2차 대전 이전에 독일에서 출생한 공산주의자였음이 밝혀졌다. 그의 누이는 미국으로 이주하였으며 스와스모어(Swarthmore) 대학에 들어갔다. 영국 당국은 밝혀진 내용을 근거로 푹스를 심문하기 시작하였으며 그는 1950년 1월 소련을 위한 스파이였음을 인정하였다. 그는 로스 앨러모스의 민감한 자료를 한 연락책에게 넘겨주었으며 그 연락책에 대해서는 단지 "레이몬드"(Raymond)라고만 알고 있다고 밝혔다. 레이몬드와 관련된 내용 중 하나는 레이몬드가 화학에 대해 잘 알고 있었다는 것이었다. 이후 FBI는 푹스를 심문하기 위해 영국에 수사팀을 보내 그에게 골드의 사진들을 보여주었으며 푹스는 골드가 레이몬드임을 확인하였다.

심문이 계속되면서 골드는 FBI를 놀라게 했는데 로스 앨러모스에서 근무한 미육군 병사로부터 원자폭탄 설계도를 입수하여 소련 측에 넘겨주었음을 인정하였다. 골드는 출처인 병사의 이름은 기억하지 못하나 그가 뉴욕 출신이며 그의 부인의 이름이 "루스"(Ruth)라는 것만을 알고 있다고 하였다. 이와 관련 FBI는 그 육군 병사가 데이비드 그린글래스(David Greenglass: 1922-)로서 로스 앨러모스에 근무하였으며 실험실로부터 문서를 절도한 혐의를 가지고 있음을 알게 되었다. 그린글래스는 뉴욕 출신 유대인으로 공산당 청년그룹의 구성원이었다. 그린글래스는 제2차 대전 기간 중에 징병된 후 기계공으로 훈련받아 로스 앨러모스에 배치되었던 것이다.

FBI는 그린글래스를 1950년 6월 체포하였으며 그는 로스 앨러모스에서 원자폭탄과 관련된 자료를 빼내었고, 자료가 골드를 통해 소련 정보기관에 넘겨진 것을 인정하였다. 그린글래스는 자신의 누이 에텔(Ethel)의 남편인 줄리어스 로젠버그(Julius Rosenberg: 1918-53)에 의해 포섭되었고, 에텔은 1915년 출생하였으며 에텔과 줄리어스는 1939년 결혼하였다고 진술하였다. FBI는 그린글래스로부터 입수한 자료를 뉴욕 시에서 소련 정보요원들에게 넘겨준 사람이 로젠버그라고 믿었다.

로젠버그와 그의 부인은 뉴욕에 거주한 유대인으로서 공산당에 가입하였다. 이들은 공산주의가 대공황에서도 드러난 것처럼 약점을 지니고 있는 자본주의에 대한 잠재적인 대안이 될 수 있다고 생각하였다. 제2차 대전 기간 중에 줄리어스는 민간 전기기사로서 미 육군에서 근무하였고 전쟁이 끝난 이후에는 그린글래스와 함께 사업을 시작하였으나 실패하였으며 이로 인해 두 사람은 서로를 비난하였다.

그린글래스가 체포된 지 10일이 지나 북한이 남한을 침공함으로써 한국 전쟁이 시작되었다. 많은 미국인들은 이것이 미국과 공산주의자들 간의 제3차 대전으로 이어지고 양측에 의해 핵무기가 사용될 수도 있음을 우려하였다. 5개월 후에는 공산주의 중국이 한반도에 군대를 보내 개입하기 시작하였으며 이로써 긴장은 한층 더 고조되었다.

1950년 7월 FBI는 로젠버그를 체포하였으며 그의 부인은 한 달 후에 체포되었다. 이들은 스파이 행위에 따른 반란 혐의로 기소되었으나 스파이 행위에 대한 혐의를 부인하였다. 미국의 원자폭탄 스파이 사건으로 로젠버그 부부, 골드, 그린글래스 및 여러 명의 공범들이 기소되어 수사와 재판이 진행되었으며 이 사건은 공산주의에 대한 두려움이 증폭되던 시기에 세계적인 뉴스가 되었다.

전문가들은 이 사건이 소문에 의해 억지 해석되었을 가능성을 제기하였으나 정부는 증거가 되는 소련 통신에 대한 감청내용을 법정에서 밝힐 수는 없었다. 왜냐하면 너무나 민감한 자료였기 때문이었다. 1951년 3월 로젠버그 부부는 유죄 판결되어 사형이 선고되었다. 그린글래스의 증언이 증거로 채택되었고, 검찰에 대한 협조로 인해 그린글래스에게는 15년이 선고되었다. 그리고 골드에게는 30년이 선고되었다. 영국에서 푹스는 유죄 판결을 받아 14년을 선고받았으며 이후 1959년 석방되어 동독으로 이주하였다.

로젠버그 부부에 대한 사형 선고는 논쟁을 불러일으켰다. 푹스, 골드 및 그린글래스와 달리 로젠버그 부부는 스파이 행위를 전혀 인정하지 않았다. 이들은 유죄 판결에 대해 재심을 청구하였으며 전 세계적으로 이들에 대한 지지 시위가 전개되었다. 심지어 교황 또한 관용을 요청하였다. 그러나 모든 탄원은 거부되었고 로젠버그 부부에 대한 사형이 1953년 6월 집행되었으며 이후에도 이들의 무죄가 지속 주장되었다.

▷ 로젠버그 부부는 그들의 정치적 신념으로 인해 그리고 아마도 그들이 유대인이었기 때문에 박해를 받은 죄없는 전쟁 히스테리의 희생양이었을까? 이들은 소련이 앞으로 미국 안보에 가장 큰 위협이 될 것임을 깨닫지 못하고 전시 연합국인 소련을 도와주려 할 뿐이었을까?
▷ 이들은 냉전 시 모스크바에 중요한 이익을 기꺼이 제공하고 순교자로서 목숨을 내놓았으며 미국 정부에게는 큰 골칫거리가 된 영리하고 위험한 스파이였을까?

소련이 원자폭탄을 만드는데 스파이들의 역할이 결정적으로 작용하였는지에 대한 논쟁도 있었다. 소련의 과학자들은 여러 해 동안 원자폭탄에 대해 연구해 오고 있었다. 이와 관련 푹스와 그린글래스로부터 나온 자료는 단지 모스크바가 이미 알고 있는 것을 확인하는 데 불과하였을 수도 있다. 만일 로젠버그 부부가 맨해튼 프로젝트로부터 자료를 빼내지 않았다면, 소련은 원자폭탄을 훨씬 이후에 획득하거나 아니면 결코 획득하지 못하였을까?

원자폭탄 스파이 사례의 결과가 비록 논란거리가 되었지만 이들을 파헤친 수사는 끈기있게 첩보를 수집하고 평가한 하나의 모델이 되었다. 수사는 이미 발생한 무엇인가에 대한 법적인 책임을 규정하고 법정에서 이를 증명하기 위한 것으로서 위협, 의도 및 기만과 같은 군사 관련 이슈와는 다른 종류의 문제이다. 가설, 연관성 그리고 출처 평가와 같은 분석기법(Analytic Technique)들이 유용하다. 한편 1990년대 소련에 대한 베노나 감청자료와 기록의 일반 공개는 원자폭탄 스파이 사건에 대한 의혹을 풀어 주었다.

많은 사람이 관여되어 있고 가족, 민족 및 이념을 포함한 다양한 관계가 얽혀 있는 사례의 복잡성으로 인해 FBI는 이들이 연계된 다양한 통로와 핵심 행위자들을 보여주는 정교한 도표를 만들었다. 이 도표는 원래 수사의 도구로 고안되었지만 이후 인과고리 분석(Link Analysis) 또는 네트워크 분석(Network Analysis)으로 알려졌으며 정보분석 도구의 기본이 되었다.

추가 고려사항
▶ 방첩 이슈는 분석관에게 왜 어려울까?
▶ FBI가 수집한 첩보의 내용은 질적으로 괜찮았는가? 이와 관련 무엇이 문제였는가?
▶ 방첩에 사용되는 기법은 다른 분석 문제를 다루는 데 사용되는 기법과 다른가?

추천도서

Feklisov, Alexander, and Kostin, Sergei, *The Man Behind the Rosenbergs*, Catherine Dop, trans., New York: Enigma Books, 2001.

Halloway, David, *Stalin and the Bomb: The Soviet Union and Atomic Energy, 1939−1956*, New Haven, CT: Yale University Press, 1994.

Haynes, John Earl, et al., *Spies: The Rise and Fall of the KGB in America*, New Haven, CT: Yale University Press, 2009, chapter 2.

Haynes, John Earl, and Klehr, *Harvey, Early Cold War Spies: The Espionage Trials that Shaped American Politics*, New York: Cambridge University Press, 2006.

Haynes, John Earl, and Klehr, Harvey, *Venona: Decoding Soviet Espionage in America*,

New Haven, CT: Yale University Press, 1999.

Lamphere, Robert J., and Shachtman, Tom, *The FBI-KGB War: A Special Agent's Story*, New York: Random House, 1986.

Radosh, Ronald, and Milton, Joyce, *The Rosenberg File: A Search for the Truth*, New York: Holt, Rinehart and Winston, 1983.

Roberts, Sam, *The Brother: The United Story of Atomic Spy David Greenglass and How He Sent His Sister, Ethel Rosenberg to the Electric Chair*, New York: Random House, 2001.

Romerstein, Herbert, and Breindel, Eric, *The Venona Secrets: Exposing Soviet Espionage and America's Traitors*, Washington, DC: Regnery, 2000.

Williams, Robert Chadwell, *Klaus Fuchs, Atom Spy*, Cambridge, MA: Harvard University Press, 1987.

(그림 16) 한반도

16. 한국전쟁의 발발

1950년 공산주의는 전 세계에 걸쳐 확산되고 냉전 체제는 본격적으로 구축되기 시작하였다. 1945년에서 1948년 사이에 소련이 후원한 정권들이 동유럽에서 권력을 장악하였다. 아시아에서는 김일성(1912-94)이 1946년 초 북한에서 권력을 차지하여 1948년 조선민주주의인민공화국(Democratic People's Republic of Korea) 수립을 선포하였다. 1949년 10월에는 마오쩌둥(Mao Zedong: 1893-1976)이 중국에서 정권을 장악하였다. 공산주의 확산에 따른 새로운 정세는 소련이 1949년 8월 원자폭탄을 성공적으로 실험하였을 때 한층 더 불길해졌으며, 미국의 대량파괴 무기에 대한 독점은 짧은 기간으로 끝났다. 만일 핵무기를 사용하는 전쟁이 발발하게 된다면 이전의 전쟁과 달리 대규모 파괴를 초래할 수 있는 상황이었다.

미국은 진주만 참사와 냉전 시작에 대응해 안보기구를 전면적으로 재편하였으며 정보는 새롭고 중요한 역할을 하게 되었다. 1947년 7월 26일 해리 트루먼(Harry Truman) 대통령은 국가안보법(National Security Act)에 서명하였으며, 국가안보법에 의거하여 국가안전보장회의(National Security Council: NSC)를 포함하여 국방부(Department of Defense: DoD) 및 중앙정보부(Central Intelligence Agency: CIA)를 창설하였다.

새로운 안보기구의 지도자들은 공산주의와의 대결을 가장 중요하게 여겼다. 그리고 이들의 주요 관심지역은 유럽이었다. 이와 관련 이들은 유럽에 경제원조를 제공하기 위해 마샬 플랜(Marshall Plan)을 수립하고 군사적인 유럽 방어를 위해 북대서양조약기구(North Atlantic Treaty Organization: NATO)를 창설하였다. 아시아는 유럽 다음의 우선순위일 뿐이었다. 1950년 1월 미 국무장관 딘 애치슨(Dean Acheson: 1893-1971)은 아시아에 대한 미국의 군사전략을 발표하였다. 이것은 알래스카로부터 일본, 그리고 필리핀을 잇는 섬을 중심으로 군사작전 활동을 하겠다는 것이었다. 즉, 미 공군력과 해군력을 활용하는 자유로운 작전활동에 기반을 두는 것이었다.

미 정부의 모든 분석관들은 다음과 같은 핵심 질문을 놓고 고민하였다: 다음 차례의 공격은 언제 그리고 어디에서 일어날까? 그것은 어떤 모습일까? 이들은 공산주의의 능력과 의도를 규명하기가 어렵다는 것을 우려하였다. 왜냐하면 공산주

국가들은 폐쇄된 사회인데다 공개적으로든 은밀하게든 첩보를 얻기 어려운 치밀한 보안조직을 갖고 있기 때문이었다.

아시아에서 연합국 총사령관은 더글라스 맥아더(Douglas MacArthur: 1880 – 1964)였으며 그의 본부는 일본 동경(Tokyo)에 있었다. 맥아더는 제2차 대전에서 여러 경험을 하였다. 진주만 공격이 있은 후 필리핀에서 기습공격을 받아 9시간 동안 갇혀 있기도 하였다. 또한 미국에서 수 천 마일이나 떨어진 아시아 지역에서 미군의 작전활동을 이끌었다. 수십 년간의 경험, 많은 업적, 동양에 대한 지식 및 군사적 능력과 더불어 그의 자신감은 절정에 이르렀다. 맥아더는 1950년 5월 자신의 관할구역에서의 잠재적 위협에 대해: "나는 전쟁이 임박해 있다는 것을 믿지 않는다"라고 언급하였다.

맥아더는 대규모의 정보 참모진을 거느리고 있었으나 맥아더의 지위, 자존심 및 경험을 고려해 볼 때 참모진이 하는 일이란 맥아더의 판단을 지지하고 따라가는 정도에 불과하였다. 1950년 봄 북한이 38도선을 따라 민간인들을 외부지역으로 이동시키고 도로와 교량을 개량하는 등 군사경계 지역에서 의심스러운 활동을 보이고 있었다. 몇 달 간 북한인들이 연루된 여러 사건들이 있었지만 심각한 분쟁으로 확대되지는 않았다. 많은 분석관들도 지속되는 북한군의 정찰활동이 심각한 분쟁으로 확대되지는 않을 것으로 보았다.

1950년 6월 25일 북한군은 사격 개시와 함께 남쪽으로 밀고 내려왔다. 이에 대해 처음에 맥아더는 북한의 공격이 단순한 "국경 분쟁"이라는 반응을 보였다. 그럼에도 불구하고 이후 수주내에 미군과 한국군은 대부분 지역을 포기하고 동남 해안까지 밀려 내려갔다.

유엔은 맥아더를 국제 연합군의 사령관으로 지명하였으며, 맥아더는 1950년 9월 25일 북한과의 경계 후방에서 인천 상륙작전을 감행하였다. 그리고 그의 명성은 회복되었다. 10월 둘째 주에 미군과 한국군은 38선을 넘어 진격하였고, 맥아더는 전쟁은 끝날 것이며 중국이 개입하지 않을 것이라고 확신하였다.

맥아더 홀로 중국이 개입하지 않을 것이라고 평가를 내린 것은 아니었다. CIA는 중국이 북한과의 국경을 따라 군대를 증강 배치한 것을 알고 있었지만, 이를 방어적인 조치로 보았다. CIA 분석관들은 많은 희생으로 수십 년간에 걸친 투쟁 끝에 중국을 장악한 공산주의 정부가 새로운 강력한 상대에 도전하지 않을 것으로 믿었다. 애치슨 국무장관도 중국이 소련과의 긴 국경을 방어하는데 더 염려해야 하는 상황이라고 믿었다. 그리고 그는 중국 정부가 전쟁에 연루됨으로써 유엔 안전보장이사회의 의석을 차지할 기회를 놓치지 않을 것이라고 생각하였다.

그럼에도 불구하고 전쟁에 참여한 중하급 장교 사이에서는 중국에 대한 큰 우려가 존재했다. 예를 들면 미군이 서울 근교에 위치한 공항을 탈환하였을 때 북한군이 현대식 고성능 항공기를 위해 전문적으로 계획된 공항 시설을 건설하고 있었음이 발견되었다. 이러한 준비는 중국의 개입을 위한 진행이었음을 제시하는 것이었다. 그러나 맥아더의 참모진은 중국이 전쟁에 개입하려고 의도하였더라면 인천상륙작전 직후에 하였을 것이라고 하면서 이에 동의하지 않았다.

미국 관리들과 분석관들 어느 누구도 이해하지 못한 것은 마오쩌둥의 생각이었다. 중국의 새로운 지도자 마오쩌둥은 중국이 서양인들에 의해 다시는 굴욕당하지 아니할 것이며 공산주의 혁명에 의해 동원된 중국 농민들의 힘이 기술적으로 우위에 있는 미국과의 어떠한 군사적 대결도 수행이 가능할 것이라고 생각하였다. 또한 중국은 본토 가까이에서 싸우게 되는 반면에 미국은 대양을 건너 수천 마일 떨어진 곳에 병력과 공급물자를 보내야 한다는 것이었다. 심지어 미국이 원자폭탄을 사용한다 할지라도 중국의 방대한 영토와 거대한 주민에 대한 영향은 크지 않을 것이고, 나아가 미국과의 전투는 중국 내의 혁명을 위협하는 것이 아니라 오히려 새로운 정권의 국내 통제와 아시아에서 중국의 역할을 강화한다는 것이었다. 이와 같은 마오쩌둥의 생각은 중국의 위기(weiji)라는 글자가 위험이라는 위(wei) 자와 기회라는 기(ji) 자로 이루어져 있는 데서 잘 살펴볼 수 있다.

공산주의자들의 의사결정과정이 비밀리에 이루어짐에도 불구하고 중국 정부는 앞으로의 정책방향을 시사하였다. 1950년 8월 20일 외교부장 저우언라이(Zhou Enlai: 1898-1976)는 "중국 인민은 한반도 문제해결에 관심을 갖지 않을 수 없다"고 유엔에 통보하였다.

베이징의 발표 어조는 미군이 인천상륙으로 중국에 좀 더 근접하게 되자 더욱 불길하여졌다. 9월 25일 중국의 육군 참모총장 대리는 베이징 주재 인도 대사에게 다음과 같이 언급하였다.

··· 중국은 팔짱을 낀 채 수수방관하지 않을 것이며 미국인들이 국경에 도달하도록 허락하지 않을 것이다. ··· 우리는 각오하고 있으며 어떤 희생을 치르더라도 미국의 침략을 저지할 것이다. 미국은 우리를 폭격하고 우리의 산업을 파괴할 수 있으나 우리를 완전히 패배

시키지는 못할 것이다.… 그들은 심지어 우리에게 원자폭탄을 투하할지도 모른다. 그렇게 되면 어떻게 될까? 그들은 수백만 명의 인민을 살해하게 될 것이다. 희생없이 한 나라의 독립은 유지될 수는 없다.

5일후 저우언라이는 공개적으로 언급하였다.

중국 인민은 열렬히 평화를 사랑하지만 평화를 방어하기 위해서라면 침략 전쟁에 맞서 싸울 것이다. 중국 인민은 절대로 외국의 침략을 묵인하지 않을 뿐만 아니라 우리의 이웃이 제국주의자들에 의해 잔인하게 침략되는 것을 앉아서 지켜보지 않을 것이다.

10월 2일 저우언라이는 베이징에 주재한 인도 대사에게 만일 미군이 38선을 넘는다면 중국 정부는 북한을 방어하기 위해 전선에 군대를 보낼 것이라고 언급하였다. 10월 10일 중국 외교부는 공식 발표를 통해 마지막으로 경고하였다.

미군이 대규모로 38선을 넘기 위해 시도하고 있는 만큼 중국 인민은 침입에 의해 조성된 이와 같은 중대한 상황에 대해 한가하게 수수방관할 수 없다. …미국의 침략 전쟁은 처음부터 중국 안보에 심각한 위협이 되어 왔다.

며칠 후 중국 군대는 국경을 넘어 북한으로 몰래 들어오기 시작하였다. 이후 몇 주를 지나면서 약 20만 명의 군인들이 남쪽으로 이동하였다.

고위 미 관료들은 중국 측의 언급들을 미사여구의 과장된 말, 위협 또는 허세로 여기고 무시하였다. 일부 아시아 지역에 대한 오랜 경험을 가진 일부 실무급 관리들은 중국 측의 언급들을 심각하게 받아들여야 한다고 생각하였다. CIA는 중국이 개입능력을 가지고 있으나 개입의도를 갖고 있지는 않다고 평가하였다.

1950년 10월 15일 맥아더 장군과 트루만 대통령은 동아시아 정세에 대한 평가를 위해 웨이크 섬(Wake Island)에서 만나 협의하였다. 맥아더는 한반도 정세에 대해 미군이 38선을 넘어 북쪽으로 진격할 것과 승리가 임박하였음을 주장하였다. 그는 중국의 개입 가능성을 무시하였는데, 이것은 중국이 공중엄호 능력을 갖고 있지 못하기 때문이었다.

10월 말에는 언론도 대규모 중국군이 국경을 넘어 들어온 것을 알게 되었다. 국경 남쪽에서 중국군과 작은 충돌 사건이 있었으며, 유엔군은 실제로 중국군을 포로로 잡고 이들을 심문하였다. 일부 정보관리들은 우려를 표명하였다. 그러나 맥아더는 이러한 중국군 주둔의 징후들이 "놀랄 만한 것은 아니다"라고 언급하였다. 11

월 1일 미군과 중국군 간에 좀 더 심각한 충돌이 발생하였다. 그러나 중국군은 곧바로 산속으로 사라져 버렸다. 맥아더는 우려되는 상황이라고 하면서 중국이 이미 개입한 것인지를 확인하기 위해서는 좀 더 시간과 정보가 필요하다고 언급하였다.

11월 21일 미군은 중국과 국경을 이루는 압록강에 도착하였다. 이로부터 3일 후에 맥아더는 항공기로 북한으로 이동하여 전선을 시찰하고는 전쟁이 거의 끝났다고 선언하고 병사들이 성탄절이면 고향에 돌아갈 수도 있다고 언급하였다.

11월 25일 수십만 명의 중국군이 공격하여 왔으며 이는 6개월도 안되어 발생한 두 번째 기습으로 미국 정부를 함정에 빠뜨렸다. 당시 생존자들은 중국군의 공격이 매우 인상적이었다고 회상하였는데 공격이 시끄럽게 진행되기보다는 오히려 으스스한 침묵이 있었다고 전하였다.

맥아더가 동아시아 정세에 대해 불완전한 평가를 하였지만 상대방 역시 예측을 제대로 하지 못하였다. 김일성은 일단 공격을 개시하고 나면 공산주의 동조자들이 반란을 일으킬 것이고, 전쟁은 속전속결로 끝나며 미국은 개입하지 않을 것으로 믿었다. 스탈린과 마오쩌둥은 전쟁이 단기간에 끝나고 미국이 쉽게 대항하지는 못할 것이라는 의견에 일치하였다. 이후 중국이 전쟁에 개입해야 할지에 대해 결정할 때 마오쩌둥은 소련이 상당한 군사적 지원을 제공할 것이라고 믿었다. 그러나 이러한 모든 시나리오는 잘못된 것으로 드러났다.

흔히 발생하는 것이지만 북한 및 중국의 공격을 예측하지 못한 실패는 인지적 오류(Cognitive Shortcoming)와 연관된다. 인지적 오류는 거울 이미지(Mirror Imaging)와 합리적 행위자 모델(Rational Actor Model)을 포함하는데 이 두 가지는 서양의 합리적 가치에 의거하여 판단할 때 일어난다. 또한 자신의 예상과 맞지 않는다고 하여 보고된 정확한 내용을 무시하거나 낮게 평가하는 확인편견(Confirmation Bias), 자신이 선호하는 결론과 관련된 첩보가 있을 때 일어나는 프레이밍 편견(Framing Bias)이 있다.

첩보수집 관점에서 볼 때 북한 또는 중국 내 고위급 의사결정자에게 은밀하게 접근하여 수집한 첩보는 없었다. 그러나 무엇이 일어날지 암시하는 다양한 징후는 있었다. 문제는 수집된 첩보가 적다 할지라도 정확하게 판단하여야 하는 것이었다. 그리고 무엇이 일어나고 있는지와 무엇이 일어날 것인지에 대한 서로 다른 의견을 충분하게 검토하지 않았다. 또한 미군은 중국군의 공격 가능성에 대한 사전대비 계획을 준비하지 않았고, 인원, 훈련 및 장비 또한 준비가 빈약하였다.

한국 전쟁에서 정보실패를 겪은 후 정보관련 조직을 좀 더 효율적으로 만들기 위한 개편이 있었다. 국가안보국(National Security Agency)이 상대방의 통신에 대한 감청 및 해독을 국가차원에서 관리하기 위해 1952년 창설되었다. 동시에 분석에 집중하기 위해 정보분석국(Directorate of Intelligence: DI) 설립을 포함한 CIA 내 주요 개편이 있었다. 정보분석국은 광범위한 외국 이슈에 대한 학제 간 분석을 위해 설립된 최초의 대규모 상설 비군사 조직이었다. 정보분석국의 국가정보평가실(Office of National Estimate: ONE)의 첫 번째 실장으로 윌리엄 랭거(William Langer: 1896‒1977)가 임명되었는데 그는 하버드(Harvard) 대학 교수이자 이전에 전략정보국(OSS)의 연구분석분과의 책임자를 역임한 인물이었다.

1952년 랭거의 후임으로 국가정보평가실의 부실장이던 셔먼 켄트(Sherman Kent: 1903‒86)가 국가정보평가실의 실장이 되었는데 그는 예일(Yale)대학의 역사학 교수를 역임하고 역시 전략정보국 연구분석분과에 근무한 인물이었다. 켄트는 분석의 어려움을 극복하기 위해 정보분석을 위한 중요한 이론들을 만들었다. 그는 분석이 완전, 정확하고 적시성이 있어야 하며 행동을 위한 기반이 되어야 한다고 강조하였다. 그는 정보판단보고서 작성자들이 갖추어야 자세에 대한 견해를 밝혔다.

> …정보판단보고서 작성자들은 주제에 대해 정통해야 하고, 새로운 증거에 대해 편견이 없어야 하며, 연구기법 개발에 독창적이어야 함은 물론 가설을 세우는 데 상상력이 풍부해야 한다. 또한 편견을 가지고 분석을 하지 말아야 하며, 결론을 잘 표현할 수 있어야 한다.

켄트는 1967년까지 국가정보평가실의 실장으로 근무하였고 이후에도 계속해서 정보분석 이론을 발전시켜 나갔다. 켄트는 분석관이 정책 문제에 대해 객관적으로 평가하여야 한다고 하였다. 그는 증거를 주의깊게 평가하여 가설을 세우고 인지적 편견(Cognitive Bias)을 피해야 한다고 강조하였다. 또한 그는 자신과 다른 의견에 대해 충분히 논의할 수 있어야 하며 지도자들이 필요로 하는 것을 제공하되 명확하고 정확하게 설명하여야 한다고 역설하였다.

추가 고려사항

▶ 중국의 의도에 대한 미국의 평가는 다른 사람들도 우리와 똑같이 생각할 것이라고 믿는 거울이미지의 위험성을 보여주는 또 다른 사례이었다. 분석관들은

다른 문화권에서 형성된 위험과 위협에 대한 평가를 어떻게 하여야 잘 이해할 수 있을까?

▶ 분석관들이 수집할 수 있었던 중국의 개입 징후들은 무엇이었으며, 그 징후들은 얼마나 결정적이었는가? 더 좋은 첩보를 수집하였다면 중국의 개입을 예측할 수 있었을 것인가?

▶ 한국 전쟁은 진주만 기습 이전 시기와 비교할 때 유사점과 차이점은 무엇이었는가? 맥아더의 언행은 시저가 갈리아 지역을 공격하기 이전에 평가한 것과 어떻게 비교 또는 대조되는가?

▶ 아시아와 워싱턴에서 실무 분석관들의 분석을 방해하는 조직구조의 문제는 무엇이었는가? 조직 개편은 1950년 북한 및 중국의 공격을 예측하지 못한 것을 감안한 것이었는가?

추천도서

Chen, Jian, *China's Road to the Korean War: The Making of the Sino-American Confrontation*, New York: Columbia University Press, 1994.

Goncharov, Sergei, Lewis, John, and Xue, Litai, *Uncertain Partners: Stalin, Mao, and the Korean War*, Stanford University Press, 1993.

Halberstam, David, *The Coldest Winter: America and the Korean War*, New York: Hyperion, 2007.

Manchester, William, *American Caesar: Douglas McArthur, 1880-1964*, Boston, MA: Little, Brown 1978.

Whiting, Allen S., *China Crosses the Yalu: The Decision to Enter the Korean War*, New York: Macmillan, 1960.

(그림 17) 말레이시아

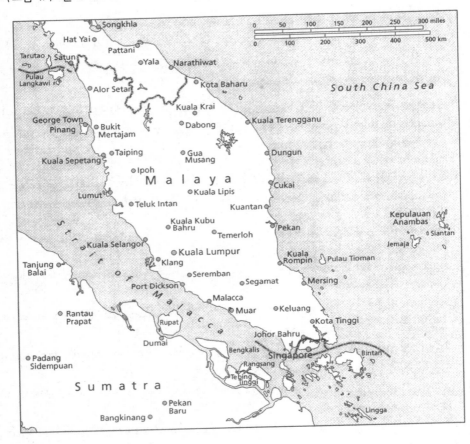

17. 말레이시아에서의 반란 대응활동

냉전 시 또 다른 전선이 동남아시아에서 형성되었다. 1940년대 말 영국의 식민지 말레이시아(Malaya)에서 반란자들은 1949년 중국에서 공산주의자들이 성공적으로 정권을 장악한 과정을 그대로 답습하기를 희망하였다. 말레이시아 공산주의자들은 중국을 모델로 삼아 자신들을 독립과 사회적 정의를 위한 대변자라고 강조하며 영국인들을 몰아내기 위한 게릴라 전술을 계획하였다. 1948년 여름에 공산주의 반란자들은 말레이시아의 주요 자산인 고무 농장과 주석 광산을 공격하기 시작하였으며 이는 식민지를 유지하려는 런던 측에 재정적 부담을 가중시키려는 의도였다.

영국은 반란 초기부터 본토와 멀리 떨어진 곳에서 전쟁을 한다는 어려움에 직면하였다. 말레이시아 반도의 80%는 밀림지역이고 영국인 정착민, 군인, 경찰 및 관리들의 수는 적었다. 이와 함께 주민들은 말레이시아인, 중국인, 인도인 등 다양한 종족으로 구성되어 있는데다가 이들은 왕정 식민통치를 탐탁치않게 생각하고 있었다.

한편 영국은 강력한 이점을 가지고 있었는데, 말레이시아는 폭이 좁은 육지의 국경을 가지고 있어 비교적 통제하기가 쉬웠다. 반란자들을 위한 강력한 외부 지원의 유일한 통로는 바다였으며 영국은 바다를 장악할 수 있었다. 이 외에도 한국 전쟁으로 인해 말레이시아의 고무와 주석에 대한 수요가 크게 증가하였으며 이것은 재정적으로 말레이시아 정부에 큰 도움이 되었다.

영국은 반란 초기에 제2차 대전 당시 아프리카 북부 사막과 프랑스로부터 독일 중심부에 이르는 북유럽 평원에서 독일 및 이탈리아와의 전쟁에서 성공하였던 전술들을 활용하였는데 공습과 포격의 화력을 중요시하였다. 그러나 제2차 대전에서 발휘되었던 기동성은 말레이시아에서는 밀림으로 인해 제한되었다. 또한 공산주의 게릴라들이 어디에 있는지 포착하기 힘든데다가 이들 게릴라들과는 일반적인 전쟁을 수행할 수가 없었다. 더구나 공습과 포격에 의해 건물, 교량, 그리고 다른 기간시설이 파괴될 때 주민들과의 관계는 더욱 멀어졌다. 따라서 영국의 지휘관들, 정책 입안자들 그리고 분석관들은 문제해결을 위해 다른 방법으로 접근할 필요성을 깨달았다.

　　영국은 게릴라전에 대한 분석과 함께 다른 방안을 개발하였다. 정치적 목적과 방향을 분명하게 정하고 군사적인 압박은 물론, 경제적 지원과 함께 심리적으로 설득해 나가는 다양한 방안을 동원하여 접근해 가는 것이 중요하다는 것을 깨달았다. 그리고 지휘 통일을 위해 민간인 한 명을 내세워 여러 문제를 조정해 나가도록 하였다.

　　영국은 정치적 의미를 가진 여러 조치를 취하여 가까운 미래에 독립할 수 있도록 후원하기로 하였으며 이것은 민족적 정서를 활용한 심리적 접근으로서 주민들의 지지를 얻었다. 또한 영국의 식민정부는 은퇴 연금을 위한 사회보장 계획을 수립하였으며 이것은 영국이 승리하는 주요 요인이 되었다. 한편 영국 관리들은 재판 없이 용의자에 대한 2년간 구금, 무기 운반에 대한 사형 선고, 영장 없는 수사 허용 등이 포함된 강력한 법적 조치를 구사함으로써 주민들과 갈등을 빚기도 하였다. 이 외에도 영국은 모든 주민에 대해 주민등록을 할 것과 신분증을 발급받도록 하였다.

　　군사적으로 승리하되 반란자들을 무조건 죽이지 않고, 마을을 보호하고 파괴하지 않는다는 주요 원칙을 세웠다. 즉 주민들의 “마음”(Hearts and Minds)을 얻는 데 주요 목표를 두었다. 이를 위해 정치, 군사, 경제, 사회 및 문화적인 통합 프로그램을 추진하였다. 이를 통해 주민들의 마음을 움직여 나갈 수 있었다.

　　영국인들은 소수 민족인 중국인들을 포함하여 취약 계층을 재정착 캠프로 이주하게 하였으며 이들의 욕구와 불만을 파악하고 해결하기 위해 노력하였다. 재정착 캠프로 이주하는 데 많은 어려움이 있었지만 시간이 흐르면서 이들은 상수도, 전기, 학교, 병원을 포함하여 기간 시설의 서비스를 누릴 수 있었다. 그리고 더 좋아진 치안 환경에서 토지를 소유하게 되었다. 이와 같은 개선은 주민들이 정부의 정책을 지지하고 따르게 하는 자극제가 된 반면 반란자들과의 관계를 멀어지게 하였다.

　　영국은 적절한 조직과 전술을 개발하였다. 치안부대(군, 경찰 및 정보 조직)를 잘 훈련시켰고 많은 말레이시아인들을 치안부대에 포함시켰다. 치안부대를 소규모 단위로 기동성이 강하게 하여 전국적으로 배치함으로써 안전유지에 역점을 두었다. 치안부대는 개인의 이동을 통제하고 검문 및 통행금지를 통해 반란자들이 식량을 구하지 못하도록 하였다. 영국은 치안부대를 보완하기 위해 주민들로 구성된 자체 무장경비대를 설립하였다. 또한 영화, 라디오, 전단지를 통해 그리고 반란자들이 주로 활동하는 밀림지역에서는 항공기를 띄워 확성기를 활용한 대대적인 선전 캠페인을 실시하였다.

영국의 반란대응 활동의 근간은 광범위한 정보체계에 있었다. 이를 통해 모든 지역의 치안부대의 활동을 조정하고 통합할 수 있었다. 마을 곳곳에서 첩보를 수집할 수 있었고 유익한 첩보에 대해서는 보상금을 제공하였다. 이러한 정보체계에 의해 유익한 자료를 만들었으며 인간정보 출처와 신호 첩보가 큰 역할을 하였다. 이렇게 수집된 첩보와 자료는 반란대응 활동 작전을 계획하기 위한 기초자료가 되었으며 이후 영국인들이 비록 작은 국가의 경우라고 하더라도 다양한 지역 상황을 이해하는 데 큰 도움이 되었다.

영국이 성공을 거둔 다른 요인으로는 공산주의 세력의 약세를 지적할 수 있다. 공산주의자들은 전체 주민의 40%가 안 되는 중국인들 외에는 지지 기반을 확대하지 못하였다. 더구나 반란자들이 밀림지역에 거주하고 있어 자원을 확보하기 힘들었고, 이 외에도 반란자들은 결코 외국의 지지를 얻지 못하였다.

다양한 첩보와 기관 협력을 포함한 효과적인 정보의 활용은 말레이시아에서 영국이 승리한 직접적인 요인이 되었다. 영국인들은 성공적인 반란대응 활동 캠페인을 통해 정책 지원을 위한 분석체제를 발전시킬 수 있었다.

영국이 말레이시아에서 반란대응 활동을 통해 배운 교훈 중 가장 중요한 것은 자금, 인원, 시간에 대한 효율적인 관리와 끈기가 승리의 관건이 되었다는 점이다.

추가 고려사항

▶ 영국인들이 말레이시아에서 겪은 도전들은 과거와 현재의 다른 비정규 세력을 다룰 때 직면한 도전과 비교할 때 유사점과 차이점은 무엇인가?

▶ 왜 정보분석은 반란대응 활동 전략의 중요한 요소가 되는가?

▶ 인종적 소수 민족 사이에서 벌어지는 지역 반란을 분석할 때 무엇이 잠재적 함정이 될 수 있을까?

추천도서

Galula, David, *Counterinsurgency Warfare: Theory and Practice*, New York: Praeger, 1964.

Komer, R. W., *The Malayan Emergency in Retrospect: Organization of a Successful Counterinsurgency Effort*, Santa Monica, CA: Rand, 1972.

Miller, Harry, *Jungle War in Malaya: The Campaign against Communism, 1948−60*,

London: Arthur Barker, 1972.

Nagl, John A., *Learning to Eat Soup with a Knife: Counterinsurgency Lessons from Malaya and Vietnam*, Chicago, IL: University of Chicago Press, 2005.

Stubbs, Richard, *Hearts and Minds in Guerrilla Warfare: The Malayan Emergency, 1948－1960*, Singapore: Eastern University Press, 2004.

Thompson, Robert, *Defeating Communist Insurgency: Experiences from Malaya and Vietnam*, London: Chatto & Windus, 1966.

(그림 18) 소련

18. 소련의 전략무기

　서방의 정보분석관들은 소련의 핵무기와 운반 체제의 능력을 파악하는 것을 가장 중요하게 여겼다. 소련은 핵무기와 운반 체제의 유례없는 발전을 이루었는데 탄두, 미사일, 그리고 폭격기 및 잠수함은 놀라운 공격 범위와 공격 능력을 가지게 되었다. 그러나 서방의 정보분석관들은 소련의 전략적인 핵전력에 대해 구체적으로 평가할 수 없었다. 왜냐하면 소련의 핵전력이 거부와 기만(Denial and Deception)을 포함한 집중적인 보안 조치에 의해 보호되어 있었기 때문이었다. 이로 인해 냉전 초기 정보분석관들은 소련의 전략무기 발전을 제대로 예측하지 못하였다. 1949년 미 정보기관들 중에서 공군이 소련의 전략무기 발전에 대해 좀 더 정확하게 평가하였고 우려하였을 뿐, 나머지 대부분의 정보기구는 소련이 최초의 핵무기를 가지려면 2−5년이 더 소요될 것으로 예측하였다. 그러나 1949년 9월 첩보비행 활동을 통해 소련에서 성공적인 핵 실험을 한 증거가 탐지되었으며 이는 큰 쇼크를 주었다.

　미 분석관들은 국가정보평가서(National Intelligence Estimates: NIEs)로 알려진 보고서를 작성하였는데 국가정보평가서는 소련의 전략무기와 같은 중요한 이슈에 관해 장기적인 전략적 평가를 다루는 보고서였다. 분석관들은 국가정보평가서를 통해 소련의 전략무기에 대해 정확히 판단하고 예측하려고 노력하였다. 분석관들은 입수된 모든 첩보를 바탕으로 평가하고 중요 이슈에 관한 최신 정보를 제공하기 위해 주기적으로 국가정보평가서를 작성하였으며, 필요할 경우 다른 이슈들도 평가하였다. 미 정보공동체를 구성하는 여러 기관들 간에 합의점을 바탕으로 평가하기 위하여 노력하였으며, 긴급하고 가까운 시일의 단기적인 평가를 다루는 특별국가정보평가서(Special National Intelligence Estimates: SNIEs)를 작성하기도 하였다.

　분석관들은 평가할 때 많은 어려움에 직면하였는데 하나의 사례는 장거리 폭격기에 핵무기를 운반하는 소련의 능력을 측정하였을 때의 일이다. 소련이 1954년 노동절 행진을 준비하기 위해 군사장비를 전시하였을 때 외교사절과 전문가들은 소련의 새로운 폭격기를 처음으로 보게 되었다. 이것은 서방에 "들소"(Bison)로 알려진 신형 폭격기였다. 이듬해인 1955년 7월 소련 공군의 날 기념행사에서는 더 많은 Bison 폭격기들이 목격된 데 이어 다른 새로운 유형으로 서방에서는 "곰"(Bear)

이라고 지칭된 폭격기 약 30대가 목격되었다. 미 공군 분석관들은 소련이 1950년대 말이 되면 700대 정도의 폭격기를 생산할 수 있을 것이라는 우려를 표명하였는데 이는 미국이 보유한 것보다 더 많은 장거리 폭격기를 소련이 보유하는 것을 의미하는 것이었다. 미 의회는 10억 달러의 추가 공군예산을 편성하였다. 한편 해군 정보국과 육군 정보국의 분석관들은 CIA 평가를 기준으로 공군보다는 덜 우려하였는데 당시 CIA 분석관들은 침체된 소련 경제상황을 감안할 때 그 정도의 폭격기를 생산해 낼 능력이 안 된다고 판단하였다.

이와 같은 소련 폭격기에 대한 평가의 차이는 1950년대 말 의회 예산 심의에서 "폭격기 간극"(Bomber Gap)이라는 용어를 낳았으며, 1960년 대통령선거에서 주요 쟁점이 되기도 하였다. 이후 세월이 지나 미국의 정보분석관들은 1955년 소련의 폭격기 전시는 기만 공작에 불과하였음을 알게 되었는데 당시 단지 몇 대가 수차례 돌았던 것으로 밝혀졌다. 그리고 소련의 폭격기 생산은 공군이 우려했던 것보다는 훨씬 적은 것으로 나타났다.

한편 미국의 민간 및 군사 분석관들은 소련이 미국에게 유일하게 위협할 수 있는 무기로서 수천 마일의 사거리를 가진 대륙간 탄도미사일(Intercontinental Ballistic Missile: ICBM)의 발사를 준비하고 있음을 탐지하였다. 당시 미국은 대륙간 탄도미사일 개발 계획에 차질을 빚고 있었던 반면 소련은 1957년 8월 미국보다 먼저 미사일 실험에 성공하였다. 또한 소련은 1957년 10월 최초의 위성인 스푸트니크(Sputnik)를 발사하여 궤도에 올려놓았으며 이는 미국을 크게 놀라게 하였다. 대륙간 탄도미사일은 30분 이내에 미국으로 핵무기를 운반할 수 있는 잠재력을 가지고 있었다. 이것을 저지할 수 있는 방법은 알려지지 않았고 많은 의원들과 언론은 소련이 우주 경쟁에서 승리하고 있다고 결론지었다.

정보분석관들은 소련의 장거리 미사일에 대해 우려하기는 하였지만 소련보다 더 나은 은밀한 수집 능력을 바탕으로 소련을 따라잡을 수 있을 것으로 확신하였다. 당시 미국의 고도 정찰기인 U-2가 1956년 이래 소련 영공을 정찰하고 있었다. 그리고 1960년 미국의 인공위성은 더 많은 사진을 전송하기 시작하였으며 이후 인공위성들은 적외선과 레이더를 이용하여 빛의 가시 범위를 넘어 자료를 수집하게 되었는데, 이 자료들은 "영상"(Imagery) 첩보에 해당되었다.

소련은 1962년 쿠바 미사일 위기 시 미국과 대결한 이후 다시는 전략적인 열세에 처하지 않기 위해 1960년대에 해군 및 장거리 미사일 전력을 확대하는 주요 계획을 추진하였다. 분석관들은 처음에는 소련의 증강 규모에 대해 정확히 파악하지 못하였다. 그러나 1960년대 말부터는 장거리 미사일 숫자에 대해 상당히 정확하게 평가할 수 있었는데, 당시 소련의 전략 로켓군(Strategic Rocket Forces)은 최고의 위협이 되었으며 미국을 완전히 파괴할 수 있는 전력을 가지고 있었다. CIA 분석관들은 침투와 다양한 방법을 활용하여 소련의 전략 로켓군을 추적하기 시작하였다. 인공위성과 항공기에 의해 수집된 영상 및 통신첩보를 통해 장비 및 시설을 파악할 수 있었다. 그러나 소련의 구체적인 위협을 평가하기에는 미흡한 면이 있었다.

분석관들은 문제 접근에 대한 또 다른 방법으로 소련의 전략적인 전력 확대를 지원할 수 있는 소련의 경제능력을 평가하였다. CIA의 경제분석관들은 소련 경제의 완만한 성장이 미사일과 다른 군사장비의 생산을 제한할 수밖에 없다고 생각하였다. 그리고 분석관들은 국가정보평가서에서 모스크바의 목적이 미국의 전략적인 전력과 동등함을 이루려는 데 있다고 결론지었다.

1960년대 말 분석관들과 의사결정자들은 소련이 전략 전력을 증강시킴으로써 핵무기와 관련된 부문에서 미국과 동등하거나 미국보다 우위에 있음을 점점 더 우려하게 되었다. 인공위성의 영상과 통신첩보를 통해 소련이 미사일 격납고를 강화하고, 새로운 잠수함을 진수시키며 개선된 레이더 체제를 배치하고 있음을 알게 되었다. 그리고 소련의 새로운 미사일로서 보통 미사일보다는 큰 SS-9을 가장 우려하였다. CIA 분석관들은 SS-9이 미국의 다탄두 각개목표 재돌입 미사일(Multiple independent Re-entry Vehicles: MIRVs)에 필적하기 위한 것이라는 데 가능성을 두고 검토하였다. 인공위성 사진을 근거로 검토한 결과 SS-9이 각개목표 다탄두 능력을 갖고 있지 않다는 결론을 내렸다. CIA 분석관들은 소련이 궁극적으로는 각개목표 다탄두 능력을 갖는 데 관심이 있다는 것을 확인하는 한편 소련 지도자들이 이것을 달성하기 어렵다는 것을 인식하고 있다고 믿었다.

이와 대조적으로 국방장관 멜빈 래어드(Melvin Laird: 1922-)는 국방정보국(Defense Intelligence Agency)의 평가를 배경으로 소련이 미국의 능력을 추월하려고 노력하고 있으며 SS-9은 각개목표 다탄두를 운반하기 위한 것이라고 믿었다. 그는 새로운 대탄도 미사일(Anti-ballistic Missile: ABM) 체제가 소련의 계획을 저지하는 데 필요하다고 믿었다. CIA는 소련의 미사일 숫자와 1960년대 소련의 경제규모에 대해 과소평가한 반면, 래어드와 같은 강경론자들은 SS-9에 대한 CIA의 평가가 잘못되었다고 보았다. 래어드는 국가정보평가서를 무시하고 국방예산을 증액하기 위해 노력하였으며 결국 의회는 대탄도 미사일 계획의 개발을 위한 예산을 승인하였다.

　　CIA 분석관들은 지속해서 소련의 각개목표 다탄두 계획을 추적하였으며 1972년 소련이 각개목표 다탄두 계획을 실험할 준비가 되어 있다고 경고하였다. 이와 같은 실험은 1973년에 일어났다. 그러나 SS-9은 각개목표 다탄두를 위한 미사일이 아니었고, 각개목표 다탄두 미사일인 SS-19은 1974년이 되어서야 배치되었다. 1976년 들어 CIA는 인간정보 출처를 활용함으로써 수집 방법을 개선하였으며 이를 통해 소련의 국방 지출이 증가하였음을 파악할 수 있었다. 1970년대에 소련은 배치된 대륙간 탄도미사일 숫자에서 미국을 능가하였다. 많은 사람들은 소련 국방지출의 상승 추세가 지속될 것으로 보았다.

　　미국 내의 강경론자들은 CIA가 소련에 대해 가볍게 생각하는 것을 우려하였다. 1976년 대통령 대외정보자문단(President's Foreign Intelligence Advisory Board: 은퇴한 공무원 및 군 장교, 학자 및 기업인들로 구성된 감독위원단)은 독립적인 전문가위원단을 구성할 것을 요구하였다. 그리고 대통령 대외정보자문단은 새로 구성된 독립적인 전문가위원단이 CIA가 보유한 소련의 전략 전력에 관한 똑같은 자료를 접할 수 있도록 요구하였다. 이를 위해 CIA의 소련 분석관들은 A팀으로 그리고 외부 전문가들은 B팀으로 지명되었다. B팀은 이슈에 대해 중립적인 인물보다는 강경론자들로 구성되었다. B팀은 자료 검토 후 소련의 능력에 대해 일반적으로 CIA 분석관들과 단지 작은 의견차이만을 보였다.

　　의사결정자들이 소련 무기에 대한 분석 평가를 항상 받아들인 것도 아니고 분석 평가에 미흡한 면도 많았지만 냉전기간 중 미 정부는 수집과 분석을 기반으로 소련과 무기통제 협정을 체결할 수 있었다. 이러한 자신감은 로널드 레이건(Ronald Reagan: 1911-2004) 대통령의 명언에 잘 나타나 있다: "신뢰하지만 확인하라"(Trust but verify).

　　개선된 기술첩보 수집과 분석기법으로 1970년대 이후부터는 소련의 미사일 숫자에 대해 정확히 파악할 수 있게 되었다. 이로 인해 국방예산은 증가, 지속 유지되었고 소련에 대한 두려움과 의심이 많이 사라졌다. 그리고 소련과 본격적인 대량파괴무기 경쟁이 시작되었다.

　　그러나 분석관들은 영상첩보와 신호첩보를 통해 생물학 및 화학무기 프로그램을 숨겨온 소련의 거부와 기만에 대해 간파하지 못하였다. 1990년대 초 소련의 생

물학 무기 프로그램에 관여한 고위 위원이 서방에 망명할 때까지 관련 프로그램의
특성과 규모를 제대로 파악하지 못하였던 것이다.

추가 고려사항
▶ 필립 2세(Philip Ⅱ) 시대의 스페인 같이 중앙통제되고 비밀스러운 정부의 능력
  을 파악하기 위해 활용된 수집 또는 분석기법이 소련을 파악하는 데 도움이
  되었는가?
▶ 분석관들이 얻은 소련의 전략무기에 대한 첩보는 질적으로 어떠했는가? 수집
  하는 데 함정 또는 결점이 있었는가? 왜 화학 및 생물학 무기는 숨기는 것이
  더 쉬웠을까?
▶ 소련의 전략무기들을 우려한 개인들과 조직들 사이에 왜 의견의 차이가 있었
  는가?
▶ 정책 또는 지출과 관련하여 논쟁이 벌어진 정보분석의 다른 사례로는 무엇이
  있는가? 소련 미사일에 대한 분석은 1930년대 독일 공군력을 평가하기 위해
  노력했던 것과 비교할 때 유사점과 차이점은 무엇인가? 분석이 이러한 이슈들
  을 밝히고 해결하는 데 도움이 되었는가?

추천도서

Cahn, Anne, *Killing Detente: The Right Attacks the CIA*, University Park, PA: Pennsylvania State University Press, 1998.

Firth, Noel E., and Noren, James H., *Soviet Defense Spending: A History of CIA Estimates, 1950−1990*, College Station, TX: Texas A&M University Press, 1998.

Freedman, Lawrence, *U.S. Intelligence and the Soviet Strategic Threat*, Princeton, NJ: Princeton University Press, 1986.

Haines, Gerald K., and Leggett, Robert E., eds., *CIA Analysis of the Soviet Union, 1947−91*, Washington, DC: CIA, Center for the Study of Intelligence, 2001.

Haines, Gerald K., and Leggett, Robert E., eds., *Watching the Bear: Essays on CIA's Analysis of the Soviet Union*, Washington, DC: CIA, Center for the Study of Intelligence, 2001.

Prados, John, *The Soviet Estimate: U.S. Intelligence Analysis and Russian Military Strength*, New York: Dial Press, 1982.

〔그림 19〕 쿠바 미사일 위기 시 소련 미사일의 사거리 범위

출처: Personal Papers of Theodore C. Sorensen Box 49 Valuables Classified Subject Files 1961−1964 / Cuba / Subjects / Standing Committee − 9/62−10/62 and undated / missile range map.

19. 쿠바 미사일 위기

미국은 1962년 쿠바 미사일 위기를 계기로 소련의 전략무기의 위협과 모스크바의 의도와 능력을 더 정확히 평가해야 할 필요성을 인식하였다. 쿠바 미사일 위기 사건은 미국과 소련 사이에 수십 년간 진행된 대결 중에서 가장 극적인 사건이었다.

소련의 니키타 흐루시초프(Nikita Khrushchev: 1894-1971) 수상은 허풍떠는 것으로 유명하였다. 그러나 미국의 분석관들은 그가 소련이 미국과의 경쟁에서 불리한 입장에 있다고 개인적으로 우려하고 있음을 간파하지 못하였다. 흐루시초프는 미국이 출발은 늦었지만 1960년대 초에 전략 핵무기와 운반 체제 생산에서 소련을 능가할 수 있다고 생각하였다. 게다가 이러한 파괴적인 무기들이 서유럽과 터키에 배치되어 소련을 포위하고 있음을 흐루시초프는 우려하였다. 더구나 미국 관리들은 1961년 미주지역에서 유일한 공산국가인 쿠바의 피델 카스트로(Fidel Castro: 1926-) 정권을 무너뜨리려고 노력하였던 것이다.

이와 관련 흐루시초프는 1962년 봄 대담한 일을 꾀하기 시작하였다. 첫 번째, 소련은 공개적으로 쿠바에 전투기, 탱크, 순찰선, 지대공 미사일(Surface-to-air Missiles: SAMs) 및 레이더가 포함된 많은 양의 재래식 무기를 공급하려 하였다. 두 번째, 소련은 비밀리에 수십 기의 중거리 탄도미사일(Medium-range Ballistic Missiles: MRBMs), 중장거리 탄도미사일(Intermediate-range Ballistic Missiles: IRBMs)과 이들을 보호하기 위한 대규모 부대를 쿠바에 보내려 하였다. 이 미사일들은 러시아로부터는 미국에 도달할 수 없었으나 쿠바로부터는 가능하였다. 소련은 미사일이 일단 설치되기만 하면 미국이 모든 과정을 중지시키기는 쉽지 않을 것으로 보았다. 또한 소련은 쿠바 내에 소련 미사일의 존재가 베를린과 같은 중요 이슈에 대해 미국과 협상할 때 소련의 입지를 강화할 수 있을 것으로 보았다.

CIA 분석관들은 1962년 봄 소련이 쿠바로 보내는 재래식 무기들을 파악할 수 있었다. 그러나 분석관들은 흐루시초프가 미국이 전략무기에서 소련을 앞선다고 인식하고 이러한 상황을 역전시키기 위해 모험을 시도할 것이라는 것을 예상하지 못하였다. 소련은 거부와 기만을 통해 미사일 선적을 눈치채지 못하게 하였는데, 소련 관리들은 미국 측에게 소련이 군사원조로 쿠바에 장거리 미사일을 공급하지 않을 것이라고 언급하였다.

 일부 이상한 징후가 있었으나 분석관들은 이러한 징후로 인해 소련의 미사일
이 쿠바에 존재한다고는 볼 수 없다고 평가하였다.

▷ 그해 여름에 쿠바에 있는 인간정보 출처들은 쿠바 내에 소련 미사일이 있다고 제
  보하여 왔다. 그러나 분석관들은 이러한 첩보들을 무시하였다. 그간 쿠바 망명자
  들이 소련의 미사일과 관련한 첩보를 종종 제보해 왔지만 사실이 아니었다. 그리
  고 이들 망명자들은 의도적으로 카스트로를 가능한 한 위험한 인물로 나타내려는
  데 더 큰 관심을 두었다. 더구나 당시 쿠바에는 방공미사일과 중거리 탄도미사일
  을 구분할 수 있는 기술적인 전문지식을 가지고 있는 개인은 없었다. 사실상 그해
  여름에 인간정보 출처로부터 나온 쿠바 내에 소련 미사일이 있다는 첩보는 잘못
  된 것으로 판명되었고 미사일은 9월 초에 이르러서야 쿠바에 최초로 도착하였다.
▷ 쿠바로 향하는 소련 선박들을 정찰한 사진은 어떤 선박에 큰 화물 출입구들이
  있으며 선박이 물에서 높이 떠서 가고 있음을 보여주었는데, 이로 보아 부피가
  크지만 경량인 화물이 실려 있음을 추측할 수 있었다. 이들 선박들이 도착하였
  을 때 일부 선박에 대한 하역작업이 밤에 그리고 철저한 보안 하에 이루어졌다.

 쿠바에 대한 소련의 군사원조에 관해 1962년 9월 19일 만들어진 특별국가정보
평가서(SNIE)는 소련으로부터 미사일이 이동하고 있을 가능성이 낮은 것으로 평가
하였다. 사안의 중요성으로 인해 국가정보평가실 책임자인 셔먼 켄트는 특별국가정
보평가서를 재검토하고 소련이 쿠바에 미사일을 제공할 가능성이 희박하다는 판단
에 동의하였는데, 왜냐하면 전례가 없는데다 너무 무모한 일이기 때문이었다. 더군
다나 미사일이 있다는 결정적인 증거도 없었다.

 모든 사람이 국가정보평가서의 결론에 동의한 것은 아니었다. 중앙정보장
(Director of Central Intelligence: DCI)이던 존 맥콘(John McCone: 1902−91)은 소련제
방공미사일이 쿠바에 대규모 배치된 것은 중거리 탄도미사일 또는 대륙간 탄도미
사일과 같은 미사일을 보호하기 위한 것이라고 주장하였다. 그는 특별국가정보평가
서를 다른 워싱턴 관리들에게 보내게 하면서도, 대통령에게는 자신의 개인적인 의
견을 사적으로 전달하였다. 또한 국방정보국 분석관들은 쿠바에 있는 지대공 미사
일 기지들이 소련에서 장거리미사일을 보호하기 위해 배치된 것과 유사하게 설계

되어 있다고 지적하였다.

분석관들은 쿠바 내에 미사일이 있다는 것을 아직 믿지는 않았지만 U-2 고도 정찰기에 의한 좀 더 집중적인 감시를 요청하였다. 특히 미사일이 있다는 징후와 지대공미사일 기지가 주는 암시에 대해 우려하였다. 1962년 10월 14일 U-2기는 쿠바 내에 소련 중거리 탄도미사일의 존재를 확인하는 사진을 촬영하였다. 분석관들은 미사일들이 가동 중이라는 것을 믿지 않았으나 약 2주 내에 발사 준비가 마쳐질 수 있다고 평가하였다.

미사일이 발견된 후 수일 동안 존 케네디(John Kennedy: 1917-63) 대통령과 참모들은 상황에 대해 공개적인 논평 없이 대응정책 선택을 검토하기 시작하였다. 신중한 검토를 지원하기 위해 CIA 분석관들은 두 건의 특별국가정보평가서를 준비하였다. 첫 번째 보고서는 미 정부의 정책 선택에 대한 소련의 반응으로 모스크바가 전쟁을 하면서까지 쿠바 내에 미사일을 유지하지는 않을 것으로 평가하였다. 두 번째 보고서는 미사일의 능력을 다루었는데 분석관들은 1,000마일(1,600km) 이상 사거리를 가진 일부 중거리 탄도미사일이 발사 준비되어 있고, 나머지는 10월 말이 되어야 운용이 가능할 것으로 보았다. 분석관들은 또한 중장거리 탄도미사일을 배치할 수 있는 기지가 준비 중에 있음을 지적하였으며, 중장거리 탄도미사일은 2,000마일(3,200km) 이상의 사거리를 가진 미사일이었다.

1962년 10월 22일 케네디 대통령은 소련이 쿠바에 장거리미사일을 보냈다고 발표하고 이에 대한 첫 조치로 쿠바의 해상을 봉쇄한다고 공식 발표하였다. 위기는 지속되었고, U-2기는 미사일과 관련한 영상첩보를 계속 수집하였다. 소련과 쿠바 통신에 대한 감청은 지대공미사일 기지를 감시하는 데 도움이 되었다. 분석관들은 역시 소련 내 미국의 공작원인 소련군 총참모부 정보총국(GRU) 소속 올레그 펜코프스키(Oleg Penkovsky: 1919-63)로부터 관련 내용을 수집하였다. 그는 소련 미사일에 대해 가치있는 첩보를 제공하였다. 그러나 펜코프스키는 미사일 위기 동안 체포되어 처형되었다.

10월 27일 긴장이 극에 달하였으며 흐루시초프는 U-2기가 쿠바 상공에서 격추될 것이고 소련 선박은 미국의 해상봉쇄에 도전하여 이동할 것이라고 강경하게 대응하였다. 같은 날 CIA 분석관들은 모든 지대공미사일과 중거리 탄도미사일은 발사 준비가 완료되었고 중장거리 탄도미사일의 경우는 발사 준비를 위한 기지가 건설 중이라고 보고하였다. 핵탄두가 존재한다는 증거는 없었으나 존재하는 것으로 추정되었다. 한편 분석관들은 전 세계 다른 지역의 소련군이 전쟁을 준비하고 있지 않음을 주시하였다. 그날 저녁 케네디 대통령의 동생인 로버트 케네디(Robert Kennedy: 1925–68) 법무장관은 소련 대사에게 미국은 필요시 군사력을 사용할 것임을 분명히 하였다. 다음 날 흐루시초프는 소련은 미국이 쿠바를 침공하지 않는다는 약속의 대가로 미사일을 제거할 것이라고 공식 발표하였다(비공개적으로 케네디는 터키에 있는 미국의 미사일을 철거하는 데 역시 동의하였다).

　미 분석관들의 관심은 이제 소련이 미사일을 철수하는 것을 확인하는 데 있었다. 11월 1일 이들은 미사일의 철거가 시작되었음을 확인하였으며 1주일 후 선박들이 미사일들을 소련으로 다시 가져가고 있음을 확인하였다.

　이후 소련이 붕괴된 후 기록보관소의 비밀문서들이 공개되면서 쿠바 미사일 위기 당시 참여자들도 조심스럽게 증언하기 시작하였다. 이들은 1962년 쿠바 미사일 위기는 생각보다 위험한 상황이었다고 밝혔다. 만일 미국이 쿠바에 대해 공격을 실행하였더라면 분석관 또는 의사결정자들이 당시 이해한 것보다 훨씬 더 위험한 상황이 되었을 것이라고 하였다. 예를 들면 당시 쿠바에 많은 전술적 핵무기들이 배치되어 있었고 추정된 것보다도 훨씬 더 많은 소련군이 주둔하고 있었다.

　쿠바 미사일 위기의 초기 단계에 정보실패가 발생하였다. 거울 이미지(Mirror Imaging), 합리적 행위자 모델(Rational Actor Model), 현상유지(Status Quo)와 같은 분석관들의 인지적 오류가 있었다. 수집 또한 미흡했는데 소련의 거부와 기만 캠페인을 간파하는데 실패함은 물론 쿠바 내의 소련의 활동을 파악하지 못하였다.

　미사일이 발견된 이후 분석관들은 다양한 출처를 통해 소련 미사일의 능력을 파악할 수 있었고, 이는 의사결정에 도움이 되었다. 분석관들은 쿠바에 설치된 소련의 미사일이 아직 발사 준비가 되어 있지 않다고 평가하였다. 이와 관련 케네디 대통령은 자신의 선택을 검토할 수 있는 시간적 여유를 가지게 되었고, 적절한 결정을 내릴 수 있었다. 쿠바 미사일 위기 사례는 정보가 군사력과 외교와 같은 국력의 다른 요소와 결합될 때 큰 진가를 발휘한다는 것을 보여주었다.

추가 고려사항

▶ 쿠바 미사일 위기 내내 분석관이 판단하기 어려운 불확실한 것들로는 무엇이 있었는가?

▶ 위기 내내 미국 고위관리에게 제공된 정보지원은 성공이었는가 또는 실패였

는가?

▶ 당시의 기술을 감안할 때 더 좋은 정보지원을 제공하기 위해 무엇을 할 수 있
었을까?

추천도서

Allison, Graham T., *Essence of Decision: Explaining the Cuban Missile Crisis*, revised ed.,
   New York: Longman, 1999.

Blight, James G., and Welch, David A., eds., *Intelligence and the Cuban Missile Crisis*,
   London: Frank Cass, 1998.

Brugioni, Dino, *Eyeball to Eyeball: The Inside Story of the Cuban Missile Crisis*, New
   York: Random House, 1990.

Dobbs, Michael, *One Minute to Midnight: Kennedy, Khrushchev, and Castro on the Brink
   of Nuclear War*, New York: Random House, 2008.

Fursenko, Aleksandr, and Naftali, Timothy, *"One Hell of a Gamble": Khrushchev, Castro
   and Kennedy, 1958−1964*, New York: W. W. Norton, 1997.

(그림 20) 인도차이나

20. 베트남 전쟁의 상황판단

1960년대와 1970년대에 걸쳐 진행된 베트남 전쟁은 장기간의 복잡한 분쟁이었으며, 정보의 역할이 중요하게 작용한 전쟁이었다. 그간 정보분석관들이 소련의 재래식 전력 및 핵전력을 주요 업무로 다루어 온 것과는 달리 베트남 분쟁에서는 반란 문제를 다루어야 하였다. 남베트남을 장악하려는 공산주의 반란이 모스크바와 베이징으로부터 조종된 좌익 사회주의 혁명이었는지 또는 독립을 위한 민족주의적 투쟁이었는지에 관해 분석관들 사이에 활발한 논쟁이 있었다. 또한 병력의 숫자와 화력과 같은 군사적 요인이 결정적으로 작용한 분쟁이었는지 또는 정치적, 경제적, 사회적 요인이 중요하게 작용한 분쟁이었는지?

일부 분석관들은 북베트남이 미국의 군사적 압력에도 불구하고 남베트남을 장악하려는 전략을 포기하지 않을 것이라고 생각하였다. 그러나 미국의 많은 사람들은 이에 동의하지 않고 미국의 과학기술과 병력의 숫자가 북베트남을 압도할 것으로 믿었다. 한편 분석관들은 전쟁이 장기적으로 진행되면 워싱턴의 지구력이 하노이의 지구력을 따라가지 못할 것으로 평가하였는데 결국 이러한 평가는 적중하였다.

기술정보 수집 수단은 공산주의 게릴라와 같이 기술 수준이 낮고 흩어져 있는 상대에 대해 효과적으로 활용되지 못하였다. 또한 수집된 첩보도 애매하고 불완전하였다. 따라서 분석관들은 공산주의 지도자가 발표한 공개 성명, 노획한 문서, 포로 심문 내용 등과 같은 자료에 의존할 수밖에 없었다.

그러나 분석의 한계로 분석관들은 베트남 신년연휴 공격(Tet Offensive)에 속수무책으로 당하였다. 분석관들은 1967년 말 공산주의 세력이 전력을 증강하는 동향을 탐지하였었다. 그러나 이들은 이와 같은 전력증강이 신년연휴(Tet) 이후에 공격하기 위한 준비라고 생각하였다. 일부 분석관 및 일부 고위관리들은 심상치 않은 일이 곧 발생할 수도 있음을 감지하였다. 그러나 적절한 사전대응이 이루어지지 않았고 공산주의자들은 1968년 1월 말 신년연휴가 끝나기도 전에 공격해 왔다. 공산주의자들은 전쟁을 승리로 이끌 수 있는 대중폭동이 도시에서 촉발될 것을 기대하였으며, 이들은 신년연휴 공격을 계기로 공격의 초점을 시골 지역에서 인구가 많은 도시로 변경하였다.

공산주의자들은 신년연휴 공격에서 큰 손실과 함께 군사적 패배를 겪었지만, 이와 같은 공산주의자들의 기습은 미국에게 정치적인 큰 충격을 주었다. 승리가 곧 임박하였다는 미국의 고위관리들의 주장은 이제 공허하게 들렸다. 그리고 많은 미국인들은 군대를 파견하고 자금 및 시간을 투자하고도 베트남에서 승리할 수 있을 것인지에 대해 의심하기 시작하였다.

정보분석은 새로운 반란대응 활동의 전략을 마련하는 데 중요한 요소가 되었다. 전쟁 초반인 1965년부터 1968년까지 미군의 전술은 높은 화력을 바탕으로 한 "토벌 작전"(Search and Destroy)에 초점을 두었다. 반란자들의 전사자 숫자가 토벌 작전의 성공기준이 되었다. 이를 위해 미국은 고엽제를 사용하고 대규모 공중폭격을 실시하였다. 그러나 이와 같은 조치는 주민들과의 관계를 멀어지게 할 뿐이었고, 공산주의자들에게는 선전의 빌미를 줄 뿐이었다. 그리고 반란자들은 직접적인 전쟁을 피하고 숨어버렸다.

이에 대한 대안으로 일부 육군장교들은 해군 동료 및 CIA 등 다른 기관의 민간인들과 함께 영국이 말레이시아에서 실시했던 효과적인 반란대응 활동에서 교훈을 찾을 것을 요구하였다. 말레이시아에서처럼 군사적 접근보다는 정치, 경제, 사회 등 폭넓은 접근방법을 통해 해결해 나가려는 것이었다. 또한 당시 베트남인들 대부분이 시골에 거주하고 있음을 감안하여 우선 시골지역의 치안에 목적을 두었다. 지역 사정의 민감한 문제까지 꿰뚫고 있는 소규모 단위의 부대를 마을마다 배치하여 이러한 소부대는 결정 권한을 가지고 지역 주민들과 긴밀하게 협력하였다. 소부대들은 군사적인 임무 수행은 물론 반란자들과 주민들을 격리시키면서 정치적, 경제적 발전을 위한 시민 프로그램을 수행하였다.

신년연휴 공격으로 인한 충격 이후 새로운 전략으로 전환하려는 노력이 더 있었지만 때는 너무 늦었고 베트남 전쟁 개입에 대한 미 국민들의 지지는 점점 약화되어 갔다.

공산주의 세력 규모에 대한 논쟁은 정보분석의 중요한 쟁점이 되었다. 다양한 사람들이 남베트남 내의 반란세력에 가담했는데 게릴라 전사들과 정치인들, 심지어 정규군 내에서도 반란세력에 가담한 자들이 있었다. 남베트남 내의 미 군사사절단인 베트남 군사지원사령부(Military Assistance Command Vietnam: MACV)는 상대의 정규군 파악에만 관심을 집중하였다. 물론 비정규 세력보다 정규군을 파악하기가 더 쉬웠다. 이와 관련 군분석관들은 적의 전력을 약 30만 명으로 추산하였지만 여기에 비정규 세력은 반영되지 않았다.

CIA는 시골지역의 진압 프로그램에 깊이 관여하였다. 그래서 CIA는 비정규 세력과 더 많은 접촉을 가질 수밖에 없었다. CIA 분석관들은 노획한 문서들을 바탕으로 공산주의 전투인원의 전체 숫자가 증가하였으며, 비정규 세력이 생각보다 훨씬 더 큰 규모라는 결론을 내렸다. CIA는 1967년 베트남에 대한 국가정보평가서 보고서에 공산주의 세력 전체를 40만 명 이상으로 추정하였다.

당시 미국 지도자들과 베트남 군사지원사령부는 전쟁이 잘 진행되고 있다고 주장하고 손실을 보충하기 위한 공산주의자들의 공급능력 부족으로 이들이 패배를 인정하는 것은 단지 시간문제라고 강조하였다. 전투인원이 적어질수록 승리가 더 빨리 온다는 것이었다.

이와 관련 "전사자 숫자"(Body Counts)를 계산하는 방법을 택하였다. 많은 공산주의자들은 제복을 입고 싸우지 않았다. 그래서 전투원의 시신과 일반인을 구분하기는 매우 어려웠다. 게다가 공산주의자들은 자신들의 손실이 드러나는 것을 피하기 위해 시신을 옮기기도 하였다. 남베트남과 미국 양측 모두 전장에 남겨진 적의 시신에 대한 보고를 과장하는 경향이 있었다. 더구나 공산주의 세력을 효과적으로 평가할 수 있는 병참 지원이나 지도력과 같은 다른 요인들은 도외시되었다.

군사분석관들은 군부지도자들의 입장을 존중하여 비정규 세력이 전체적인 계산에서 포함되어서는 안 된다고 주장하였다. 이들을 포함시키는 것은 반란을 끝내는 데 시간이 더 걸린다는 것을 의미하였기 때문이었다. 베트남 군사지원사령부는 공산주의자들의 전력이 과대평가되어 있으며 이것은 공산주의자들의 선전을 그대로 믿는 것이라고 강조하였다. 그러나 일부 군사분석관들은 개인적으로 CIA가 추정한 숫자에 대해 동의한다고 언급하였다.

CIA 분석관들은 공산주의 세력이 국가정보평가서에서 언급된 40만 명보다 훨씬 더 많을 수 있음을 우려하였다. 더구나 이들은 전체 인원에서 비정규 전투인원을 포함시키지 않는 것은 상황을 왜곡시키는 것이라고 강조하였다. 이와 같은 공산주의 세력의 인원수에 대한 논쟁은 관계기관 간의 의견 불일치가 언론에 알려지면서 더욱 논란에 휩싸였다. 그러나 CIA 분석관들은 군분석관들과 토론한 후에 마지못해 타협에 합의하였다. 국가정보평가서는 공산주의 세력에 대해 남베트남원조미군사령부가 추산한 인원수에 가깝게 평가하기로 하였으며 이것은 비정규 세력을 전체 계산에서 제외하는 것을 의미하였다.

베트남 전쟁이 미국의 패배로 끝나고 1982년 CBS 텔레비전 방송국은 베트남 전쟁 시 공산주의 세력의 규모에 대한 의견 차이가 있었음을 다시 지적하고, 당시 미 군 사령관들이 공산주의 세력과 사상자 규모에 대해 민간 지도자들과 대중을 오도하려 했다고 주장하였다. 1960년대 말 당시에 베트남 군사지원사령부의 사령관이었던 윌리엄 웨스트모어랜드(William Westmoreland: 1914－2005) 장군은 CBS와 관련 프로그램의 준비를 도와준 한 명의 CIA 분석관을 포함하여 여러 명을 고소하였다. 그는 이들이 자신의 명예를 훼손하고 자신의 인격을 모독하였다고 주장하였다. 마지막 재판 과정에서 웨스트모어랜드에게 불리하게 진행될 때 그는 CBS가 자신의 충성심과 애국심을 문제삼으려고 의도하였던 것은 아니라고 발표하는 것을 대가로 고소를 취하하였다.

인지적 이슈는 분석관 및 의사결정자 양측 모두에게 중요한 문제이다. 미국인들은 베트남 전쟁을 통해 비서구적인 문화와 비정규 전쟁을 이해하는 것이 어렵다는 것을 알게 되었다. 하나의 사례로 한 미군 장교와 그의 상대 공산주의자 간에 주고받은 유명한 언쟁이 있다. 미군 장교는 미국이 사실상 모든 전투에서 이겼다고 주장하였다. 이에 대해 공산주의자는 이것이 사실일지라도 문제가 되지 않는다고 반박하였다. 또한 미 분석관들은 공산주의자들이 예전처럼 신년연휴 기간에는 공격하지 않을 것으로 생각하였듯이 잘못된 가정을 세웠던 것이다.

전쟁에 대한 인식과 관련 베트남 전쟁을 냉전 관점에서 보아야 하는지 아니면 1950년대와 1960대의 식민해방 전쟁의 맥락으로 보는 것이 더 정확한지? 단기적으로 전쟁은 공산주의의 승리로 끝났다. 그러나 장기적으로 베트남은 시장경제를 향해 평화적으로 나아갔다. 전쟁은 이러한 전환을 방해하였는가 아니면 전환을 가속화하였는가?

전쟁과 위기를 떠오르게 하는 베트남을 다룰 때 많은 이슈들이 있었지만, 당시 의사결정을 둘러싼 가열된 분위기에서 정보분석은 특히 어려운 문제였다. 때때로 소수의 분석관들이 무슨 일이 일어나고 있는지를 정확하게 파악하고 이해한다. 물론 이들이 틀릴 수도 있다. 그러나 아무리 이들이 옳게 파악하고 있다 하더라도 잘못된 방향으로 가고 있는 거대한 정부를 상대로 설득한다는 것은 매우 어렵다.

추가 고려사항

▶ 베트남 전쟁에서 영향을 줄 수도 있었던 다른 첩보출처 또는 분석기법이 있었

는가?

▶ 왜 분석관들은 공산주의 세력의 규모에 대해 의견 일치하지 않았는가? 왜 인원수는 적의 전력을 평가하기 위한 충분한 기준이 되지 않았는가?

▶ 베트남에서 반란대응 활동은 1950년대 말레이시아에서 있었던 반란대응 활동과 비교할 때 유사점과 차이점은 무엇인가?

▶ 베트남 전쟁에서 정보분석의 역할은 성공적이었는가?

추천도서

Adams, Sam, *War of Number: An Intelligence Memoir*, South Royalton, VT: Steerforth Press, 1994.

Allen, George W., *None So Blind: A Personal Account of the Intelligence Failure in Vietnam*, Chicago, IL: Ivan R. Dee, 2001.

Halberstam, David, *The Best and the Brightest*, New York: Random House, 1972.

McNamara, Robert S., and VanDeMark, Brian, *In Retrospect: The Tragedy and Lessons of Vietnam*, New York: Time Books, 1995.

Nagl, John A., *Learning to Eat Soup with a Knife: Counterinsurgency Lessons from Malaya and Vietnam*, Chicago, IL: University of Chicago Press, 2005.

Wirtz, James J., *The Tet Offensive: Intelligence Failure in War*, Ithaca, NY: Cornell University Press, 1991.

(그림 21) 아프가니스탄

21. 소련의 아프가니스탄 침공

1978년 4월 아프가니스탄에서 쿠데타 발생으로 친소련 정권이 아프가니스탄을 장악하였다. 아프가니스탄은 그간의 중립정책을 버리고 본격적인 친소 성향을 보이기 시작하였다. 모스크바는 자국의 이익에 맞는 아프가니스탄 정권을 만들기 위해 경제원조를 제공하고 고문단을 파견하였으며 소련에서 훈련받은 군 장교 등을 통해 아프가니스탄에 영향력을 행사하였다. 아프가니스탄 신정부는 이슬람 전통을 유지하려는 주민들이 가장 혐오하는 좌경 프로그램을 실행하기 시작하였는데 토지 및 교육 개혁 등이 프로그램에 포함되었다. 이와 함께 아프가니스탄 내에 소련의 군사 및 민간 고문단의 인원이 급격하게 증가하였으며 이는 중앙정부에 대한 증오를 불러일으켰다. 그리고 1978년 11월 아프가니스탄 전국은 반란에 휩싸이게 되었다.

이와 관련 분석관들은 2가지 의문을 가졌다: (1) 소련은 자국에 인접국이자 의존국인 아프가니스탄이 자국의 통제로부터 벗어나게 될 경우 이를 보고만 있을 것인가? (2) 만일 소련이 아프가니스탄에 대한 자국의 영향력을 지속 유지하려 한다면 어떤 조치들을 취할 것인가?

당시 미국은 아프가니스탄 내 소련의 활동 증가를 우려하였다. 1979년 3월 초에 미 정보기관은 소련의 병력과 장비가 아프가니스탄과의 국경으로 이동하는 것을 탐지하였지만 이러한 이동은 아프가니스탄에 파견한 소련 고문단의 일부 인원이 전투에서 사망한 데 따른 것이라고 여겼다. 당시 미국의 분석관들 간에는 이러한 징후와 관련하여 논쟁을 벌였으며 여러 가설들이 제기되었다. 대부분의 분석관들은 소련의 움직임을 군사훈련으로 간주하였으나, 일부는 전례없는 수준의 활동임을 감안할 때 우려된다고 평가하였다. 3월 말 발표된 공식 평가는 다음과 같았다:

> 소련은 사실상 모든 계층의 주민들의 지지를 잃어버린 아프가니스탄 정권을 유지하기 위해 아프가니스탄으로 대규모의 지상군을 투입하는 것을 가장 꺼릴 것이다. 군사개입을 한다면 소련은 아프가니스탄에서 난처한 곤경에 처하게 될 뿐만 아니라 소련의 개입은 인도와의 관계를 심각하게 해칠 수 있고 이보다 정도는 덜하지만 파키스탄과의 관계를 해칠 수 있다.

아프가니스탄에 군사개입을 할 경우 제2차 전략무기제한협상(Strategic Arms Limitation Talks: SALT)이 실패할 수 있고, 또한 이슬람 세계 및 국제사회 내에 부정적인 감정이 형성될 수도 있어 이로 인해 소련이 매우 비싼 대가를 치러야 함을 인식하고 있다는 것이 당시 미 정보공동체 내의 일반적인 평가였다.

1991년 소련 붕괴 이후 공개된 문서들은(그러나 1979년 당시에는 분석관들이 이용할 수 없었던 문서들임) 1979년 3월 점점 악화되는 아프가니스탄의 상황을 어떻게 다룰지에 관한 심각한 토론이 소련에서 시작되었음을 보여주었다. 소련의 고위 의사결정 기관인 소련 공산당 중앙위원회 정치국(The Politburo)은 대규모 병력파견의 위험성을 지적하고 군사개입을 마지막 수단으로 간주하였다. 그럼에도 불구하고 소련 지도부는 아프가니스탄을 "잃어버릴" 수 없다는데 의견 일치하였다. 그리고 아프가니스탄 군대의 유효성과 미비점을 평가하기 위해 4월에 고위급 군사팀을 파견하고 대책을 취하기로 하였으나 그해 봄에는 어떤 행동도 취하지 않았다.

친소 정권이 들어선 아프가니스탄의 상황은 1979년 여름 내내 지속해서 악화되었다. 아프가니스탄 군은 패배, 반역 및 투항 등으로 형편없는 조직이 되어버렸다. 이에 대해 모스크바는 더 많은 군사장비를 보내고 민간 및 군사고문단의 인원을 4,000명 이상으로 증원시켰다. 7월에 소련은 전투병력으로는 처음으로 공수대대를 아프가니스탄의 수도 카불(Kabul) 외곽에 위치한 바그람(Bagram) 공군기지에 파견하였다. 물론 이 공수대대는 전투에 투입되지는 않았다. 같은 달 카불 주재 동독 대사는 미 대사에게 소련이 군사력을 기꺼이 사용할 것으로 믿는다고 언급하였다. 그러나 미 분석관들은 대규모 개입 가능성은 없으며 바그람에 있는 공수대대는 군사원조를 위한 항공기를 보호하는 역할을 수행한다고 믿었다.

아프가니스탄 상황은 더 악화되었으며 소련 요원들이 헬기를 조종하고 탱크에 탑승하며 심지어 연대급 또는 대대급 부대에서 전투작전을 지휘하고 있다는 소문이 돌았다. 8월 들어 수도 카불에서 이슬람 반군에 호의적인 부대에 의한 쿠데타 시도가 있었다. 곧 진압되기는 하였지만 쿠데타 시도는 아프가니스탄 정부군의 충성심이 크게 흔들리고 있음을 보여주었다. 이 사건으로 인해 소련은 아프가니스탄 개입을 심각하게 고려하게 되었다. 아프가니스탄과의 국경 인근에서 소련군의 특이한 활동은 지속되었고, 분석관들은 이러한 활동이 카불을 긴급 방어하기 위한 준비라고 추정하였다. 쿠데타 시도가 실패된 이후 소련 장성들이 아프가니스탄에 도착하였으며 이는 아프가니스탄의 상황이 더욱 악화되고 있음을 보여주었다. 몇 주 후 아프가니스탄에서 하피줄라 아민(Hafizullah Amin)이 권력을 잡았는데 그는 소련과 좋은 관계를 갖고 있지 못한 인물이었으며, 이는 모스크바를 더 초조하게 만들었다. 워싱턴의 분석 어조는 9월 중순 평가 시 변화하기 시작하였다:

> 소련 지도자들은 아프가니스탄 정권이 몰락하는 것을 방지하고 아프가니스탄 내에 소련의 이익을 보호하기 위해 군사개입 결정을 할 가능성도 있다.

그러나 당시 대부분 평가는 군사개입 시 소련이 치러야 할 높은 군사적 비용 및 외교적 비용을 지적하였다. 대부분의 분석관들은 당장은 대규모 개입 시나리오의 가능성이 없다고 믿었다.

한편 만일의 사태를 위한 소련의 준비는 지속되었다. 10월에 소련의 중부지역 공화국들의 예비병력이 동원되었다. 그 다음 달에는 모스크바와 위성 통신을 할 수 있는 지역사령부가 설립되었다.

미국의 분석에서 빠진 것은 1979년 소련 지도부가 세계를 어떻게 보는지에 대해 정확하게 이해하는 것이었다. 소련은 쿠바 미사일 위기 시 체면이 손상된 이후 약 15년 동안 군사력을 증강하여 왔다. 1970년대 중반 소련은 미국과 동등한 군사적인 능력을 달성하였으며 이에 따라 세계무대에서 큰 목소리를 낼 수 있게 되었다고 믿고 있었다. 소련은 이미 바르샤바 조약에 의거하여 동맹국을 지원하기 위해 군사력을 사용할 권리를 가지고 있다는 요지의 브레즈네프 독트린을 선언하였고, 이를 1968년 체코슬로바키아에서 적용하였다. 그리고 소련은 앙골라와 에티오피아에서 발생한 좌익혁명을 군사적으로 지원하였다.

소련은 아프가니스탄을 완전히 통제하게 되면 석유자원이 풍부한 중동지역으로 세력을 뻗어나갈 수 있는 호기를 맞는 것이었다. 단지 베트남 전쟁 이후 대외개입을 꺼리는 미국이 어떻게 나올지가 소련에게는 중요한 문제였다. 한편 소련의 지도자들은 자신감과 야심을 가지고 있었지만 계속 불안해하였다. 이들은 중앙아시아 지역의 소련 연방 이슬람교도 주민들이 극단적인 이슬람에 의해 영향받을 가능성을 우려하였다. 뿐만 아니라 혹시나 아프가니스탄에서 후퇴하거나 패배할 경우 자신들의 위신이 추락하고 이와 관련 사람들이 어떻게 생각할 것인가에 관해 불안해하였다. 이들은 아프가니스탄의 산악지대와 사막 전투의 어려움과 부정적인 국제반응을 포함한 여러 위험요소들을 검토하였다. 그러나 패배하지 않을 것이라는 믿음이 이러한 위험요소들을 능가하였다.

소련과 아프가니스탄 신정부 간의 냉랭한 관계를 통해 소련의 정책 변화를 엿볼 수 있었다. 11월 아프가니스탄 주재 소련 대사관은 국경일 기념행사에 아민(Amin) 대통령이 아닌 외교장관을 초청함으로써 외교장관이 아프가니스탄 정부를 대표하여 참석하였다. 이후 12월 초 소련－아프가니스탄 우호협력 체결 1주년 기념 축하 메시지를 교환할 때 소련은 아프가니스탄에 보내는 축하 인사장에 아민의 이름을 거명하지 않았다. 소련의 관점에서 볼 때 아민의 주요 결점은 소련의 군사개입을 꺼린다는 것이었다. 소련은 아민이 친서방 정책으로 선회하는 것을 우려하고 있음과 아민의 집권이 얼마 남지 않았다는 신호를 보냈던 것일까?

당시 밝혀지지는 않았지만 11월 말과 12월 초에 소련 지도부는 이슬람 반군과 대결하기 위해 아프가니스탄에 대규모 군대를 보낼 것을 결정하였다. 이와 관련하여 소련은 자국 내의 군사활동을 증가시키고 바그람 공군기지의 부대를 강화하였다. 이에 대해 12월 초에 미 분석관들은 다음과 같이 평가하였다:

> … 추측에 가깝지만 바그람 공군기지의 공수부대와 자동화기 배치는 이듬해 아프가니스탄에 배치될 수 있는 훨씬 더 큰 규모의 전투부대를 위한 사전증강일 가능성이 있다. … 그러나 소련이 이와 같은 계획을 착수했다는 것은 확실치 않다.…

몇 주 후 소련 군대는 카불에서 소련과의 국경에 이르는 간선도로를 통제하기 시작하였다. 12월 중순 미 분석관들은 아프가니스탄 내에 5,000명 이상의 소련군 병력이 있는 것으로 추정하였다. 그러나 대부분의 미국인들은 이러한 소련의 움직임을 자국에 우호적인 정권의 몰락을 방지하기 위해 점진적으로 병력을 증강하는 것으로 보았다.

12월 셋째 주 소련의 병력증강 소식이 언론에 보도되었고, 워싱턴은 모스크바에 우려를 표명하였다. 그리고 소련의 병력증강이 주는 의미에 대해 미 정부 내에 이견이 있다는 기사가 보도되었다. 일부는 소련 군대의 움직임이 체코슬로바키아에서 소련이 개입한 사례와 흡사하며 당시 참여하였던 같은 장성들이 포함되어 있다고 표명하였다. 개입의 가능성을 보여주는 또 다른 징후로는 아프가니스탄과의 국경지대에 특수작전사령부와 거대한 연료보급소가 설치되었다. 이와 대조적으로 일부 전문가들은 소련의 행동을 점진적인 단계적 확대로 보았으며, 이슬람 반란세력을 진압하기 위한 충분한 병력이 못된다고 평가하였다.

1979년 12월 22일 국가안보국(NSA)은 소련의 개입이 임박하였다는 강력한 통신첩보가 있다고 밝혔다. 12월 24일 국경 외곽에 소련군 병력이 30년 만에 최대로 늘어난 가운데 많은 소련의 수송기들이 소련의 서부지역으로부터 병력과 장비를 아프가니스탄과의 국경지역으로 이동시키기 시작하였다. 그리고 항공기가 아프가니스탄의 수도 카불과 다른 주요 도시들로 직접 비행하였다. 4일 이내에 소련의 대대들이 수도 카불을 장악하였으며 아민 대통령을 살해하고 아민 정권을 제거하였다(그림 22 참조). 공수된 인원 외에도 더 많은 병력이 육로로 아프가니스탄으로 이동해 들어왔다, 연말에는 약 3만 명의 소련군 병력이 아프가니스탄 전역에 분산 배치된 것으로 추정되었다. 이후 소련은 아프가니스탄에 10만 명 이상의 병력을 유지하면서 이슬람 반군을 물리치기 위한 전적인 책임을 떠맡았다.

소련의 아프가니스탄 침공에 대한 예측 실패는 인지적 문제와 관계가 깊다. 늘 그랬듯이 인지적 오류와 관련 거울이미지(Mirror Imaging)와 합리적 행위자 모델(Rational Actor Model)이 존재하였다. 역시 확인편견(Confirmation Bias), 프레이밍 편견(Framing Bias)이 발생하였다. 그리고 대부분의 이러한 오류들은 사후판단 편견(Hindsight Bias)에서 비롯된 것이었다.

소련 남부지역의 병력이동에 대한 수집은 비교적 훌륭하였지만, 1979년 봄과 여름에 소련의 의사결정 장소인 정치국 회의에 대한 첩보수집이 있었다면 미국으

〔그림 22〕 아프가니스탄 카불에 들어온 소련군(미 국방부 사진, 위키백과 인용)

로서는 소련 측의 군사개입 의지를 알 수 있었을 것이다.

이후 고위 미 관리들은 정보기관이 소련의 아프가니스탄 침공에 앞서 자신들에게 경보를 발하지 못하였다고 불만을 늘어놓았다. 그러나 미국은 성탄절 전야 소련이 군사개입하기 이전 소련의 불길한 활동을 항의하였다는 내용이 기록으로 남아있다. 그리고 훗날 소련의 아프가니스탄 침공은 소련 붕괴라는 재앙의 주요 요인이 되었다.

추가 고려사항

▶ 미국이 아프가니스탄에 대한 소련의 의도를 예측하기 위해 노력한 것은 잉글랜드가 스페인의 필립 2세가 언제 무적함대를 보낼지 예측하기 위해 노력한 것과 또는 영국이 1930년대 독일 공군력의 장점을 측정하려고 노력했던 것과 비교할 때 유사점과 차이점은 무엇인가?

▶ 소련의 의도에 관한 첩보는 항상 뒤섞여 있었다. 무엇이 일어날지 예측하기 위해 분석관은 애매하고 모순된 불완전한 첩보를 어떻게 가려낼 수 있을까?

▶ 소련의 아프가니스탄 침공은 병력과 장비의 이동과 같은 전술적 징후들이 무엇이 일어날지를 예측하게 한 사례인가? 다른 사례로는 무엇이 있을까?

▶ 소련의 입장에서 볼 때 아프가니스탄에서 반란대응 활동 작전을 수행하는 데 있어서 어려웠던 점은 무엇일까?

추천도서

Arnold, Anthony, *Afghanistan: The Soviet Invasion in Perspective*, Stanford, CA: Hoover Institution Press, 1981.

Bradsher, Henry S., *Afghanistan and the Soviet Union*, Durham, NC: Duke Press Policy Studies, 1983.

MacEachin, Douglas, *Predicting the Soviet Invasion of Afghanistan: The Intelligence Commuity's Record*, Washington, DC: Center for the Study of Intelligence, 2002.

22. 스파이 색출: 에임즈와 한센

　냉전은 제3세계에서 그리고 전략무기 경쟁에서만 진행된 것이 아니라 조용한 방식으로도 진행되었다. 1985년이 끝나갈 무렵 소련 내에서 활동 중이던 미국의 스파이들이 연이어 체포되었다. 그리고 그 다음해 봄에는 거의 십여 명이 목숨을 잃었는데 이들은 소련에서 활동 중인 CIA와 FBI의 인간정보출처 명단에 포함된 중요한 인물들이었다. 이들은 대부분 신속히 처형되었다. 소련에서 진행 중인 미국의 많은 공작이 노출되었으며 명백히 무엇인가가 잘못되고 있었다.

　1986년 CIA와 FBI는 무슨 일이 일어나고 있는지를 확인하기 위해 각각 방첩수사를 시작하였다. CIA는 단서가 될 만한 것이 있는지 알아보기 위해 사건의 기록들을 검토하기 시작하였다. 그리고 가설을 설정하였다. (1) 소련 공작원들에 의한 스파이 활동 (2) 1985년 체포된 많은 스파이들로부터의 폭로 (3) 소련으로 오가는 미국 보안통신의 노출

　그러나 이러한 가설들 어느 것도 그럴듯한 설명이 되지 못하였다. 그리고 당시 미국의 스파이들이 실수를 한 것 같지도 않았다. 1985년 적발된 소련 공작원들이 있었지만 이들은 소련에서 실종된 미국 스파이들과는 관련이 없었다. 소련으로 오가는 통신에 거짓 첩보를 흘려 소련의 반응을 탐색하였지만 수확이 없었으며 이에 따라 기술적인 문제도 관계없음이 밝혀졌다.

　일부 정보관리들은 두더지(Mole), 즉 소련을 위해 스파이 행위를 하는 미국의 정보관리가 있을 수 있다는 점을 우려하였지만 이러한 가설은 중요하게 검토되지 않았다. 이것은 모든 CIA 직원이 받아야 하는 거짓말 탐지기(Polygraph) 측정과 같은 조치가 배반을 방지할 수 있다는 가정에 따른 것이었다. 더구나 제임스 엔젤톤(James Angleton)이 1954년부터 1974년까지 CIA 방첩 책임자로 재임할 때 CIA 직원들을 의심하고 수사하였다. 이로 인해 많은 경력자들이 파면되거나 퇴임하기도 하였다. 그래서 혐의자에 대한 추적을 꺼리는 분위기가 CIA 내에 존재하고 있었다.

　1991년 방첩수사가 진전을 보이지 않자 CIA는 FBI와 협력하기로 결정하였으며 FBI와 관련된 첩보를 공유하기로 하였다. CIA는 수사를 위해 FBI의 방식을 활용하기로 하였다. 이에 따라 서류 검토보다는 혐의자를 추적해 나가기로 하였다. 두

기관은 합동수사를 전개하였다. 합동수사팀은 매트릭스(Matrix)를 활용하여 소련과 연관된 서류에 접근한 적이 있는 모든 사람들을 매트릭스의 한 축에 기재하고 매트릭스 다른 한 축에는 실종된 공작원을 기입하여 검토하여 나갔다. 이러한 방식으로 미국의 스파이들을 적에게 팔아 넘겼을 만한 약 200명의 목록을 작성하였다. 합동수사팀은 한 명씩 검토하면서 가능성이 없는 자들을 지워나갔으며 궁극적으로 주요 혐의자 목록을 29명까지 좁혔다.

1993년 CIA는 소련과 내통한 두더지일 가능성이 가장 높은 인물로 공작관 경력이 있는 올드리치 에임즈(Aldrich Ames: 1941 –)를 지목하였다. 에임즈는 이전에 소련 문제를 다루었으며 소련 정보요원과의 접촉을 허가받은 자였다. 그러나 시간이 지나면서 그는 소련인들과의 모든 접촉, 심지어 인가된 소련인들에 대한 보고와 여행에 대한 보고까지 중지한 바 있었다. 또한 주목되는 다른 징후가 있었는데 에임즈는 좋지 않은 행적으로 알코올중독, 자신의 수입을 넘는 과도한 소비를 한 것으로 기록되어 있었다. 그러나 1991년 그의 이름이 29명으로 좁혀진 혐의자 명단에 포함되었음에도 불구하고 이러한 징후들이 심각하게 검토되지는 않았다. 그러나 무엇보다도 가장 의심스러웠던 것은 그가 소련 정보요원들과 접촉한 이후 그의 은행계좌에 많은 금액이 예치되어 있었다는 점이었다. 이것은 형사사건이 될 수 있으므로 CIA는 FBI에 사건을 넘겼다.

FBI는 에임즈에 대한 감시를 시작하였다. 그러나 그가 실제로 스파이 활동을 하고 있는지를 확인하는 것은 매우 어려웠다. 드디어 1993년 9월 에임즈가 찢어 버린 종이조각을 맞추어 본 결과 암호 쪽지임이 드러났다. FBI 요원은 이것이 비밀회합 장소에 이르는 길이라는 것을 알게 되었다. 이 쪽지로 인해 FBI는 법원의 승인을 받아 에임즈를 감청하고 에임즈의 가택에 대한 수사를 은밀하게 진행할 수 있었다. 이와 같은 감시 강화로 인해 FBI는 에임즈가 가택 내의 개인 컴퓨터에 의심되는 자료를 보관하고 있음을 알게 되었다. 한편 CIA 본부에 있는 에임즈의 사무실에 대한 수사를 통해 에임즈가 자신의 업무와 관계가 없는 많은 비밀문서를 가지고 있음이 드러났다.

1994년 2월 21일 FBI는 에임즈를 체포했다. 수사 결과 그의 스파이 행위의 주요 동기는 금전이었고 러시아 측이 그간 그에게 약 270만 달러를 지불하였으며 더 큰 금액을 약속한 것으로 밝혀졌다. 그는 CIA 업무에 대해 불만을 가지고 있었다. 또한 그는 스파이를 찾는 데 혈안이 되어 있는 방첩요원들보다 자신이 더 영리하다는 것을 보여주는 데 큰 만족감을 느끼고 있었다.

　에임즈는 그의 재판과정에서 수사관들에게 협조하기로 동의하였으나 미국의 스파이들이 보내온 첩보와 에임즈가 모르는 다른 공작도 노출된 점 등을 고려할 때 러시아가 침투시킨 또 다른 스파이가 있을 가능성이 높았다. 한편 CIA 직원들이 자신들의 동료가 배반자일 가능성을 믿으려 하지 않은 것처럼 FBI 직원들도 조직 내에 스파이가 존재할 가능성은 없다고 생각하였다. CIA는 에임즈의 체포로 조직 내에 또 다른 스파이가 존재할 가능성을 부인할 수가 없었다. 이에 따라 1990년대 말 CIA 내에서 제2의 두더지를 찾기 위한 내사가 진행되었다. 1999년 CIA는 한 명의 혐의자를 집중적으로 감시하였으나 그의 유죄를 증명할 구체적인 증거를 발견하지는 못하였다.

　한편 FBI는 조직 내의 스파이 색출을 위해 큰 보상금을 제시하였고, 2001년 11월 러시아 출신의 한 망명자가 보상금을 받게 되었다. 그는 수년 간 모스크바를 위해 일한 한 명의 스파이에 대한 자료를 제공하였다. 그 자료에 스파이의 이름이 나타나지는 않았지만 전화로 나눈 간단한 대화의 녹음과 스파이가 자료를 담아 넘기는 데 사용하던 플라스틱 가방이 포함되어 있었다. FBI는 녹음된 목소리와 플라스틱 가방에서 지문을 확인할 수 있었다. 그리고 목소리의 주인공과 지문이 FBI 방첩요원으로서 컴퓨터 전문가인 로버트 한센(Robert Hanssen: 1944-)과 일치하는 것을 확인하였다. 한센은 20년 이상 소련과 러시아의 여러 정보기관을 위해 활동하였다. FBI는 한센을 전근시켜 덜 민감한 일을 맡기고 내사를 시작하였으며 그가 의심을 불러일으킬 만한 행동을 보이는 것을 알게 되었다. FBI는 2001년 2월 18일 비밀문서를 러시아 요원이 가져가도록 비밀 약속장소에 은닉하는 한센을 현장에서 체포하였다. 에임즈처럼 한센 또한 금전적 이유로 스파이 활동을 하였고 업무에 대한 불만과 당국을 속이는 데 만족감을 가졌다. 그도 미국을 위해 활동한 소련인 및 러시아인들의 신원을 포함하여 여러 공작내용을 소련 정보요원에게 팔아 넘겼다. 소련은 민감한 첩보를 별도로 확인하기 위한 수단으로 한센을 활용하기도 하였다.

　한센은 소련의 정보요원과 접촉할 때 에임즈보다 훨씬 더 신중하였다. 그는 결코 그의 본명을 알려주지 않았고 직접 대면접촉을 하지도 않았다. 그는 직접 만나지 않고 수수소(Dead Drop)를 이용한 비밀연락 방법을 통해 첩보를 제공하였는데 이것은 그를 조종하는 상대와 직접 접촉하지 않고 사전에 약속된 곳에 서류를 두고 돈을 찾아오는 방식이었다.

에임즈와 한센 사건을 조사한 방첩분석관들은 자신들의 동료가 소련을 위한 스파이활동을 한다는 가정을 받아들이기 어려웠지만 그 가정을 받아들였을 때 수사는 성공할 수 있었다.

수사는 전제조건과 절차를 가지고 진행되는 문제해결을 위한 하나의 과정이다. 분석과제와 달리 수사는 이미 일어난 행위를 조사하는 것이다. 그러므로 일어난 사건과 범인에 대한 증거는 많든 적든 간에 반드시 존재하게 되어 있다. 그리고 수사관들의 임무는 관련된 문제점들을 명백하게 밝혀내는 것이다. 수사관들은 범행수단, 범행동기, 범행기회 또는 누가, 언제, 어디에서, 무엇을, 어떻게, 왜와 같은 일련의 질문을 집중적으로 탐구하면 유용한 단서를 포착할 수 있게 된다. 수사의 목적은 성공적인 기소를 위한 증거자료를 확보하는 것이기 때문에 높은 수준의 증거를 확보하여야 하고 사건과 관련된 증거를 수집하고 평가하기 위해서는 많은 시간이 소요된다.

일반적이고 표준적인 정보분석과정에서 진행하는 것처럼 전체적인 사건의 흐름을 파악하거나, 다른 가설을 수립하여 사건이 다른 방향으로 전개되었을 가능성을 검토하거나, 이미 알려진 유사사례에서 교훈을 얻는 방법도 방첩수사에 많은 도움이 된다.

추가 고려사항

▶ 수사관들이 스파이 사건을 수사할 때 찾아야 할 지표들은 무엇인가?

▶ 에임즈와 한센의 2개 사례와 1950년대 핵폭탄 스파이를 적발한 사례를 비교할 때 유사점과 차이점은 무엇인가?

▶ 에임즈와 한센을 적발하는 데 왜 그토록 오랜 시간이 걸렸을까?

추천도서

Adams, James, Sellout: Aldrich Ames and the Corruption of the CIA, New York: Viking, 1995.

Vise, David A., The Bureau and the Mole: The Unmasking of Robert Philip Hanssen, the Most Dangerous Double Agent in FBI History, New York: Atlantic Monthly Press, 2002.

Weiner, Tim, et al., Betrayal: The Story of Aldrich Ames, an American Spy, New York:

Random House, 1995.

Wise, David, *Nightmover: How Aldrich Ames Sold the CIA to the KGB for $4.6 Million*, New York: Harper Collins, 1995.

Wise, David, *Spy: The Inside Story of How the FBI's Robert Hanssen Betrayed America*, New York: Random House, 2003.

23. 소련 붕괴

　　냉전기간 중 소련, 특히 소련의 전략 핵무기는 미국의 정보분석관들에게 가장 높은 우선순위가 되었다. CIA를 포함한 미 정보공동체(Intelligence Community)는 소련의 위협을 정확히 평가하기 위해 많은 노력을 기울였으며, 이를 위해 인공위성, 항공기, 선박, 지역수집기지 등을 수단으로 하여 이루어진 방대한 첩보수집 시스템을 구축하였다.

　　1980년대 CIA의 소련담당 분석관들은 군사적 이슈에 업무의 중점을 두었으며 소련을 중대한 위협국가로 보았다. 이들은 1981년 4월에 미래의 가능한 시나리오들을 검토하였는데 1960년대 및 1970년대 소련의 방위력 증강정책이 1980년대에도 지속될 가능성이 크다고 평가하였다:

> … 소련의 무기생산 및 개발 프로그램을 볼 때 소련은 미국과 균형을 이루기 위한 전력개발 정책을 지속할 것이다. … 소련이 이와 같은 프로그램을 성취하려면 국방비 지출을 1980년대 내내 계속 증가시켜야 하며 정확한 예측은 어렵지만 증가율은 연 4% 정도로 높을 것이다. … 4% 비율은 소련의 전체 경제규모에서 군사비가 차지하는 비율이 더 늘어나는 것을 의미하며 이로 인해 국내의 정치적 문제가 야기될 가능성도 있다.

　　돌이켜 볼 때 소련의 전략무기 전력에 대한 미국의 평가는 주로 신호 및 영상 첩보에 근거하여 때때로 과장되었으며 특히 1950년대 말에 더 과장되었다. CIA 분석관들은 새로운 방법에 의해 소련의 국방비 지출에 대한 평가를 수정하였다. 이들은 1980년대 소련의 성장이 더디게 진행되고 있다고 판단하였다. 그럼에도 불구하고 높은 수준의 국방비 지출은 지속될 것이고, 주민들의 불만이 있다 할지라도 국내 통제체제가 이를 억누를 수 있다고 평가하였다.

　　소련의 위협을 측정하는 중요한 방법은 소련이 미사일, 항공기, 전함, 탱크 및 여타 장비의 증가를 지원할 수 있는 경제적인 능력을 가지게 될 것인지 여부를 측정하는 것이었다. 이와 관련하여 1970년대 중반 CIA 분석관들은 소련의 경제조건 악화에 대해 보고하기 시작하였다. 1977년 7월 CIA 경제분석관들은 다음과 같이 지적하였다:

강력한 개선책이 쉽게 마련되기 어렵고 정치적으로 실현 가능하지도 않다. …경제성장의 후퇴는 군사비 지출에 대해 모스크바에서 치열한 논쟁을 야기할 수 있다.… 이러한 심각한 문제로 인해 소련 지도자들은 과거에 논쟁을 초래하거나 긴급하게 처리하지 못해서 거부되었던 정책들을 고려할 수 있을 것이다.

이후 1983년 CIA의 견해는 다음과 같았다:

산업 성장은 … 1976-1982년 동안 급격하게 둔화되었다.… 특히 생산성 부진이 더욱 심화되었다. … 1980년대의 남은 기간 동안 상황이 개선될 것으로 전망되지 않는다.

그러나 일부 경제학자들은 CIA가 소련 경제를 측정하기 위해 사용한 기준에 관해 의심을 표명하였고 이와 관련 논쟁이 있었다. 이들은 CIA가 서방 시장체제에 의거하여 소련 경제를 비교하고 결론을 미리 정해 놓았다고 주장하였다.

소련의 위협을 평가하는 또 다른 중요한 측면은 사회적 지표를 고려하는 것이었다. 군사장비와 달리 사회적 상황과 같은 "연성"(soft) 이슈들은 의사결정자들에게 관심이 적었으며 측정하기 더 어려웠다. 그럼에도 불구하고 소련을 방문하는 사람들은 누구나 중대한 사회적 문제를 쉽게 관찰할 수 있었는데, 알코올 중독과 부패가 만연하였다. 소비재 상품은 질이 나쁘거나 공급이 부족하였다. 한편 출생률 및 평균 수명과 같은 통계지표의 이용이 가능해졌는데 1980년대 통제가 완화되면서 소련 국내상황에 대한 많은 정보를 얻는 것이 가능해졌다. 이와 함께 미 분석관들은 소련에서 언론의 자유화가 이루어지고 있는 데에 관심을 집중하였으며 공산주의 체제에 대해 늘어나는 정치적, 경제적, 사회적, 민족적인 긴장을 주시하였다.

1985년 정치개혁론자인 미하일 고르바초프(Mikhail Gorbachev: 1931 -)가 소련 공산당 총서기가 되었다. 처음에는 고르바초프의 개혁 목적이 공산주의 체제를 바꾸기보다는 체제를 수정하려는 것으로 평가되었다. 그 해 발간된 국가정보평가서(NIE)는 체제의 붕괴가 5년 내에 가능하지는 않아도 소련은 늘어나는 내부 문제로 인해 어려운 선택을 해야 하는 상황에 직면할 것이고, 고르바초프가 성공할 가능성은 잘해봐야 반반이라고 평가하였다. 1986년 4월 CIA는 다음과 같이 평가하였다:

그러나 고르바초프가 소련 사회에 형성된 오래된 부정적인 현상을 타파할 정도로 충분한 개혁을 도입할 가능성은 없다. … 소련 체제가 당장은 사회적인 긴장을 억누를 수 있다 할지라도 장기적으로 볼 때 대중적인 열망과 이것을 만족시킬 수 있는 체제의 능력 간의 차이는 커질 것이다.

1987년 국가정보평가서는 고르바초프가 여전히 공산주의를 유지하기를 원하고, 소련의 영향력을 확대하기를 원하지만 이를 평화적으로 이루어 나가려고 할 것이며 개혁이 소련 연방을 유지할 것으로 평가하였다. 또한 소련의 미래에 대한 다양한 시나리오를 제시하였으며, 고르바초프가 자신의 목적을 달성하려 하면서 현 체제에 활력을 불어넣을 수 있을 것으로 평가하였다. 그렇지만 소련 체제가 완전히 개혁될 가능성은 적은 것으로 보았다. 한편 고르바초프 정권을 위협하는 전통주의자들의 반발 가능성이 있으며, 소련이 시장경제와 민주주의를 받아들일 가능성은 없다고 평가하였다. 동유럽과 관련하여 1988년 국가정보평가서는 시나리오 기법을 활용하여 전면적인 개혁, 격변과 함께 전통주의자들의 반발이 있을 것으로 예상하였다.

국가정보평가서는 군사력에 중점을 둔 평가를 지속하였다. 그리고 냉전이 끝났다는 고르바초프의 언급을 미사여구로 여기고 지속 의심하였다. 또한 1988년 12월 국가정보평가서는 변화가 거의 없었고 이후 10년 동안도 마찬가지일 것이라고 평가하였다.

… 소련인들이 지출하고 얻으려는 것과 소련 전략군이 어떻게 배치되어 있고 그들이 어떻게 계획하고 어떻게 훈련하는지를 보면 소련 국방정책의 기본 요소와 실행은 고르바초프의 개혁 캠페인에 의해 바꿔지지 않았다.

이후 고르바초프는 아프가니스탄으로부터 소련 군대를 철수시키고 국내 억압을 완화했으며 소련의 핵무기 감축을 제시하였다.

1989년 들어서도 국가정보평가서는 여전히 군사력에 중점을 두고 평가하였다. 소련과 서방 간의 경쟁을 주제로 같은 해 작성된 한 국가정보평가서는 소련이 위험한 상대가 될 것으로 평가하였다. 1989년 12월 소련의 국내 상황에 초점을 둔 다른 국가정보평가서는 다음과 같이 지적하였다:

정보공동체 분석관들은 소련의 현 상황이 지속될 것이고, 어려운 상황에도 불구하고 정부가 억압 조치를 취하지 않고 혼란을 관리할 수 있지만 개혁 과정이 중단될 수도 있다고 평가하였다.

그러나 CIA는 이와 같은 판단에 의견을 달리하고 고르바초프가 통제력을 잃어

버릴 수도 있음을 우려하였다.

CIA는 1989년 내내 소련에서 근본적인 변화가 진행하고 있다고 평가하였다. 1989년 9월 CIA는 동유럽이 소련의 통제에서 벗어났을 때 소련에서 경제적, 사회적 문제들이 지속 악화되고 있음을 지적하였다:

> … 머지 않아 소련 지도부는 대중적 소요에 직면할 것이고 … 소련 지도부는 비상조치를 필요로 할 것이며 국내 통제를 유지하기 위해 무력을 사용해야 할 것이다. 고르바초프의 선택은 쉽지 않을 것이며 … 고르바초프의 개혁 추진으로 인해 파생된 여러 문제들이 장차 소련 내에 주요 불안을 초래할 것으로 보인다. …

1990년 긴장을 감소시키는 중요한 변화들이 지속 일어났는데 유럽재래식무기 감축협정(Treaty on Conventional Armed Forces in Europe), 동유럽으로부터 소련군의 평화적 철수 및 독일 통일에 대한 모스크바의 허용 등이었다.

1991년 소련 내에 긴장이 증가하였으며, 같은 해 4월 CIA는 개혁파 지도자 암살 또는 쿠데타 등 폭발적인 사건이 발생할 가능성이 있다고 경고하였다. 1991년 5월 평가는 다음과 같았다:

> 현 위기의 핵심은 현 정치 체제든 부상하는 새로운 시스템이든 대중적 요구와 경제위기에 효과적으로 대응할 수 없다는 것이다. 요컨대 소련은 현재 혁명적 상황에 있다.… 소련의 현 체제와 지도부가 어느 순간 무너질 수도 있는 상황이다.

1991년 6월 국가정보평가서는 공산당이 권력에서 물러나고 소련이 앞으로 5년 이내에 새로운 형태의 국가가 될 수도 있는 혁명의 한 가운데 있다고 지적하였다. 그리고 이와 관련한 시나리오들로서 지속되는 불안정, 좀 더 민주주의 체제로의 평화적 진화, 소련의 갑작스런 붕괴, 구질서를 회복하려는 강경파의 활동 등을 제시하였다.

1991년 8월 17일 CIA는 대통령일일보고(President's Daily Brief)를 통해 예정된 8월 20일 새로운 연방조약으로 인해 고르바초프를 반대하는 자들의 행동이 나타날 것이라고 경고하였다. 물론 분석관들은 구체적인 사항을 제시하지는 않았다. 8월 19일 강경파들은 쿠데타를 일으켰다. 긴장된 며칠이 지난 후 쿠데타는 실패하였다. 그러나 이후 몇 주 내 소련 연방의 많은 공화국들이 독립을 선포하였다. 같은 해 말에 소련은 해체되었고 냉전은 종식되었다.

　　복잡한 쟁점과 관련하여 늘 그렇듯이 소련 붕괴에 대한 분석관들의 평가는 엇
갈려 있었다. 군사적 측면에서 분석관들은 소련으로부터의 안보위협이 장기간 지속
될 것이라고 예상하였다. 이들은 사회적, 경제적 문제에 따른 소련 내부의 위험을
주시하였지만 이로 인한 영향이 그렇게 빨리 파급될지를 깨닫지 못하였다.

　　1980년대 소련을 담당한 CIA 분석관들에게는 현상유지사고(Status Quo Thinking)
의 유혹을 이겨내는 것이 중요한 과제였다. 현상유지사고란 오랫동안 진행되어온
것이 계속 그럴 것 같다고 생각하는 것을 의미한다. 소련에서 무엇이 일어날지 예
측하고 이해하는 것을 복잡하게 한 것은 2가지 변화 과정이 어느 정도 동시에 진행
되었기 때문이었다: 즉, 이념의 불신과 제국의 붕괴였다. 또한 전문성의 모순
(Paradox of Expertise)은 소련 붕괴와 같은 돌발적인 사건을 예측하는 것을 어렵게
하였다: 수십 년 동안 소련 문제를 담당한 분석관들이 갑자기 다른 상황이 발생하
는 것을 상상하는 것은 어려웠다. 결국 CIA 분석관들은 군사안보 요인에 집중한 반
면 사회적이고 민족적인 문제처럼 미묘하고 분간하기 어려운 요인들에 덜 관심을
가짐으로써 무엇이 진행되고 있는지를 제대로 이해하지 못하였던 것이다.

　　분석관들은 미래에 대한 길잡이로서 지도자들의 의도를 주의깊게 검토할 필요
가 있다. 고르바초프는 공산주의를 끝내려 하지도 않았고 소련을 붕괴시키려 하지도
않았다. 그러나 그의 정책들은 그러한 방향으로 가는 데 결정적인 역할을 하였다.

　　CIA 분석관들은 다양한 시나리오를 통해 빠르고 중요한 변화와 연계된 불확실
한 상황을 다루었다. 분석관들은 더 높은 국방비 지출을 원하는 소련 지도부의 욕
구, 이러한 욕구를 충족하지 못하는 공산주의 경제의 무능, 빈곤한 생활수준에 대
한 주민 불만 증가 및 비러시아인들 사이에서 일어나는 민족주의 감정에 대한 탄압
등을 시나리오의 주요 추동요인(Driver)으로 평가하였다.

　　국가안보와 관련 의회, 국방부 및 국무부와 같은 정보분석의 소비자들은 소련
군에 관심의 초점을 두었다. 이들에게 소련군은 미국을 파괴시킬 잠재력을 가지는
유일한 세력이었던 것이다. 또한 고위 의사결정자들은 정보분석관들보다 소련의 붕
괴가 임박하였다는 것을 믿으려 하지 않았다. 그렇지만 레이건 행정부는 소련의 취
약성을 공략하는 전략을 추구하는 등 냉전에서 승리하기 위해 지속적인 노력이 필
요하다고 믿었다. 한편 레이건 행정부 다음의 조지 부시(George H. W. Bush:
1924－) 행정부는 냉전 종식으로 나아가려 한다는 고르바초프의 언급에 대해 처음
에는 의심을 가졌다.

게다가 국가정보평가서는 정보공동체의 합의에 기초한 판단으로 정보공동체 분석관들은 소련의 미래에 관해 활발하게 토론하였다. 그러나 소련이 신속히, 완전히 그리고 평화적으로 붕괴할 것이라고 믿은 분석관들은 거의 없었다.

추가 고려사항

▶ 어떤 종류의 데이터가 소련 연방의 임박한 붕괴를 밝혀 줄 수 있었을까? 이러한 데이터는 분석관이 구할 수 있는 것이었을까?

▶ 테러리즘, 기후변화 또는 중국의 성장, 글로벌 정치·경제 체제로의 통합과 같이 이슈의 특별한 측면에 중점을 둠으로써 분석관들이 정확히 이해하지 못하는 복잡한 다른 현대 이슈들이 존재하는가? 왜곡된 관점이 이러한 이슈들에 관해 수집되어지는 첩보에 영향을 미칠까?

▶ 능력과 의도에 대한 검토가 분석관들이 소련의 붕괴를 이해하는 데 어떻게 도움이 되었는가?

추천도서

Beschloss, Michael R., and Talbott, Strobe, *At the Highest Levels: The Inside Story of the End of the Cold War*, Boston: Little, Brown, 1993.

Bush, George, and Scowcroft, Brent, *A World Transformed*, New York: Knopf, 1998.

Fischer, Benjamin B., ed., *At Cold War's End: U.S. Intelligence on the Soviet Union and Eastern Europe, 1989－1991*, Washington, DC: CIA Center for the Study of Intelligence, 1999.

Gates, Robert M., *From the Shadows: The Ultimate Insider's Story of Five Presidents and How They Won the Cold War*, New York: Simon & Schuster, 1996.

Haines, Gerald K., and Leggett, Robert E., eds., *CIA Analysis of the Soviet Union, 1947－91*, Washington, DC: CIA, Center for the Study of Intelligence, 2001.

기타 지역의
국제안보 이슈분석

　　미국과 소련 간의 경쟁 및 대립 관계가 20세기 후반부를 지배하였다. 그러나 다른 문제들도 있었다. 나머지 다른 지역에서는 근대화 및 오래된 영토분쟁과 같은 이슈들을 다루는 데 많은 어려움이 있었다. 이와 같은 이슈들을 냉전 프리즘을 통해 보는 것은 때때로 이들을 이해하지 못하게 한다.

　　전형적인 군사적 이슈인 기습과 기만 그리고 새로운 기술의 등장에 따른 충격도 있었다. 정보분석관들은 핵무기 확산을 제한하고, 에너지 수요와 공급 정책과 같은 새로운 난제를 극복하기 위해 노력하였다.

　　역사가 빠르게 진행되었고, 사건들은 가속화된 속도로 진행되었다. 기술의 혁신과 단절, 전통적 추세의 변화 등으로 인해 선진국과 나머지 국가 간의 격차는 더 벌어졌다. 이와 관련 이슬람 근본주의자들은 자신들의 뜻을 드러내기 위해 테러리즘을 선택하였다.

〔그림 23〕 중동

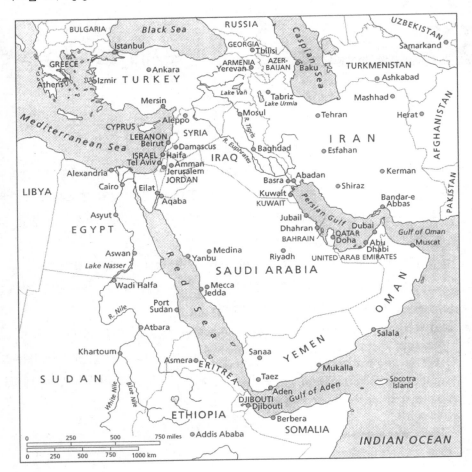

24. 욤 키푸르 전쟁

중동은 세계 원유의 최대 원천지이면서 세계 3대 종교의 발생지이다. 이에 따라 중동은 세계적 차원의 이해관계가 첨예하게 걸려 있는 지역이다. 이스라엘은 이렇게 중요하면서도 불안정한 지역의 중심에 놓여 있다. 이스라엘은 작은 국가인 반면 적대적이고 영토가 더 크며 인구가 더 많은 아랍 국가들에 의해 둘러싸여 있다. 따라서 이스라엘에게 효과적인 첩보수집과 분석은 가장 높은 우선순위를 차지한다. 1967년 이스라엘이 임박한 적의 공격에 처해 있음을 정보기관이 제시했을 때 이스라엘은 이집트, 요르단, 시리아에 대해 선제공격을 단행하였다. 이스라엘 방위군(Israel Defense Forces: IDF)은 뛰어난 정보를 활용하여 적의 위치를 파악하였다. 그리고 단 3시간 만에 이집트 공군을 제압하고 6일 만에 3개국 군대를 모두 물리쳤다. 이러한 성과로 인해 이스라엘은 지역에서 가장 강한 군사력을 갖춘 국가로 인식되었다. 결과적으로 이스라엘의 민간 및 군사 지도자들은 주변 아랍국가들을 두려워하지 않고 어떤 미래의 위협도 탐지하고 대응할 수 있다고 여기게 되었다.

이와 같은 이스라엘의 평가는 안와르 알 사다트(Anwar al-Sadat: 1918-81)가 1970년 이집트의 대통령이 된 이후에도 바뀌지 않았다. 1967년 전쟁에서 잃은 시나이 반도(Sinai Peninsula)를 되찾으려는 사다트의 위협과 사다트가 1971년을 "결단의 해"(Year of Decision)로 선포한 것을 이스라엘 분석관들은 공허한 말장난에 불과한 것으로 보았다. 그리고 그 당시에 어떤 일도 발생하지 않았다.

이스라엘은 불가피한 경우가 아니라면 대응하기를 꺼리는 입장이었는데 이는 평시에 복무 중인 군사요원의 수가 제한되어 있고, 예비병력을 동원하는 것은 비용이 많이 들며 시민생활을 힘들게 할 수도 있기 때문이었다. 군정보국(Directorate of Military Intelligence: AMAN)이 적에 대한 위협평가를 책임지고 있었는데 이러한 평가에 따라 예비병력이 동원되었으며, 군정보국은 어떤 공격이든 적어도 수일 전에 경고하기로 약속하였다.

1972년 10월 이래 AMAN의 책임자인 엘리 제이라(Eli Zeira: 1928-) 장군은 아랍국가들이 전쟁에서 이긴다고 확신하지 않을 경우 전쟁을 시작하지 않을 것이라고 믿었다. 이러한 분석은 신뢰할 만한 한 명의 인간정보출처의 보고에 의해 뒷받침되었는데, 그는 사다트 대통령이 이집트가 제공권 확보를 위한 미사일과 폭격기를 보유할 때까지 이스라엘을 공격하지 않을 것이라고 제보해 왔다. 제이라는 이집트가 싸울 때까지 시리아가 먼저 이스라엘을 공격하지는 않을 것이고, 다른 인접국들인 요르단과 레바논은 여러 이유로 전쟁에 가담하지 않을 것으로 생각하였다. AMAN은 이집트가 수에즈 운하를 건너 공격해오는 것을 가정하여 산발적인 공격에서부터 시나이 반도를 탈환하기 위한 전면적인 공격시도 등 다양한 시나리오들을 상정해 보았다. 그러나 1972년 12월 제이라는 이집트가 운하를 건너올 가능성은 "제로에 가깝다"(Close to Zero)고 밝히고 이후 여러 달 동안 자신의 견해를 지속 주장하였다. 이러한 분석적인 경향은 "신념"(The Concept or The Conception)으로 알려져 있는데, 신념은 자만, 심지어 오만함과 함께 아랍인들은 세련되지 못하고, 기술시대의 전쟁을 치를 능력을 갖고 있지 않다는 인종적, 민족적인 고정관념(Stereotype)과 혼합되어 있는 개념이었다. 1973년 10월 5일 제이라는 이집트와 시리아가 전쟁을 시도할 가능성은 매우 낮다고 계속 주장하고 있었다.

이스라엘의 대부분 고위관리들은 전쟁 가능성이 낮다는 제이라의 평가에 동의하였다. 1973년 9월 총선을 앞두고 집권 노동당의 모세 다얀(Moshe Dayan: 1915-81) 국방장관은 국경에 가까이 있는 이스라엘 정착촌에 대한 시리아의 제한 공격 가능성을 매우 우려하면서도 "다음 10년간 전쟁은 없을 것"이라고 강조하였다. 동시에 퇴역장군으로서 야당인 리쿠드당(Likud Party)의 지도자가 된 아리엘 샤론(Ariel Sharon: 1928-)은 "이스라엘에 평화가 깃들고 있으며, 사실상 안보문제는 없다"고 언명하였다. 실무를 맡은 일부 분석관들이 우려하였을 뿐 이들의 우려는 이스라엘 지도자들에게 거의 영향을 미치지 못하였다.

한편 미국의 분석관들은 전쟁이 다가오고 있는 일부 징후를 포착하였지만, 이스라엘이 뛰어난 정보력으로 더 정확하게 판단할 것이라고 여겼다. 그러면서도 이들은 이스라엘이 우려해야 할 상황을 왜 우려하지 않는지를 이해하지 못하였다.

이스라엘 사람들은 다양한 수단에 의한 수집이 전략적이고 전술적인 경고를 제공할 수 있다고 확신하였다. 이집트에서 중요 위치에 있는 한 사람이 이스라엘의 극도로 민감한 인간정보출처로 있었다. 아쉬라프 마르완(Ashraf Marwan: 1944-2007)은 가말 압델 나세르(Gamal Abdel Nasser) 전 대통령의 사위이자 사다트 이집트 대통령의 고위참모로 있으면서 이집트의 전쟁계획을 포함한 고급정보를 이스라엘의 해외정보기관인 모사드(Mossad)에 수년 간 제공해 오고 있었다. 이스라엘은 항공감시와 통신감청을 통해 임박한 공격을 며칠 앞서 경고할 수 있었다. 지상군은 불과 수백 야드 떨어진 곳에 위치한 이집트군 및 시리아군을 직접 관찰할 수 있었다. 제이라는 이러한 이스라엘의 수집체제를 확신하였으며 AMAN이 정확하고 적절한 경고를 제공할 수 있어 이스라엘은 기습을 당하지 않을 것이라고 의회에 설명하였다.

　　신념이라는 믿음에 의해 형성된 사고방식은 정신적인 여과 장치가 되었으며 이를 통해 이스라엘 사람들은 그들이 받는 정보를 해석하였다. 예를 들면 그들은 이집트가 많은 대공 미사일과 대전차 무기를 획득하였다는 것을 탐지하였다. 그러나 그들은 전쟁이 발발할 가능성이 없다는 평가로 인해 이러한 무기들을 방어적인 수단으로 보았다. 1973년 봄 이집트의 대규모 군사훈련이 있을 때에도 제이라는 이스라엘 지도부에 걱정하지 말라고 언급하였다. 그리고 실제로 이집트의 공격은 일어나지 않았고 이를 두고 이스라엘 지도자들은 제이라의 판단이 적중했다고 여겼다. 사다트 이집트 대통령의 호전적인 발언은 공허한 말장난으로 무시되었다. 공격의 정확한 시기와 목적을 제보해온 비밀보고들도 있었다. 그러나 이스라엘은 이것들을 심각하게 받아들이지 않았다. 실무를 맡은 한 명의 분석관이 반대의견의 평가를 제시하였지만 서류 속에 매장되었다. 심지어 9월 말에 후세인(Hussein) 요르단 국왕이 골다 메이르(Golda Meir: 1898-1978) 총리에게 전한 개인적인 경고도 무시되었다.

　　그러나 이스라엘은 사다트 이집트 대통령이 다른 생각을 하고 있음을 간파하지 못하였다. 1972년 가을 사다트는 제공권 확보를 위해 미사일과 폭격기를 보유할 때까지 기다리지 않기로 결정하였다. 대신 그는 단지 일부 영토만을 빼앗고 이스라엘에게 상당한 손해를 가하는 제한전쟁을 계획하였다. 사다트는 이스라엘 방위군을 패배시키거나 이스라엘을 파괴하려고 의도하지 않았는데 이것은 이집트의 능력 밖의 일이라는 것을 그는 잘 알고 있었다. 사다트의 제한전쟁 계획은 정치적인 승리를 찾기 위한 것이었다. 사다트는 제한된 군사적 성공을 통해 아랍의 자존심을 회복하고 이스라엘 정착촌 문제 해결을 위한 초강대국의 압력을 자극하려고 하였다. 이스라엘 정보기관은 이와 관련하여 어느 것도 간파하지 못하였다.

　　이집트인들과 시리아인들은 전쟁계획을 협력 및 조율하기 위해 이집트와 시리아군 간부 간의 고위급 대화를 개최하였다. 이들은 모든 계획을 철저히 비밀에 붙였고, 이스라엘은 이집트와 시리아 간의 회담을 탐지하지 못하였다. 오직 매우 적은 수의 고위 이집트 및 시리아군 간부와 민간 관리들만이 1973년 10월 초에 공격이 개시된다는 것을 알았다. 많은 장교들은 오직 몇 시간 앞서 무엇이 일어날지를 알았다. 이집트인들은 그들의 준비가 일반적인 기동훈련의 일환으로 보이게 하였다. 게다가 안보에 관한 공식 발표와 외교적 사안들을 다룰 때도 상대가 전혀 위기를 느끼지 못하도록 신중하게 추진하였다. 고위 사령관들은 전쟁 준비가 평범한 일상적인 계획으로 보이도록 노력하였다. 어떤 경우에는 이집트가 이스라엘의 공격 가능성에 대해 우려하고 있다는 말이 퍼지기도 하였다. 그러나 이집트인들은 아마도 마르완을 제외하고는 이스라엘의 비밀수집 경로를 통해 거짓첩보를 흘려보내려는 기만 활동을 하지는 않은 것 같다.

8월부터 시리아인들이 군대의 휴가를 취소하고 예비군을 소집하며, 국경을 따라 병력을 증강하는 등의 징후가 나타났다. 9월 말에 이집트인들은 장교 승진시험을 취소하고 자신들 쪽의 운하에 설치된 지뢰를 제거하기 시작하였다. 그리고 카이로 국제공항을 폐쇄하였다. 그리고 나서 10월 1일 예견된 가을훈련이 운하를 끼고 시작되었다. 이스라엘 사령관들은 이러한 모든 군사적인 움직임이 전적으로 방어를 위한 것이라고 생각하였다.

이스라엘은 마지막 순간 여러 징후들을 잘못 이해하였다. 많은 양의 탄약이 전방으로 이동하고 무선통신이 급격히 감소된 것을 이집트의 군사훈련으로 해석하였다. 이집트의 기동훈련이 지속되면서 고위 이스라엘 민간 및 군 간부들은 공격 가능성에 대해 검토하였지만 불가능하다고 계속해서 믿었다. 10월 4일 이스라엘 사람들은 소련의 공관원 가족들이 급히 이집트와 시리아를 떠나는 것을 알게 되었다. 아마도 이들은 전쟁이 임박했음을 인식하였던 것 같았다. 게다가 소련의 전함이 이집트 항구를 떠나기 시작하였다. 이스라엘 분석관들은 이러한 일련의 동향이 무엇을 의미하는지 어리둥절할 뿐이었다. 외교관계가 단절된 것일까? 러시아인들이 이스라엘의 공격을 두려워하였을까? 그들은 아랍의 공격이 임박했음을 알았지만 방관자가 되기를 원하였을까? 같은 날 공중정찰은 전례없는 수준의 이집트 병력과 차량 및 가교 장비가 수에즈 운하를 따라 배치되어 있음을 발견하였다. 이러한 첩보는 지상의 관측자들에 의해서도 확인되었다. 그러나 관련 보고가 명령 체계를 통해 위로 올라가면서 경고의 자세한 내용은 희석되었다. 불확실하지만 우려되는 상황에서 이스라엘군 사령부는 10월 5일 경고단계를 높였다.

토요일인 10월 6일은 유태인 종교력으로 휴일이었다. 이로 인해 많은 현역 근무 병사들이 휴가 중이었다. 그 날 아침 일찍 모사드는 해질 무렵에 전쟁이 개시될 것이라는 마르완의 보고를 배포하였다. 이집트는 이스라엘 공군이 어둠 속에서 효과적이지 못할 것을 기대한다는 것이었다. 이것은 마르완이 이미 이전에 이스라엘에게 넘겨주었던 계획과 일치하였다. 데이비드 엘라자르(David Elazar: 1925－76) 육군참모총장은 매우 우려하였으며 선제공습과 예비군의 전면동원을 권고하였다. 그러나 다얀 국방장관은 공습을 거부하고 오직 부분적인 동원을 허락하려 하였다. 제이라는 운하를 따라 이집트인들의 군사적 움직임이 증가하는 전술적 징후로 인해 혼동된 상황이 있음을 인정하였다. 그러나 그는 이집트가 전략적으로 이길 수 없는 전쟁을 시작하지는 않을 것이라고 계속 믿고 있었다. 그러므로 전쟁이 일어날 가능성은 확실하지 않다는 것이었다. 이와 같은 제이라의 견해는 다얀 국방장관에게 영향을 미쳤으며 다얀은 지속해서 전면동원 또는 선제공습을 반대하였다. 그러나 메이르 총리는 의심하는 자들의 이견을 억누르고 예비군의 동원을 승인하였다.

때는 너무 늦었다. 오후 2시에 이집트 군대는 수에즈 운하를 건너 기습을 감행하였다. 이 공격은 아침에 공격하기를 원한 시리아인들과의 타협을 통해 수일 전에 변경되어 정해진 시간이었다. 운하의 이스라엘 쪽에는 오직 450여 명의 이스라엘 병력과 75대의 탱크가 있었는데 이스라엘 병력의 상당수는 충분히 훈련되지 못한 예비병력이었다. 반면에 이집트는 5개 사단으로 8만이 넘는 병력과 거의 1,000대의 탱크를 갖추고 있었다. 동시에 시리아의 3개 사단병력이 1,000대 이상의 탱크와 함께 북쪽에서 공격하였다.

전쟁이 시작되었고 이스라엘은 며칠 동안 위기에 처한 후 이집트와 시리아의 공격을 중단시키고 이집트 내로 진격해 들어갈 수 있었다. 전쟁의 결과 아랍인들은 원유를 무기로 활용하기 시작하였으며 이로 인해 불안한 고유가 시대가 시작되었다. 또 다른 결과로는 소련이 이집트의 패배를 막기 위해 군사개입하겠다고 위협하였을 때 쿠바 미사일 위기 이후 초강대국인 미국과 소련 간에 가장 심각한 대립이 초래되었다. 미국은 모스크바를 설득하기 위해 적극 나서야 하였다. 이스라엘 정보기관은 의회의 조사와 권고에 따라 개혁조치를 취하였는바 관습적인 예측에 도전하기 위한 악마의 변론(Devil's Advocate) 분석기법을 제도화하였다.

욤 키푸르(Yom Kippur, 유대교의 명절로 속죄일－옮긴이) 전쟁은 정보분석과 관련 특히 많은 과제에 대한 풍부한 사례를 보여준다. 이와 함께 세계 도처의 똑똑하고 경험있는 훌륭한 분석관들과 의사결정자들도 중대한 실수를 범할 수 있다는 점을 알게 한다.

심리학적인 관점에서 볼 때 실패는 확인편견(Confirmation Bias), 프레이밍 편견 (Framing Bias)과 같이 익숙되어 있는 인지적 편견(Cognitive Biases)을 보여주었다. 또한 거짓경보(Cry Wolf Syndrome)가 발생한 하나의 사례로서 진주만 기습이 있기 이전에도 발생했었다. 거짓경보는 사실이 아닌 반복적인 경고로 인해 사실일 수도 있는 경고를 믿을 수 없게 된 것을 의미한다.

거부와 기만이 역시 주요 요인이 되었다. 하지만 이집트의 기만 노력은 특별히 정교하지 않았고 당시 여러 경로를 통해서 기만이 이루어지지도 않았다. 일부 이스라엘 분석관들이 알아차리기는 했지만 이집트인들에 의해 뿌려진 씨앗은 비옥한 땅에 떨어졌으며 이스라엘 내에 자아도취(Complacency) 및 자기과신(Over confidence)과 같은 다른 요인들과 결부됨으로써 심지어 가장 평범한 기만이 이스라엘에 강력한 충격을 줄 수 있었다.

1973년 이집트의 단순한 기만공작 성공은 정보분석관들에게 여러 가지 교훈을 주었다. 예를 들면 병력과 장비의 숫자와 같이 실제 눈으로 관측할 수 있는 것들은 능력을 평가하는 데 도움이 될 수 있다. 그러나 의도를 측정하려 할 때 이것들은 신중하게 활용되어져야 한다. 사실에 근거한 전술적 관찰은 적에 대한 전략적 판단과 비교할 때 동등하거나 심지어 우세한 비중으로 고려되어야 할 필요가 있다. 적에 대한 전략적 판단이 시대에 뒤져 쓸모없는 것일 수도 있기 때문이다. 이스라엘 군부는 전략적 수준에서 전쟁이 가능하지 않다고 보았다. 그래서 일부 정확한 전술적인 징후가 있었음에도 불구하고 이것들은 왜곡되었고 인정받지 못하였으며 상부 권력층까지 전달되지 못하였다. 따라서 이례적으로 보이는 것이 중요할 수도 있음을 명심하여야 한다. 이례적으로 보이는 것이 현존하는 가설에 맞지 않고 새로운 가설이 필요할 수도 있음을 제시하는 타당한 첩보일 수도 있기 때문이다.

한편 수집 문제와 관련 이스라엘인들은 이집트와 시리아 군부의 고위사령부 간의 협력과 같은 중대한 첩보를 수집하지 못하였다. 이러한 첩보를 찾으려 하지 않았기 때문일 수도 있다. 더구나 이스라엘인들은 이집트에서 고위지위에 있는 인간정보출처인 마르완을 너무 신뢰하였는데 돌이켜 보면 마르완의 역할은 애매하였으며, 일부에서는 그를 능숙한 이중 공작원으로 믿기도 하였다.

관료주의적인 문제와 관련 AMAN 내의 일부 실무 장교들과 모사드는 전쟁 가능성을 우려하였지만 이들의 견해는 영향을 주지 못하였다. 이와 관련 집단사고

(Group Think)가 역시 중요한 요인이 되었는데, 집단사고는 결속 및 충성심으로 인해 이들의 생각에 모순되는 정확한 첩보가 있다 할지라도 이에 충분한 주의를 기울이지 못하는 상황에서 발생하는 것이다. 이러한 그릇된 가정들은 오만과 자아도취에 의해 더 잘못되었다.

추가 고려사항

▶ 1973년 이스라엘인들은 다양한 출처로부터 첩보를 수집하는 등 적의 위협에 대비했지만 무엇을 잘하지 못하였는가?

▶ 진주만 기습 이전과 같이 당시 분석관들이 보유한 첩보를 감안할 때 이들이 정확한 평가를 하리라고 기대하는 것은 불합리하다. 만일 이스라엘이 다른 가능성을 염두에 두었더라면 공격을 예측할 수 있는 충분한 첩보를 가졌을까?

▶ 당시 알려진 것을 감안할 때 10월 6일 이전에 이집트와 시리아에서 이스라엘인들이 관찰한 것을 설명할 수 있었던 합당한 가설은 무엇이었을까?

▶ 좁은 군사적 관점보다 넓은 정치적 관점에서 문제를 바라보는 것이 사다트의 생각을 더 잘 이해하는 데 도움이 되었을까?

추천도서

Bar-Jospeh, Uri, *The Watchman Fell Asleep: The Surprise of Yom Kippur and Its Source*, Albany, NY: State University of New York Press, 2005.

Blum, Howard, *The Eve of Destruction: The Untold Story of the Yom Kippur War*, New York: HarperCollins, 2003.

Herzog, Chaim, *The War of Atonement: The Inside Story of the Yom Kippur War*, Boston: Little, Brown, 1975.

Rabinovich, Abraham, *The Yom Kippur War: The Epic Encounter that Transformed the Middle East*, New York: Schocken Books, 2004.

(그림 24) 이란

25. 이란 국왕의 몰락

1978년 미국 정부는 중동평화 정착, 소련과 군비통제협정 협상 및 공산주의 중국과의 관계 정상화에 주력하였다. 미국은 1941년 이래 권좌를 유지해온 모함마드 레자 샤 팔레비(Mohammad Reza Shah Pahlavi: 1919−80) 국왕이 통치하는 이란에 대해서는 염려하지 않았다. 팔레비 이란 국왕은 CIA가 후원하여 1953년 일어난 이란 내의 쿠데타로 인해 왕권을 강화할 수 있었다. 영국은 "수에즈 운하 동쪽"(East of Suez)에 주둔한 자국의 육군과 해군을 철수하게 되었고, 미국은 더 많은 국제적 책임을 떠맡게 되는 것을 꺼려하였다. 이란은 미국의 중요한 군사 동맹국으로 부상하였으며, 미국에게는 무엇보다도 강력한 이란이 석유자원이 풍부한 중동으로 세력을 팽창해 나가려는 소련을 저지하는 데 도움이 되었다.

에너지가 중요한 이슈였는데 가격이 폭넓게 불규칙적으로 변동하였으며 특히 욤 키푸르 전쟁 이후 아랍국가들의 석유수출금지 조치로 인해 석유가격은 상승 추세에 있었다. 당시 이란은 세계에서 두 번째로 큰 산유국으로서 일일 약 500만 배럴을 수출하였고, 미국의 석유 수요는 국내 공급을 능가하는 상황에 있었다. 이란 국왕은 아랍의 압박에도 불구하고 서방에 대한 석유수출 거부를 주도하는 아랍을 지지하지 않았는데, 아랍의 석유수출 거부는 이스라엘을 지지한 서방을 응징하기 위한 것이었다. 더구나 이란은 석유판매의 상당액을 미국으로부터 무기를 구입하는 데 사용하였다. 무기구매는 1972년 5억 달러에서 1974년 거의 40억 달러로 뛰었다.

그러므로 이란에 대한 미국의 주요 관심은 이란과 긴밀한 관계를 유지하고 이란의 안정을 구축하는 데 있었다. 1978년 1월 지미 카터(Jimmy Carter) 대통령은 이란의 수도 테헤란을 방문하던 중 "이란은 국왕의 뛰어난 지도력으로 인해 세계의 가장 골치아픈 지역에서 유일하게 안정을 이룬 나라가 되었다"고 치켜세웠다.

결과적으로 이란에 대한 미국의 첩보수집 우선순위는 다음과 같았다: 이란 국왕을 약화시키려는 소련의 활동과 이란의 투데당(Tudeh Party) 공산주의자들의 활동, 이란의 외교 정책, 이란의 석유 산업 상황, 그리고 군사력의 강화였다.

국무성과 CIA는 이란 국왕을 존중하여 이란의 국내 이슈에 대해 거의 수집활동을 전개하지 않았으며, 미 외교관들은 정부와 관계되지 않은 인물과 거의 접촉하

지 않았다. 미 대사관은 1976년 8월 다음과 같이 지적하였다:

> 미 대사관은 이란의 반체제 운동에 대한 첩보수집에 어려움을 가지고 있다. … 반체제 운
> 동은 이란이 매우 민감하게 여기는 사안으로서 이란 정부는 미국이 해외에서 이란의 반
> 체제 단체와 접촉하는 것을 반대한다.

미국은 이란의 국내정치에 관한 첩보를 주로 이란 국왕이나 그에게 충성하는
관리들과 잔인한 국내 보안기관으로 알려진 국가정보보안기구(State Organization for
Intelligence and Security)인 샤바크(SAVAK)로부터 수집하였다.

이와 같은 상황에서 미국의 정보기관은 객관적인 정보를 생산하기가 힘들었다.
당시 CIA는 이란의 SAVAK와 긴밀한 협력관계를 유지하였으며 SAVAK를 소련의
침투에 대항하는 동맹자로 간주하였다. 더구나 이란 내에 설치된 지역수집기지는
소련의 미사일 활동에 대한 자료를 포함하여 소련으로부터 통신첩보를 수집하는
중요한 출처였다. CIA는 1977년 8월 평가를 통해 "이란 국왕이 1980년대에 이란인
들의 삶이 좋아지도록 할 것이다"라고 예측하였다.

결과적으로 미국은 이란에서 무슨 일이 일어나고 있는지에 대해 아는 것이 거
의 없었고 거의 이해하지 못하였다. 한편 이란 국왕에 대한 국내 반대세력이 1977년
성장하기 시작하였다. 1978년 1월초에 이란 국왕의 현대화 프로그램을 반대하는 소
요가 일어났다. 이란 국왕과 그를 둘러싼 보좌진은 현실 상황을 제대로 읽지 못한
채 자신들이 생각하는 선의의 정책에 대해 반대가 있을 수 없다고 생각하였다. 이들
이 생각하기에 반대란 외국이 조장한 음모의 결과로 CIA가 아니라면 대부분 소련의
사주에서 비롯된다고 보았다. 사실 소련은 제2차 대전 말에 이란의 일부를 점령하고
철수하기를 주저하였고 전복활동을 사주하였으며 이란 국왕에 대한 암살을 시도하
였다. 이에 대해 이란국왕은 탄압정책을 강화하였으며 이로 인해 이란의 많은 국민,
특히 상인들 및 보수적인 이슬람 성직자들과의 관계가 한층 더 멀어졌다.

이러한 상황으로 인해 미국은 주요 도시의 빈민가 또는 지방에서 활동하지 않
았는데 이곳에는 늘 많은 긴장과 문제가 존재하였다. 특히 가격상승과 식량부족이
큰 문제였다. 정부는 도시로 이주하는 많은 사람들에게 충분한 주택, 일자리, 건강
관리 등 사회적 서비스를 제공할 수 없었다. 학교에서 많은 학생들이 졸업하지만
이들이 일할 곳은 없었다.

이러한 변화와 불확실한 삶에 대해 많은 이란인들은 전통적 가치인 이슬람 신

앙심에 기대를 걸게 되었다. 영화관, 주류점, 은행 등 서방세계의 문화와 연관된 곳들이 공격 대상이 되었다. 반면에 이슬람 성직자(Cleric)들 또는 율법학자(Mullah)들과 이란의 전통적인 상인(Bazaari)들은 사회의 중요역할을 수행하였다. 성직자들은 주민갈등의 해결을 비롯해 중요한 사회적 서비스를 제공하였다. 이란의 전통적인 상인들은 상품을 공급하였을 뿐만 아니라 돈을 빌려주기도 하였다. 한편 이란 국왕 정부의 오만, 부패와 만행 및 서구 중심적인 현대화에 대한 분개가 사회전반에 자리잡고 있었다.

반대세력을 이끈 주요 인물은 아야톨라 루홀라 호메이니(Ayatollah Ruhollah Khomeini: 1902−89)였다. 호메이니는 많은 강연과 책을 통해 자신의 목적을 분명하게 밝혔다. 그는 이슬람에 대한 자기 나름의 신념을 확고히 하고 이슬람 율법 학자들에 의한 통치를 요구하였다. 그는 역시 반유대주의자였다. 그는 자신의 메시지를 전파하기 위해 카세트테이프 및 직통 다이얼 전화와 같은 현대적인 기술을 사용할 수 있는 인물이었다. 그러나 어느 누구도 그의 생각을 주의깊게 주시하지도, 이해하지도 못하였다. 서방 환경에서 교육받은 미국의 분석관들은 호메이니의 호소를 전혀 이해할 수 없었다.

미국은 이란 국왕의 통치를 반대하는 세력이 소수이고 그 조직도 빈약하다고 보았다. 또한 이란 국왕이 경험과 자금은 물론 정치적, 군사적 지지기반을 가지고 있어 반대세력을 이길 수 있다고 판단하였다. 정보기관은 이란 국왕이 계속 집권할 것이며 권력이양 또한 원활할 것으로 평가하였다. 이와 관련 1978년 8월 CIA는 "이란은 혁명상황에 처해 있지 않다"고 강조하였다. 한 달 후 국방정보국(Defense Intelligence Agency: DIA)은 이란 국왕이 "앞으로 10년간 강력하게 권좌를 유지할 것으로 예상된다"고 예측하였다. 같은 해 11월 말 심리학적 평가는 이란 국왕이 "우유부단하지 않으며 … 현실을 정확히 파악하고 있으며 … 통치상의 문제를 계속 극복해 나갈 것이다"라는 결론을 내렸다. 그러나 당시 이란 국왕을 만난 고위 정치인, 군부 및 비즈니스 인물들은 다른 말을 전하기도 하였다. 물론 철저히 비밀에 붙여 졌겠지만 미 분석관들은 이란 국왕이 암으로 죽어가고 있으며 이와 같은 상황이 그를 우유부단하고 비관적으로 만들고 있다는 사실을 파악하지 못하였다.

11월 초에 반대세력의 성장이 가속화되고 있었다. 미국의 지도자들은 이란에서 무엇이 일어나고 있는지, 이란 군부는 어떻게 생각하는지 그리고 반대세력의 목적이 무엇인지에 관한 자세한 정보를 요구하였다. 워싱턴에서 개최된 회의에서 스탠

스필드 터너(Stansfield Turner: 1923-) CIA 부장 겸 중앙정보장(Director of Central Intelligence)은 수집에 문제가 있음을 인정하였으며, 반대세력과 접촉함으로써 이란 국왕을 불쾌하게 만드는 것을 삼가하여 왔다고 밝혔다. 사이러스 밴스(Cyrus Vance: 1917-2002) 국무장관도 이란 국왕의 권위를 약화시키지 않는 선에서 첩보가 수집되어져야 한다는 데 동의하였다. 회의에서 유일하게 결정된 것은 감청을 개선하기 위해 테헤란 주재 미 대사관에 위성 통신장비를 더 많이 설치하여야 한다는 것이었다. 며칠 후 카터 대통령은 이란에 대한 정치정보의 질에 대해 불만을 표명하였다. 이에 대해 정보공동체는 강력한 보고체제를 재건하는 데 시간이 걸릴 것으로 판단하였다.

1979년 1월에 거리마다 군중이 가득찼고 군인들이 탈영하였으며 석유수출은 감소되었다. 그리고 이란 국왕은 망명길에 올랐다. 2주 후 프랑스에 망명 중이던 호메이니가 이란으로 돌아왔다. 미국의 많은 사람들은 미래의 시나리오로서 노쇠한 성직자가 정부를 운영할 수 없을 것이며, 결국 자유 온건주의자들이 집권하게 되고 안정을 되찾을 수 있을 것으로 믿었다.

드디어 이란에 이슬람 극단주의자들이 지배하는 정부가 들어섰다. 이들은 미국과 문화적이고 정책적인 차이로 인해 거리감을 느꼈을 뿐만 아니라 미국이 이란 국왕을 지지해 온 데 대해 크게 분개하고 있었다. 이들은 일반적으로 서방, 특히 미국에 대해 적대적인 태도를 취하였다. 무엇보다도 이란의 이러한 태도는 미국인을 목표로 한 테러공격 후원으로 이어지고, 핵무기를 획득하여 미래의 외부간섭을 막아보겠다는 열망으로 나타났다.

정보분석관들과 미국 관리들이 1970년대 말 이란에서 무엇이 일어나고 있는지 이해하지 못한 데에는 많은 이유가 있다. 이들 대부분은 냉전 프리즘을 통해 이란을 들여다보았고, 주요 위협은 소련의 팽창이라고 믿었다. 그리고 이란 국왕이 많은 역경에 처하기도 하였지만 그럴 때마다 모두 극복해 왔다고 생각하였다. 현상유지 사고(Status Quo Thinking)가 역시 존재하고 있었다. 게다가 세속적인 문화에서 살아가는 미국 분석관들은 이슬람 세계 내의 종교적 호소와 정치적 충격을 가할 수 있는 신앙의 잠재력을 과소평가하였다.

늘 마찬가지이지만 인지적 편견(Cognitive Biases)은 중요하게 작용하였다. 특별히 이란의 경우에서 주목되는 것은 전문성의 모순(Paradox of Expertise)이었다. 워싱턴의 많은 분석관들과 관리들은 수십 년간 이란 국왕을 지켜보고 협력하여 왔다. 결과적으로 이들은 이란에서 일어나는 점진적인 변화를 인식하지 못하고 이란 국왕이 없는 세계를 상상하지 못하였다. 뿐만 아니라 이란 내의 상황에 익숙한 가운데 잘못된 자신감으로 정세를 올바로 판단하거나 예측할 수도 없었다.

　　돌이켜 보면 1978년과 1979년에 이란에서 발생한 것과 같은 시기에 아프가니스탄에서 일어나고 있던 것은 역사상 가장 중대한 전환점 중 하나가 되었다. 당시 위축된 소련은 실제적으로 쇠퇴하고 있었으며 이후 10년이 지나 붕괴하였다. 이와 함께 서방에서 이슬람 종교에 대해 알고 있거나 관심을 가지는 사람들이 전에는 별로 없었다가 이제 이슬람 종교는 파괴와 두려움을 가져오는 위험한 대상으로 부상하였다. 역사와 추세에 더 많은 관심을 기울이게 되었다. 그렇다고 해서 미국의 분석관들이 소련 미사일에 대해 우려하던 것을 멈추고 대신 팔레비에 대한 반감을 가지며 파리 외곽에서 거주해온 한 명의 노인을 주목해야 한다고 워싱턴의 고위 관리들을 설득한다는 것은 어려웠다.

　　일반적인 인지적 문제 이외에도 정확한 첩보를 수집하지 못한 것이 이란 국왕의 몰락을 파악하지 못한 원인이 되었다. 분석관들은 도시 빈민가 또는 지방에서 무엇이 일어나고 있는지에 대한 자료를 충분히 보유하지 못하였다. 이러한 자료들이 있었더라면 이란 국왕의 통치에 대한 일반대중의 높은 불만을 파악하기 쉬웠을 뿐만 아니라 이슬람 근본주의가 주장하는 것을 잘 이해하였을 것이다. 한편 이란 문제가 터져 나왔을 당시 미국의 수집체계는 위성을 활용한 영상 및 통신감청에 더 중점을 두고 있었기에 이란인들이 무엇을 생각하고 이들의 분노가 어떤 것인지를 파악하는 것은 어려울 수밖에 없었다. 이와 함께 수집에서 드러난 최대 결점은 미국이 이란 정부, 특히 SAVAK가 제공한 첩보에 과도하게 의존한 데 있었다. 당시 이란에서 모든 궁정대신, 관료, 장군 및 정보 관리들은 권위주의 통치자 국왕에게 나쁜 소식을 전하는 것을 꺼려하였다.

　　흔히 발생하는 것이지만 첩보수집 또는 분석 단계에서 다른 문제에 사로잡혀 올바른 선택을 하지 못한 오류가 있었다. 더구나 고위 의사결정자들 사이에서도 분열이 발생했다. 일부는 이란 국왕을 지지한 반면 다른 사람들은 그에게 폭력을 사용하지 않도록 경고하고 인권문제와 관련하여 그를 비난하였다. 일부는 개입하기를 원한 반면 다른 사람들은 관여하려 하지 않았다.

추가 고려사항

▶ 권위주의 정부의 내막을 이해하는 것은 여러 세기 동안 분석관들에게 과제가

되어 왔다. 1978년 분석관들이 이란 국왕 정권의 내막 문제들을 이해하는 데 어떤 분석도구들이 도움이 될 수 있었을까?

▶ 어떤 종류의 데이터가 있었다면 도움이 될 수 있었고, 이런 데이터를 획득하는 것은 쉬웠을까?

▶ 지금 당장 발생할 수 있고 가까운 미래에 큰 충격을 가할 수도 있는 사건이지 만 분석관들과 의사결정자들이 관심을 갖지 않거나 올바른 입장에서 바라보지 못해 발생할 수 있는 사건들로는 무엇이 있을까?

추천도서

Ledeen, Micael, and Lewis, William, *Debacle: American Failure in Iran*, New York: Alfred A. Knopf, 1981.

Pollack, Kenneth, *The Persian Puzzle: The Conflict Between Iran and America*, New York: Random House, 2004.

Seliktar, Ofira, *Failing the Crystal Ball Test: The Carter Administration and the Fundamentalist Revolution in Iran*, Westport, CT: Praeger, 2000.

Sick, Gary, *All Fall Down: America's Tragic Encounter with Iran*, Bloomington, IN: iUniverse, 2001.

26. 핵무기 실험

유엔 안전보장이사회 5개 상임이사국인 영국, 중국, 프랑스, 미국, 소련만이 수십 년간 핵무기를 보유하여 왔다. 그러나 이러한 상황은 1970년대 들어 깨지기 시작하였다. 인도는 1974년 핵 실험을 단행하였다. 이스라엘, 남아공 그리고 대만을 포함한 여러 나라들이 핵 프로그램을 진행하고 있는 것으로 의심되었다. 이 외에도 많은 나라들이 최고의 파괴력 또는 저지력을 보유하는 데 관심을 가졌다. 많은 나라들이 핵무기를 갖게 된다면 세계는 분명히 위험해질 것이다. 결과적으로 미국 정부는 핵무기 프로그램을 감시하게 되었고, 만일 어떤 국가가 핵무기 보유를 추진하려는 징후를 보이면 미국 정부는 이를 저지하려고 하였다.

미국 시간으로 1979년 9월 22일 오전 3시, 미국의 위성은 남반구에서 강렬한 이중섬광을 탐지하였다. 이와 같은 이중섬광은 핵 실험 때 나타나는 특징이었다. 이와 관련 정보분석관들은 정말 핵 실험이 있었는지 여부와 만약 그렇다면 누가 책임을 져야 하는지에 대해 의문을 가졌다. 한편 그 위성은 10년 이상 전부터 운용되어 온 것으로 성능이 약화된 위성으로 알려져 있었다. 그 위성은 이중섬광이 실제적으로 핵 폭발이었는지 확인할 정도로 충분한 자료를 만들어내지 못했다. 설상가상으로 자료의 정확성 부족으로 인해 핵 폭발이 발생한 지점을 정확히 알 수 없었다. 의심되는 지역은 남아공과 남극 사이의 3,000마일(4,800km) 정도의 거리이거나, 대서양 남쪽 또는 인도양 남쪽 부분으로 추정되었다. 이에 따라 어느 국가가 핵 실험을 하였는지를 즉각적으로 확인하는 것은 불가능하였다.

그렇다면 무엇이 일어난 것일까? 입증할 만한 자료가 부족한 가운데 여러 가설이 세워졌다. 핵무기 실험, 사고로 인한 핵무기 폭발, 위성의 오작동, 번개, 또는 유성이 위성에 부딪치는 것과 같은 자연현상이었다.

미국의 여러 정부기관의 분석관들은 이러한 수수께끼를 풀기 위해 다른 비밀 수집수단을 통해 수집된 것은 없는지를 검토하기 시작하였다. 불운하게도 문제가 된 지역을 감시한 다른 어떤 위성도 없었다. 이와 관련된 첩보활동 내용과 통신감청 내용도 없었다. 한편 소련의 잠수함을 추적하기 위해 사용된 미 해군의 수중 청음기에 나타난 자료에 의하면 비정상적인 섬광이 있었던 비슷한 시간에 커다란 음이 있었던 것으로 나타났다.

비밀수집을 통해서도 문제를 해결할 수 없자 분석관들은 가능한 모든 출처를 활용하기로 하였다. 이와 관련 외부 전문가들의 도움을 빌리는 한편 공개정보출처를 점검해 보기 시작하였다. 미 관리들은 대기 표본을 수집하기 위해 관련지역에 항공기를 보냈다. 그러나 어떠한 방사능 잔해도 발견하지 못하였다. 지진 기록, 민간 기상위성, 항공 교통통제 녹음테이프 등 어느 것도 문제 해결에 도움이 되지 못하였다.

1979년 12월 완료된 1차 분석 결과 확인되지는 않았지만 핵 실험 가능성이 크다고 평가하였다. 그러나 후원자가 누구인지는 밝혀지지 않았다.

위치를 감안해 볼 때 남아공이 가장 의심되었다. 남아공의 케이프 타운(Cape Town) 근처 시몬스 타운(Simon's Town)에 위치한 해군기지는 그 사건을 전후하여 하루 정도 경계태세에 있었고, 샐던하(Saldanha)에 위치한 다른 해군기지는 같은 기간에 경계태세를 유지하고 해양 수색 및 구조 부대를 보낸 것으로 나타났다. 그러나 이러한 행동에 대한 그들 나름의 이유는 존재하였다. CIA는 지상에서 비정상적인 높은 방사능 징후를 찾기 위해 첩보원까지 동원하였으나 아무것도 발견하지 못하였다. 남아공 관리들은 그간 비밀 핵 프로그램에 대해 공개적으로 언급해 오지 않다가, 1979년 핵 실험 가능성을 둘러싼 비난에 대해서만큼은 이 사건이 남아공과 전혀 관계가 없다고 강조하였다.

다른 국가들도 마찬가지였다. 이스라엘이 의심을 받았는데 이스라엘 홀로, 또는 남아공과 협력하였을 가능성이 존재했다. 그러나 이스라엘 관리들은 남아공처럼 부인하면서 이스라엘과 핵무기 실험은 관계가 없다고 강조하였다. 한편 미국은 남아공, 이스라엘과 긴밀한 협력관계를 유지하고 있으므로 증거가 확실하지 않는 한 이들과 정면으로 부딪칠 수도 없는 입장이었다. 미국의 분석관들은 아르헨티나, 브라질, 이라크, 파키스탄 및 대만을 포함한 다른 나라들이 핵무기를 만드는 데 필요한 물질이나 기술을 갖고 있지는 않다고 생각하였다.

미국 관리들은 여러 과학자들에게 자문을 구했지만 명확한 답을 찾지 못하였다. 수집활동이 강화되었으며, 분석관들은 레이더 자료와 전리층의 변화를 추적한 전파 망원경의 기록을 검토하였다. 이와 함께 자기장 자료, 저주파 음파 및 전 세계 차원에서 확보된 기술적인 모든 측정자료를 검토하였다. 특별히 독창적인 방법으로서 분석관들은 호주 양들의 갑상선에 포함된 요오드의 수준을 측정하였다(갑상선은 방사선을 흡수). 대부분의 이러한 색다른 방법으로도 결론이 나지 않았다. 그리고 과학자들은 동의할 수 없었다. 그러나 양들은 일부 다른 방법과 함께 핵 폭발과 일치하는 기록을 보여주었다. 현재까지 1979년 9월 남반구에서 무엇이 일어났는지에 대해 아직 의문이 풀리지 않은 채로 남아 있다.

이란, 이라크, 리비아 및 북한의 핵 프로그램은 정보분석관들에게 지속해서 골치아픈 문제가 되었다. 미국은 특히 남아시아의 불안정한 지역에서 핵 확산이 이루어질 가능성에 대해 우려하였다. 중국의 핵 실험에 자극을 받은 인도는 1974년 핵실험을 실시하였지만 당시 미국의 압력으로 핵 프로그램을 중단하였다. 인도는 자국과 영토분쟁으로 인해 수차례 전쟁을 치른 파키스탄에 대해 역시 우려하였는데 파키스탄도 핵 폭탄 프로그램을 추진하였다.

미 정보공동체는 여러 수단을 통해 인도 내의 핵무기 프로그램을 감시하였다. 인도는 미국 및 다른 나라들과 많은 외교적 및 상업적 관계를 가진 개방국이었다. 더구나 워싱턴은 위성 감시체계와 통신감청 시설을 갖추고 있고 인간정보 수단을 활용하고 있었다. 미국은 많은 수집수단을 동원하여 인도의 핵 실험 장소에서 일어나는 활동을 면밀히 감시하였다. 이후 미국 관리들은 핵무기 프로그램의 상황을 감시할 수 있는 미국의 능력을 인도 관리들에게 과시하였는데, 즉, 인도의 핵 실험 장소에 대한 위성사진을 인도 관리들에게 보여주었던 것이다. 이와 관련 인도 관리들은 미 위성의 감시를 피할 수 있는 방법을 강구하기 시작하였다.

미 정보기관은 인도의 핵 프로그램 상황을 감시하는 것이 매우 어렵다는 것을 알게 되었다. 예를 들면 인도는 외부로부터 지원 없이 핵무기 연구를 자체적으로 진행하였기 때문에 미국으로서는 상세한 관련 내용을 탐지할 수 없었다. 내부적으로도 오직 소수의 인도 관리들만이 핵 폭발 실험을 할 단계에 이를 정도로 핵 프로그램이 진행되고 있음을 알고 있었다.

인도가 핵 실험을 실시할 수도 있다는 징후들이 있었다. 파키스탄 정부는 1998년 초 몇 차례에 걸쳐 인도의 실험이 임박하였다고 경고하였다. 그러나 미국은 이러한 경고는 파키스탄의 불안과 두려움에서 비롯된 것으로 보았고 인도의 실험 가능성은 없다고 생각했다. 파키스탄이 전에도 여러 번 같은 경고를 한 적이 있었지만 어떤 핵 실험도 없었던 것이다.

인도 국민당(Bharatiya Janata Party; BJP)의 힌두 민족주의자들이 1998년 3월 총선에서 재집권하였는데 선거운동 기간중 핵 실험을 할 것이라고 공개적으로 약속하였다. 이들의 목적은 중국과 파키스탄을 견제할 뿐만 아니라 강대국으로서 인도의 지위를 과시하려는 데 있었다. 파키스탄이 인도 총선 몇 주 후 새로운 장거리 미사일을 실험 발사하였을 때 인도 신정부는 선거공약 대로 핵 프로그램을 재개하기로 결정하였다.

미 분석관들은 선거운동 당시 늘어놓은 미사여구가 반드시 행동으로 나타나는 것은 아니라고 생각하였다. 분석관들은 인도가 파키스탄을 자극하고 또한 미국으로부터 제재받을 위험을 무릅쓰면서까지 행동을 취할 것이라고는 여기지 않았다. 한편 인도 국민당은 핵 실험에 대한 결정을 연기할 것이라고 발표하고, 인도 외교관들도 어떤 실험도 임박하지 않았다고 언급하였다.

그러나 인도 국민당 정부는 핵무기를 보유하기로 결심하였다. 그리고 실험을 저지하려는 미국의 어떤 활동도 피하기 위해 거부와 기만 전술을 동원하였다. 미 외교관들이 인도 외교관들에게 과시하였던 내용으로 미 정보기관이 위성을 통해 인도의 활동을 추적할 수 있다고 언급한 것을 감안하여, 뉴델리 관리들은 미 위성이 언제 인도의 상공을 지나는지 파악하였다. 역시 소련인들이 우호의 표시로 미 위성에 관한 자료를 제공하였을 수도 있다.

인도는 미국 위성에 탐지되지 않도록 시간을 조정하여 준비하면서 다른 거부와 기만 조치를 취했다. 예를 들면 전문가들은 우주에서 탐지될 수 있는 긴 전선을 덮거나 교체하고, 관련 장비 및 시설을 위장하였다. 그리고 야간에 작업을 진행하였다. 게다가 멀리 떨어진 곳에 또 다른 핵 실험 장소를 건설하고 이곳의 활동을 증가시켰다. 관심을 분산시키기 위한 의도였다. 그리고 실제 핵 실험을 할 장소에서도 활동을 증가시켜 나갔다. 이것은 증가된 활동이 핵 실험이 임박했다는 징후로 보이지 않게 하기 위해서였다. 인도인들은 5월에 핵 실험을 하기로 하였는데 왜냐하면 통상 5월에 불어오는 계절적인 모래 폭풍이 위성사진을 흐리게 할 수 있는데다 차량통행이 증가되었음을 보여주는 바퀴 자국을 빨리 지울 수 있기 때문이었다. 더구나 열측정 감지기가 5월의 높은 온도로 인해 제 기능을 발휘하지 못할 것으로 기대하였다.

인도의 주의깊은 준비로 인해 미 분석관들은 인도의 핵 실험이 임박하였음을 간파할 수 없었다. 그리고 인도는 1998년 5월 11일 몇 차례의 지하 핵 실험을 실시하였다.

이로부터 3주도 안 되어 파키스탄도 핵 실험을 실시하였으며 역시 핵 능력을 보유하고 있음을 과시하였다. 이번에는 미 정보기관이 준비 동향을 탐지하였고, 미 정부는 파키스탄에게 핵 실험을 함으로써 긴장을 증가시키지 말 것을 요청하였다. 그러나 파키스탄은 핵 실험 준비를 계속 진행하였으며, 인도가 핵 실험을 한지 한 달도 안 돼서 분쟁 중인 인도, 파키스탄 두 나라가 새로운 핵 보유국이 되었다.

인도가 핵무기 보유국이 될 것을 예측하지 못한 것은 인지적 문제와 연관되었다. 거울 이미지(Mirror Imaging)로 인해 미국 관리들은 핵무기에 관해서는 다른 나라들의 우선순위를 이해하지 못하였다. 더구나 분석관들은 다른 나라에서의 정치활동이 미국에서와 비슷하게 이루어진다고 여겼다. 또한 후진국은 거부와 기만 공작을 통해 미국의 고성능 수집 방법을 방해할 정도의 능력을 갖지 못한다는 잘못된 편견이 있었다.

위의 2개의 사례는 첩보수집 기술의 한계를 보여주었다. 1970년대 당시에 정보기관들은 핵무기 프로그램의 징후들에 대해 잘 알고 있었지만 정확한 첩보를 수집하지 못했다. 또한 분석관들과 관리들은 위성을 발사하는 데 수십억의 비용이 들지만 위성들이 고장날 수도 있음을 알게 되었다. 이와 함께 하나 또는 두 개의 수집 채널에만 과도하게 의존하는 것은 오히려 상대방의 거부와 기만에 농락될 수도 있었다.

워싱턴의 의사결정자들은 다른 나라의 핵 실험을 중단시킬 수 있도록 정보분석관들이 충분한 경고를 발하지 않았다고 불평하였다. 미국이 위의 두 나라가 핵 보유국이 되려는 야심을 갖지 못하게 할 수 있는 무엇인가가 있었을까? 이와 관련 데이비드 예레미아(David Jeremiah) 제독은 사건 이후 분석을 통해 "아니오, 나는 당신이 그들의 야심을 바꾸지 못했을 것으로 생각한다"고 말하였다.

추가 고려사항

▶ 1979년 이중섬광 사건은 증거 자료를 찾기 위해 독창성과 끈기를 발휘한 사례였다. 현재의 수집 문제들은 무엇이며, 이 문제들을 다루기 위한 상상력이 풍부한 방법으로 무엇이 있을까?

▶ 거부와 기만이 1979년과 1998년에 있었다. 분석관들이 이 두 건의 사건을 취급한 방식 사이에서 중요한 차이는 무엇이었는가?

▶ 기술수집 수단만으로 해결하기 힘든 문제로는 어떤 것이 있을까?

추천도서

Chengappa, Raj, *Weapons of Peace: The Secret Story of India's Quest to Be a Nuclear Power*, New Delhi: HarperCollins India, 2000.

Perkovich, George, *India's Nuclear Bomb: The Impact on Global Proliferation*, Berkeley, CA: University of California Press, 1999.

Richelson, Jeffrey T., *Spying on the Bomb: American Nuclear Intelligence from Nazi Germany to Iran and North Korea*, New York: W. W. Norton & Co., 2006; chapters 7 and 11.

27. 압둘 카디르 칸

핵무기 확산 저지는 세계적인 주요 관심사가 되어 왔으며 특히 불안정한 나라들이나 테러 집단들이 핵무기를 취득할 가능성에 대해 미국 정부는 크게 우려하여 왔다. 가공할 만한 핵무기의 위험성으로 인해 핵무기와 관련된 물질을 팔거나 이동하는 것은 국제협약상 불법이다. 핵무기가 조금이라도 잘못 사용된다면 잠재적인 피해가 너무나 크기 때문에 핵무기의 위험을 간과할 수 없다. 따라서 핵 기술을 다른 곳으로 빼내려는 자들이 누구인지 파악하고 이들의 행동을 저지하는 것이 정보분석관들에게는 가장 높은 우선순위가 되었다.

1970년대 초 파키스탄의 금속 공학자인 압둘 카디르 칸(Abdul Qadeer Khan: 1936 -)은 파키스탄 정부가 핵무기를 보유하기로 결정하였다고 발표하였을 때 네덜란드에서 일하고 있었다. 당시 파키스탄이 핵무기를 획득하려고 한 배경은 인접국이자 거대한 경쟁국인 인도와의 영토분쟁에 따른 협상 과정에서 전략적 균형과 억지력을 얻으려는 의도에서 비롯되었다. 파키스탄은 이미 인도와의 전쟁에서 패배하였으며 그 결과 영토분할로 방글라데시가 독립하였다. 한편 칸이 근무했던 회사는 원자로 가동을 위해 우라늄을 농축시키는 회사인데, 우라늄 농축은 핵무기 생산에 활용되는 기술이다.

1974년 9월 칸은 파키스탄 정부에 서한을 보내 자신이 핵무기 개발을 도와줄 수 있다고 제시하였다. 파키스탄 정부는 그의 제안을 받아들였고 칸은 귀국하기 이전에 우라늄 농축기술과 관련된 상세한 계획이 포함된 많은 자료들을 훔치거나 복사해 1975년 파키스탄으로 귀국하였다. 그리고 그는 일 년 후 파키스탄의 2개의 핵 연구소 중 한 곳의 책임자가 되었으며, 파키스탄 정부는 연구소에 엄청난 예산을 쏟아부었다.

이후 칸은 국제적인 핵 통제를 피해 핵무기 생산에 필요한 요소를 은밀히 획득하여 나갔다. 칸은 한 곳에서 필요한 품목을 구입하면 일정기간 기다렸다가 다른 곳에서 다른 품목을 구입하는 방식으로 서방 정보기관과 국제원자력기구(International Atomic Energy Agency: IAEA)와 같은 통제기관의 감시를 피하였다. 국제적인 감시에도 불구하고 돈만 있으면 판매 회사들로부터 많은 질문도 받지 않고 필요한 품목을 구입할 수 있었다. 게다가 많은 회사들은 파키스탄과 같이 빈곤한 후진 국가가 핵무기를 생산하기 위한 기술을 터득할 수 있을 것이라고 의심하지 않았다.

　　CIA 분석관들은 칸이 파키스탄으로 돌아온 지 몇 년 후 파키스탄의 수입 형태를 주시하게 되었고, 여러 비밀출처를 통해 파키스탄이 핵 프로그램을 추진할 가능성에 대해 파악하기 시작하였다. 이후 CIA는 파키스탄이 핵 폭탄을 제조할 수도 있다는 우려를 발표하였다. 1979년 미 의회는 IAEA 체제 밖에서 핵물질을 수입하는 나라들에 대한 원조를 금지하는 법안을 통과시켰다. 그러나 소련이 아프가니스탄을 침공한 이후 파키스탄은 소련에 대항하여 싸우는 아프가니스탄 반군에게 물자를 보내는 중요한 통로가 되었다. 이에 따라 핵 이슈에 대한 미국의 압력은 완화될 수밖에 없었다. 1980년대 말 파키스탄은 핵 폭탄을 제조할 수는 있었지만 실험을 하지는 않았다. 파키스탄 고위관리들은 워싱턴과 IAEA에 핵 폭탄 제조 과정을 완성할 생각이 없다고 주장하였다. 워싱턴과 이슬라마바드 간의 관계는 개선되었다가 미국이 파키스탄의 핵 프로그램을 우려할 때 악화되었다. 1990년대 소련군이 아프가니스탄으로부터 철수하면서 미국은 파키스탄에 대해 다시 압력을 가하기 시작하였다. 그러다가 9·11 테러 공격이 발생한 이후 파키스탄은 다시 아프가니스탄으로 들어가는 중요한 보급 통로가 되었다.

　　분석관들은 파키스탄에서 유명한 인물이 된 칸을 지속해서 추적하였다. 이들은 인간정보출처, 인공위성의 영상첩보, 그리고 통신첩보들을 활용하였다. 칸은 세상의 이목을 끌기를 원하였고 그래서 칸에 대한 내용이 자주 언론에 보도되었는데 그는 핵 프로그램이 파키스탄의 주권과 안보를 보장한다고 주장하기도 하였다. 1998년 파키스탄은 결국 핵 실험을 하였으며 칸은 국가의 영웅이 되었다. 무엇보다도 칸이 파키스탄을 인도와 전략적으로 동등하게 만든 사람이라는 것이었다.

　　CIA 분석관들은 처음에 칸을 정부의 명령을 수행하는 관리로 보았다. 그러나 그가 공무원의 신분으로서 상당한 개인적인 부를 축적하고 있음을 알게 되었다. 이와 관련 분석관들은 칸이 또 다른 중요한 수입원을 가지고 있을 가능성에 주목하였다. 칸은 필요 이상의 많은 여행을 하였다. 분석관들은 여러 해 동안 파키스탄으로 반입되는 핵물질을 지속 추적하였으며 칸에 대해 더 의심하게 되었다. 그리고 필요 이상의 많은 핵 관련 장비가 파키스탄으로 수입되고 있음을 알게 되었다. 분석관들은 파키스탄의 수출 품목에 대해서도 검토하기 시작하였다.

　　분석관들은 칸이 사리사욕을 채우기 위하여 핵무기 제조 요소들을 다시 팔기 위한 비밀 네트워크를 구축한 것을 알게 되었다. 이를 위해 칸은 자신의 핵 기술 지식을 활용하였다. 이러한 사적인 비밀 네트워크가 더 우려되는 이유는 칸이 비밀 네트워크를 통해 값을 지불하는 누구에게든지 핵물질을 공급할 수 있음을 암시하기 때문이었다. 1987년 칸은 이란에 핵 장비를 판매하기 시작하였다. 8년 후에는 리비아가 고객이 되었다. 그리고 1996년 칸은 장거리 미사일 기술을 얻는 대가로 북한에 핵 기술을 제공하는 데 동의하였다. 칸은 이라크에게 핵 기술 판매를 제의하였으나 이루어지지는 않았다. 이 외에도 칸이 핵 기술을 판매하려 한다는 소문이 있었다.

2003년 칸의 활동을 감시하기 위한 국제적인 협력이 이루어져 미국과 영국의 정보기관들은 칸에 대해 공동작전을 전개하였다. 정치적 환경이 변하면서 테러와의 전쟁의 동맹국인 파키스탄의 진정성에 대한 의심이 증가하였다. 이제 워싱턴 관리들은 칸으로 인해 테러범들이 핵 물질을 획득할 가능성에 대해 우려하게 되었다. 이에 대해 미국 관리들은 과거보다 강한 조치를 실행에 옮기려 하였지만 확실한 증거를 갖고 있지 않았다.

2003년 9월 칸의 비밀 네트워크를 추적 중이던 영국과 미국의 합동팀은 성배(Holy Grail)와 다름없는 중요한 첩보를 획득하였다: 결정적인 행동을 취할 수 있도록 시간에 맞춰 입수된 정확한 첩보였다. 독일 국적 선박인 비비씨 차이나(BBC China)가 두바이(Dubai)에서 칸에 의해 제공된 핵 확산 관련 화물을 싣고 리비아로 가고 있다는 첩보였다. 미국과 영국의 관리들은 의심되는 화물의 검사를 위해 이탈리아로 선박의 항로를 바꾸도록 독일 선주에게 요청하였다. 10월 초 비비씨 차이나는 이탈리아 타란토(Taranto)에 도착하였으며, 분석관들의 전문가팀은 선박의 일부 콘테이너 안에 우라늄 농축을 위한 원심분리기 부품들이 실려 있음을 확인하였다. 영국과 미국은 이러한 첩보를 근거로 리비아의 핵 프로그램에 대해 다 알고 있으며 이에 대해 거짓말할 상황이 아니라며 리비아를 설득시킬 수 있었다. 이와 관련 리비아 지도자 무아마르 카다피(Muammar Qaddafi: 1942-2011)는 당시 이라크의 사담 후세인(Saddam Hussein: 1937-2006)의 패배를 감안하고 미국과 영국과의 관계를 정상화하려는 의도에서 핵무기를 획득하려는 자신의 계획을 포기하였다.

비비씨 차이나의 항로 변경이 준비되는 동시에 조지 부시(George W. Bush: 1946-) 대통령은 파키스탄의 페르베즈 무샤라프(Pervez Musharraf: 1943-) 대통령을 뉴욕의 유엔 총회에서 만났다. 여러 이슈들에 대해 논의한 후 부시 대통령은 무

샤라프 대통령에게 다른 방문자와 이야기를 나눌 것을 요청하고 자리를 떴다. 곧
조지 테넷(George Tenet: 1953-) CIA 부장이 들어왔으며 그는 칸의 은행, 여행, 미
팅, 선적, 계약 등 활동에 대한 구체적인 관련 서류 일체를 무샤라프 대통령에게 전
달하였다. 반박할 수 없는 설득력있는 자료였으며 무샤라프 대통령은 문제 해결에
동의하였다.

파키스탄 정부가 칸에 대해 법적 절차를 진행할 수 있는 분명한 사안이었으며,
칸은 2004년 2월 대국민 사과문을 통해 공개적으로 자신의 비행을 인정하고 자신
에게 개인적 책임이 있음을 받아들였다. 칸은 "일부 국가에 의한 불온한 폭로가 있
었다"고 함축적으로 언급하는 한편 파키스탄 정부가 자신의 개인적인 확산 행동을
승인한 적은 없었다고 주장하였다. 며칠 후 무샤라프 대통령은 칸을 사면하고 가택
에 연금시켰다. 이와 같은 조치는 모종의 협상이 있었다는 의심을 불러일으키기도
하였다.

파키스탄 정부는 미국, 영국 및 IAEA가 요구해온 칸에 대한 심문을 거절하였
다. 2009년 2월 파키스탄 정부는 칸의 가택연금 조건을 완화시켰다. 파키스탄 정부
가 칸의 활동에 대하여 알았는지 아니면 알지 못하였는지는 분명하지 않은 채로 남
아 있다.

칸의 사건은 분석을 방해할 수 있는 인지적 문제를 다루고 있는 좋은 사례이
다. 칸의 활동을 추적한 분석관들은 핵무기 확산이 비용과 위험으로 인해 정부만이
핵무기를 확산시킬 수 있다는 사고방식에서 탈피했어야 하였다. 한 명의 개인이 자
신의 개인적 이득을 위해 핵을 확산시킨다는 것은 1980년대에 상상할 수 없는 일이
었다. 이후 분석관들은 다른 가능성을 열어두고 이러한 이슈들을 다루게 되었다.
그리고 이들은 칸의 개인적 부와 같은 비정상적인 가치가 다른 가설을 만들어내는
자극제가 될 수도 있음을 이해하였다. 또한 집요한 추적이 더 많은 첩보수집을 가
능하게 하였고, 정확한 첩보수집과 이것을 기반으로 대응 조치가 실행될 수 있는
정책환경이 조성되어 있어 성과를 올릴 수 있었다.

추가 고려사항

▶ 칸의 확산 네트워크를 차단하는 데 성공적이었던 전반적인 전략의 주요 요소
  들은 무엇이었는가?

▶ 표적이 민간 개인이 아닌 정부라면 무엇이 달라질까?

▶ 테러리즘과 조직범죄와 같은 다른 표적을 추적하는 데 주는 교훈은 무엇인가? 다른 표적을 추적하는 데 무엇이 더 필요한가?

추천도서

Armstrong, David, and Trento, Joseph, *America and the Islamic Bomb: The Deadly Compromise*, Hanover, NH: Steerforth Press, 2007.

Corera, Gordon, *Shopping for Bombs: Nuclear Proliferation, Global Insecurity, and the Rise and Fall of the A. Q. Khan Network*, Oxford University Press, 2006.

Frantz, Douglas, and Collins, Catherine, *The Nuclear Jihadist: The True Story of the Man Who Sold the World's Most Dangerous Secrets ... and How We Could Stopped Him*, New York: Twelve, 2007.

Levy, Adrian, and Scott-Clark, Catherine, *Deception: Pakistan, the United States, and the Secret Trade in Nuclear Weapons*, New York: Walker and Company, 2007.

Richelson, Jeffrey T., *Spying on the Bomb: American Nuclear Intelligence from Nazi Germany to Iran and North Korea*, New York: W. W. Norton & Co., 2006; chapter 8.

Tenet, George, *At the Center of the Storm: My Years at the CIA*, New York: Harper Collins, 2007, chapter 15.

28. 이라크의 대량살상무기

　　이라크의 사담 후세인(Saddam Hussein: 1937 - 2006) 대통령은 세계의 화약고와도 같은 중동지역의 잔인하고 호전적인 독재자였다. 2001년 9·11 테러 이후 영미 양국의 정책결정자들은 후세인이 대량살상무기를 가지고 있다고 의심하였고, 특히 그가 이 무기들을 직접 사용하거나 또는 테러리스트에게 제공할 가능성을 우려하였다. 이러한 우려는 후세인의 전력을 볼 때 상당히 근거가 있는 것이었다. 1981년 이스라엘은 이라크의 바그다드 인근 투와이타(Tuwaitha) 지역에 건설 중인 오시락(Osirak) 원자로가 추후 핵무기 원료 생산에 이용될 수 있다는 판단 하에 공습을 감행하여 성공한 일이 있었다. 또한 널리 알려진 것과 같이 이라크 정부는 1998년 3월 쿠르드 소수민족에 대해, 그리고 1980년 이란과의 전쟁 시에 수차례 화학무기를 사용했다. 뿐만 아니라 조사관들은 1991년 제1차 걸프전 이후 이라크가 성공적인 거부 및 기만 작전으로 미국 정보기관의 눈을 피해 생물무기 프로그램을 진행해 왔으며, 우려했던 것보다 훨씬 더 발전된 핵무기 프로그램을 추진해 왔다는 사실을 발견하였다. 이 전쟁 이후 수년간 UN 사찰단은, 사찰을 피하기 위해 민감한 장비, 인사, 서류 등을 은닉하는 이라크 관료들을 체포한 적도 있었다.

　　9·11 테러 이후 경제제재와 UN의 사찰 활동만으로는 이라크의 대량살상무기 추진 계획을 막기 어렵다는 우려가 고조되었다. 따라서 세계 각지의 정책결정자들은 정보 분석관들에게 이라크의 대량살상무기 보유현황과 이들 무기의 운반수단인 탄도 미사일의 보유 여부에 대한 검토를 요청하였다. 그 결과 이라크의 대량살상무기에 관한 방대한 양의 보고서들이 인간정보와 기술정보에 기초하여 생산되었다.

　　한편 1995년 이라크의 대량살상무기 프로그램을 관장하는 군수산업위원회(Military Industrial Corporation) 위원장이자 후세인 대통령의 사위였던 후세인 카멜(Hussein Camel)이 요르단으로 망명하였는데, 그가 밝힌 내용들은 이라크의 생화학 및 핵 정보에 대한 신뢰할 만한 출처가 되었다. 카멜의 증언들은 자신에게 유리하거나 왜곡된 정보들이 많았지만, 중요한 점은 이라크가 위협적인 생물무기 프로그램을 보유하고 있었다는 사실을 밝혔다는 것이다.

　　이라크에 대한 제재 집행 활동 중 고강도 알루미늄관들이 선박에서 적발되었을 때, CIA와 국방정보국(Defense Intelligence Agency: DIA)의 몇몇 분석관들은 이 관들이 우라늄을 무기제조 수준으로 정제하기 위한 원심분리기 제작에 사용될 수 있다고 판단하였다. 사담 후세인의 야망, 호전성, 잔학성 등을 고려할 때 최악의 상황까지도 가정하는 이들의 위와 같은 판단은 신중한 태도라고 볼 수 있지만, 국무부 정보조사국과 에너지부의 다른 분석관들은 이 관이 로켓용일 가능성에 더 무게를 두었다.

　이라크가 대량살상무기에 이용될 수 있는 엄청난 양의 우라늄을 밀수했다는 것은 명백하였다. 더 나아가 이라크의 고위관료들은 후세인의 대통령궁에 대한 국제사찰을 단호히 거절하였다. 만약 그들이 숨겨야 할 것이 없다면 왜 그처럼 수상하게 행동했겠는가?

　"노란 케이크"(yellow cake)라 불리는 정제 우라늄은 원자로용 우라늄으로 가공될 수 있어 국제원자력기구(IAEA)가 규제하는 품목인데, 이라크가 아프리카의 니제르로부터 이를 구입하려 했다는 사실을 언급한 보고서가 다수 있었다. 하지만 CIA는 이 문제를 조사한 후 이라크가 니제르로부터 정제 우라늄을 무단 구매했을 개연성은 적은 것으로 결론을 내렸다.

　독일 대외정보기관은 "커브볼"(Curveball)이라는 암호명을 가진 이라크에서 망명한 스파이를 조사하였는데, 그는 비밀 생물무기 공장을 방문한 적이 있다고 털어놓았다. 담당 조사관은 커브볼의 행동이 불안정하기는 하지만 관련 지역과 인물들에 대한 묘사는 신빙성이 있다고 판단하였는데, 그의 진술 중 일부는 다른 출처를 통해서도 확인되었다. 이에 따라 미 국방정보국은 사전에 이에 관한 보고서를 작성하고 배포하였다. 미국의 정보기관들은 커브볼을 직접 심문하여 자체 결론을 내리고자 그와의 면담을 요구하였지만, 독일 정보기관은 그가 미국인과의 대화를 원하지 않는다는 이유로 미국의 요구를 거부하였다.

　한편, 다른 출처를 통해 획득한 자료들도 이라크의 핵개발 우려를 증가시켰다. 위성을 통해 얻은 영상정보에는 이라크 내 벙커, 경비요원, 울타리 등 정교한 보안장치가 설치된 장소들과 화학무기 사고에 대비해 정화제 운송에 사용되는 탱커트럭(tanker truck)들이 촬영되어 있었다. 또한 UN사찰단이 도착할 즈음에 "우리는 모든 것을 철수시켰고 아무것도 남아있지 않다, 확실히 아무것도 없게 하라"는 이라크 관료들의 발언이 감청되었다.

　미국의 이라크에 대한 군사행동 가능성이 고조되던 2002년 가을, 미국과 영국

의 분석관들은 모순된 첩보들 속에서 이라크의 대량살상무기 현황에 대해 확신할
수 없었지만, 최악의 사태를 피하기 위해 군 지휘관들이 대응조치를 발동할 수 있
도록 조치를 취해야 한다는 결론에 도달했다. 나중에 후회하는 것보다 미리 조심하
는 것이 낫다고 생각한 것이다.

하지만 2003년 봄, 미군과 연합군이 이라크를 장악하였을 때 대량살상무기는
나오지 않았다.

미국과 동맹국들은 진실을 밝히기 위해 이라크 지도부를 체포하여 이들을 심문
하였다. 외부에서 위성 영상정보나 통신 감청과 같은 간접적 정보수집에 의존하던
서방측 정보 분석관들은 오랜 심문 결과 후세인 정권 하의 이라크가 그들로서는 매
우 이해하기 곤란한 환경 속에 있었다는 사실을 알게 되었다. 후세인 정권 하에서 진
실을 말하는 자는 직장은 물론 생명까지도 위협받을 수 있었다. 따라서 이라크 보안
군 내에는 거짓말과 아첨이 만연하였는데, 보안군의 주요 임무는 국가 수호라기보다
는 사담 후세인 개인을 보호하는 것이었다. 충성심이 능력, 경험, 결단력보다 더 중요
하였다. 예를 들면, 외부인들은 바르잔 아브드 알 가푸르(Barzan Abd al-Ghafoor) 소
장을 특수 공화국수비대 사령관에 임명한 것을 도저히 이해하기 어려웠다. 누가 보
아도 경력이 일천하고 능력이 부족한 사람을 왜 바그다드 안보를 책임지는 중요 보
직에 임명하였을까? 후세인은 이러한 자리를 차지한 사람은 누구나 쿠데타를 일으
킬 수 있으므로 무능력하고 비겁한 사람이 제격이라고 생각하였던 것이다.

후세인 정권 하의 이라크가 얼마나 기이하고 외부인들이 이해하기 어려운가를
보여주는 또 다른 예로서 콘크리트 탄두와 관련한 미스터리를 들 수 있다. 제1차
걸프전 동안에 이라크는 이스라엘에 콘크리트가 함유된 탄두가 탑재된 몇 발의 스
커드 미사일을 발사하였다. 분석관들은 이것이 무엇을 의미하는지, 즉 그것이 실수
인지, 시험 발사인지, 기만전술인지, 또는 벙커를 관통하기 위한 시도였는지 의아해
하였다. 그 이유는 후세인이 팔레스타인의 반 이스라엘 봉기 시 비무장 팔레스타인
시위대들이 무장한 이스라엘 군인들에 대항하여 돌을 던지는 용감한 행동에 크게
감명 받았던 데 있었다. 그는 이스라엘에 "돌을 던짐으로써", 이들 용감한 아랍인
친구들과의 연대감을 상징적으로 과시하고자 하였던 것이다.

1990년대 들어 후세인은 모순된 압력에 직면하였음을 느꼈다. 한편으로 그는
이스라엘과 이란의 공격을 저지하기 위해 대량살상무기의 보유가 매우 중요하다고
생각하였다. 다른 한편으로 1991년 걸프전 이후 불법적 무기 프로그램의 규모가 밝

혀짐에 따라, 부과된 제재들로 인해 고통을 받고 있었던 그는 UN 사찰단에게 이라크에는 더 이상 생화학무기나 핵무기가 없음을 확신시킬 필요가 있었다. 그는 궁극적으로는 대량살상무기 생산을 재개하기 위해 과학자, 시설, 기술 등과 같은 역량을 유지하기 원했지만, 우선은 심각한 UN 제재를 종식시켜야만 했다. 그의 해결책은 이스라엘과 이란에게는 이라크가 대량살상무기들을 아직도 보유하고 있다는 의혹을 해소시켜 줄 만한 아무런 행동도 취하지 않는 반면, UN사찰단에게는 그러한 무기들을 폐기하였다고 확신시키려고 노력함으로써 허세와 거짓말을 동시에 구사하는 것이었는데, 이것은 그의 입장에서는 대단히 논리적인 것이었다. 실제로는 비축되어 있던 대량살상무기들은 1991년 걸프전 이후 곧 바로 폐기되었었다.

시간이 지남에 따라 후세인은, 미국이 확고하게 지지하던 방안인 'UN사찰단의 요구조건을 수용함으로써 UN제재를 종결시키는 내용의 양보'는 할 수 없다는 결론에 이르렀다. 그는 대통령궁 수색 요구와 같은 UN사찰단의 집요한 요구는 그를 모욕하는 행동이며, 나아가 그의 권위를 무너뜨리고 궁극적으로는 그의 정권을 전복시키려는 시도로 간주하였다. 후세인의 표현에 따르면, 사찰단이 있는 상태에서의 제재와 없는 상태에서의 제재 사이에서의 선택만이 있었을 뿐이며, 이러한 경우 그에게는 후자가 더 바람직하였다. 후세인이 장기적으로는 대량살상무기를 보유할 의도를 갖고 있었다는 것은 명백하지만 2001년 시점에서 그러한 역량은 부족하였다.

이라크에서 전개되는 상황에 대한 여러 첩보들은 심각한 결함을 가지고 있었다. 이라크의 고위 관료와 장군들은 자신들이 대량살상무기를 직접 확인하거나 통제권을 갖지는 못했지만, 다른 동료들이 통제권을 가지고 있을 것이라고 생각하였다. 그들에게 묻거나 또는 그들의 전화를 감청해 정보를 얻었다면, 그들이 이라크 어딘가에 생화학무기 또는 핵무기가 있을 것이라고 믿고 있었다는 것을 확인할 수 있었을 것이다.

사실 이라크 측에서도 엄청난 정보실패가 있었다. 후세인은 무력충돌 없이 허세를 통해 곤란한 상황을 넘길 수 있을 것이라고 믿었다. 또한 그는 자신이 권좌에서 축출당하고 궁극적으로 죽음에 이르는 과정이 진행되고 있다는 사실을 전혀 알지 못했다.

이라크 외부에서 생화학무기와 핵무기의 존재를 밝히려는 분석관들은 소위 수많은 인지 함정(cognitive trap)에 빠졌다. 만약 어떤 사람이 대량살상무기를 찾고 있는데 그 증거가 모호하다면, 그 사람은 그러한 무기가 존재할 가능성이 크다고 결론 내리기 쉽다. 이러한 유형의 편향된 사고는 어떤 사건들이 실제로는 우연히 발생했다 하더라도 사건의 배후에는 어떤 조직이나 핵심적 원인이 있다고 믿도록 유도한다. 확인편견(confirmation bias)은 이미 내린 판단을 지지하는 정보에 더 많은 관심을 기울이고 모순되는 증거는 저평가하는 심리적 경향을 띤 사고방식이다. 거울 이미지(mirror imaging)와 합리적 행위자 모델은 다른 문화 속의 사람들이 문제를 다루는 방식을 정확하게 파악하는 것을 어렵게 한다. 예를 들면, 이라크가 물자를 밀수한 것은 대량살상무기를 숨기기 위한 것이라기보다는 UN제재 하에서 물자를 획득할 수 있는 방법이 밀수밖에 없었기 때문이다. 한편 부패한 고위관료들은 불법 선적을 눈 감아주는 대가로 많은 뇌물을 챙겼다.

인간정보에 기초하여 생산된 대부분의 첩보들도 심각한 결함이 있었던 것으로 판명되었다. 커브볼은 오로지 유럽 거주 허가에만 관심 있었던 정보 날조자에 불과했다. 인간정보에 기초한 많은 첩보들은 미국의 후세인정부 전복을 바라는 반 이라크 망명단체인 이라크 국민회의(Iraqi National Congress; INC)에서 작성되었다.

다른 첩보들도 대부분 결함투성이였다. 니제르 우라늄 수입에 관한 서류는 위조된 것이었고, 고강도 알루미늄관은 로켓제조용이었다. 이라크 관료들은 대통령궁 사찰 허용을 거부하였는데, 이는 대량살상무기를 숨기려는 것이 아니라 후세인의 신변안전을 고려했기 때문이었다.

심각하게 고려되지는 않았지만 정확한 내용의 첩보들도 있었다. 예를 들면 카멜은 이라크가 1991년 걸프전 패배 이후 잠시 가지고 있었던 모든 생화학무기 및 핵무기들을 폐기하였다고 주장하였다. 또한 프랑스 정보부 스파이였던 이라크 외무장관은 그의 프랑스 담당관들에게 이라크는 더 이상 대량살상무기를 가지고 있지 않다고 말하였다. 결국 2002년 가을, UN사찰단이 이라크로 잠시 복귀하였을 때 그들은 아무 것도 발견할 수 없었다.

미국이 자랑하는 기술정보 수집수단인 위성영상과 통신 감청들도 결코 완벽한 정보를 제공해 주지는 못했다. 예를 들면, 2001년을 기점으로 대량살상무기가 생산되거나 보관되고 있다고 의심되는 장소들에 대한 위성영상이 크게 증가하였는데, 이것은 단지 위성영상 수집의 우선순위가 북부 및 남부 이라크의 비행금지구역을 감시하는 미국과 영국 조종사들을 위협했던 비행장과 방공지역에 대한 영상수집에서 대량살상무기 의심지역에 대한 영상수집으로 바뀌었기 때문이었다. 첩보는 더 많아졌지만 활동이 뒤따르지는 않았다. 다른 기술정보로부터 얻은 첩보들은 우려했던 것보다 훨씬 덜 의심스러운 것으로 판명되었다. 삼엄한 경비가 펼쳐졌던 벙커에는 화학무기가 아니라 보급품이나 문서 같은 것들이 있었고, 탱커트럭은 정화제가 아닌 물을 운반하는 데 이용되었다. "모든 것을 철수시켰다, 거기에 확실하게 아무것도 남기지 마라"는 이라크 관료들의 감청된 대화 내용은 실제로는 UN사찰단의 요구에 순응하고 있음을 보여주기 위한 것이었다. "사실(영상과 감청 내용)" 자체는 정확하였으나 이에 대한 해석이 잘못된 것이었다.

분석관들은 대량살상무기에 관한 직접적인 증거가 나오지 않는 것에 대해 의아해 하였다. 그들은 그 원인을 이라크의 성공적인 거부 및 기만 작전으로 돌렸다. 그러나 대량살상무기 자체가 존재하지 않았기 때문에 증거가 없었고, 관측된 것에 대한 해석이 잘못되었기 때문에 오판한 것으로 결론이 내려졌다.

이라크에서 대량살상무기가 발견되지 않자 영미 양국을 비롯한 여러 나라의 의회 위원회는 대량살상무기 관련 정보분석을 통렬히 비판하는 보고서들을 내놓았다. 이들 보고서들은 분석관들이 고정적 사고와 편견에 사로잡혔었다고 결론지었다. 결과적으로 알루미늄관과 같은 이중용도 품목에 대해 가장 나쁜 용도로 해석하는 것과 같은 실수들이 있었던 것이다. 또한 구식 무기 프로그램이나 오래된 거부와 기만 방식을 가정하는 것과 같은, 한때는 사실일 수 있지만 그것들이 계속되고 있다고 명확히 말하기는 어려운 수많은 가정들이 계속되고 있었다. 분석관들은 이라크가 다양한 위협 프로그램을 가지고 있다는 한정된 가설들에 초점을 맞추었고, 다른 가설의 가능성을 검토하기 위한 홍팀(red teams)구성이나 악마의 변론(devil's advocacy)과 같은 분석기법을 사용하지 않았다. 몇몇 분석관들은 의심을 제기하고 우려를 표명했지만 충분한 관심이 주어지지 않았거나 명확한 의사소통이 이루어지지 않았다.

많은 정치지도자들이 확고한 우선순위와 목표를 가지고 행동을 서두르면서 자신들과 다른 관점을 갖는 것은 충성스럽지 못한 것으로 생각하였던 정책결정 환경 속에서, 이 같은 모든 결함들은 정확한 정보분석을 악화시키는 방향으로 작용하였다.

추가 고려사항

▶ 정보분석관들이 이라크 문제를 분석하는 데 있어 커다란 과제의 하나는 권력을 가진 지도자들의 속마음을 파악하고자 하는 것이었다. 이러한 문제를 다루기 위한 분석기법들은 수세기 동안 어떻게 개선되어 왔는가?

▶ 이라크의 대량살상무기를 분석하기 위해 설정된 가설들은 무엇이었는가? 분석관들은 그러한 가설의 타당성을 검증하기 위해 무엇을 할 수 있었는가?

▶ 이라크의 대량살상무기를 분석하는 분석관들이 이용할 수 있었던 증거의 질은 어떠하였는가? 증거의 질은 어떻게 개선될 수 있는가?

▶ 이란이나 북한과 같은 국가의 대량살상무기 프로그램을 정확하게 판단하려 할 때, 중요한 요소들은 무엇인가?

추천도서

Commission on the Intelligence Capabilities of the United States Regarding Weapons of Mass Destruction, report available online at: http://www.gpoaccess.gov/wmd/indes.html.

Duelfer, Charles, *Hide and Seek: The Search for Truth in Iraq*, New York: Public Affairs, 2009.

Richelson, Jeffrey T., *Spying on the Bomb: American Nuclear intelligence from Nazi Germany to Iran and North Korea*, New York: W. W. Norton & Co., 2006, chapters 12 and 13.

Ricks, Thomas E., *Fiasco: The American Military Adventure in Iraq*, New York: Penguin, 2006.

Tenet, George, *At the Center of the Storm: My Years at the CIA*, New York: HarperCollins, 2007, chapters 16 − 24.

Whitney, Craig R., ed., *The WMD Mirage: Iraq's Decade of Deception and America's False Premise for War*, New York: Public Affairs, 2005.

Woods, Kevin, et al., *The Iraqi Perspectives Report: Saddam's Senior Leadership on Operation Iraqi Freedom from the Official U.S. Joint Forces Command Report*, Annapolis, MD: Naval Institute Press, 2006.

Woodward, Bob, *Plan of Attack*, New York: Simon & Schuster, 2004.

(그림 25) 이라크의 인종집단

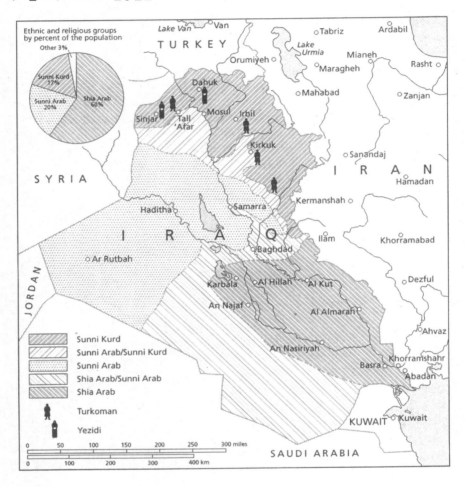

29. 이라크 내부 폭력사태 대응

2003년 3-4월에 걸쳐 미국 주도 연합군은 이라크 정부군 및 일부 비정규군과 대규모 재래식 전쟁을 벌였다. 미군 지휘관과 민간 전문가들은 지난 수십 년 동안 이러한 군사작전을 예상하고 대비해 왔다. 육지와 공중의 광대한 영역에서 대형 군 장비가 신속히 작전을 수행할 것이고, 군은 목표물까지 정확히 도달하는 소위 '스마트' 무기를 사용하여 목표물에 집중포화를 퍼부을 것이다. 병력은 물론 차량, 항공기, 대포와 같은 모든 기계 장비들은 인터넷, 컴퓨터 등의 첨단의 전자장치로 제어될 것이다. 지속적으로 업데이트되는 대량의 정보들은 현장 상황에 신속히 대처할 수 있도록 모든 수준의 지휘계통에서 이용가능하게 될 것이다. 이러한 전투와 이를 뒷받침하는 국가정보는 지금까지 알려진 이전의 전투양식과는 완전히 다른 차원의 것이었다.

최첨단 무기의 도입으로 인해 후세인 정권은 급속히 붕괴되었지만, 평화가 뒤따르진 않았다. 후세인 정권 붕괴와 동시에 이라크 국내에서는 저항과 테러가 잇따랐으며, 이 중 일부는 외부 세력의 지원 하에 이루어졌다. 전쟁 승리 이후 몇 개월 동안 일부 친 후세인파 비정규군들은 특히 수니파 지역에서 연합군에 대해 직접 공격을 가하였다. 그들은 미리 비축해 두었던 무기와 자금뿐 아니라 후세인의 바트당(Baath Party) 잔존 세력을 활용하였다. 하지만 이라크 인 대부분은 후세인 정권의 복원을 지지하지 않았고, 후세인 잔존세력의 공격은 연합군의 우월한 화력으로 즉시 진압되었다. 그러나 이것으로 폭력이 종식된 것은 아니었다.

2003년 여름부터 2005년 말까지 국내의 다양한 세력들이 후세인 정권 붕괴에 따른 권력 공백을 메우기 위해 활동을 벌였고, 원하는 바를 달성하고자 하였다. 폭력의 수준은 증대되었고, 다양한 정치적·종교적 신념을 가진 이라크 인들은 미국이 이라크의 경제 회복과 불안정 해소를 위한 역할을 제대로 하지 못하고 있다고 비난하였다.

▷ 후세인 정권하에서 권력을 장악했던 소수파인 수니파는 그들이 누렸던 특권을 되찾고 외국 점령군을 몰아내기 위해(이것이 반드시 후세인이나 바트당의 복원을 위

한 것은 아니었다) 주로 이라크 서부 지역에서 반란을 일으켰다. 그들이 주로 사
용한 무기는 사제폭탄(improvised explosive device: IED)을 도로변에 설치하는 것
이었다.

▷ 알카에다의 영향을 받은 외국의 지하디스트(이슬람 성전주의자)들은 종교적 긴장
을 악화시킬 목적으로 자살폭탄테러를 감행하기 시작하였다. 이들은 투사의 약
5-10%로, 큰 비중을 차지하지는 않았다.

▷ 다수 시아파는 다수파로서의 지위를 지키기 위해 민병대를 조직하기 시작하였
다. 무크타다 알 사드르(Muqtada al-Sadr)가 이끄는 메흐디 민병대(Mahdi Army)
의 봉기 이후 시아파는 평정을 되찾았고 투쟁보다는 조직화에 집중하였다.

▷ 이에 더해 이라크의 혼란 상태를 틈타 밀수, 유괴, 강도 등의 조직범죄가 기승
을 부렸다.

▷ 북부 쿠르드족 지역은 쿠르드인들이 자치지역을 강화하면서 전반적으로 평온한
상태를 유지하였다. 쿠르드족은 그들만의 군대, 깃발, 사회복지체계를 비롯한
정부 요소들을 갖추고 있었다.

폭력에 사용된 무기와 폭발물의 대다수는 후세인 정권이 대형 무기고에 비축해
놓았던 것들로 2003년 봄 정규전 종식 이후 파괴되지 않았거나 점령군의 통제하에
들어오지 않은 것들이었다. 반란군에 대한 외부 지원이 있었지만 그다지 중요한 정
도는 아니었다. 따라서 국경봉쇄를 실시하더라도 폭력을 종식시키지는 못했을 것이
다. 공격대상은 다양하였는데, 미군은 물론 신규 이라크군과 경찰, 민간 이라크 지도
자들, 외국인 원조 업무 종사자, 발전 및 산유시설 등과 같은 사회기반시설이 포함
되었다. 미군 사령관들은 미군의 무력사용에 의한 이라크의 재산 손실과 민간인 사
상자를 줄이기 위해 작전계획을 조정하였지만, 전반적인 폭력 수준은 계속해서 증대
되었다.

정규전에서 비정규전으로 전쟁의 성격이 변화하자 전쟁지원을 위한 정보의 수
집과 분석도 그 성격이 변화되어야 했다. 미국과 영국이 각각 베트남과 말레이 반
도에서 학습했듯이, 이러한 변화는 문제해결 방식의 변화를 의미했다.

반란 발생이후 첫 수개월 동안에 미국은 몇몇 중요한 성공을 거두었다. 예를 들
어, 정보 분석관들은 2003년 사담 후세인 이라크 전 대통령을 추적하기 위해 네트
워크 분석을 이용하였다. 미국 국방정보국, CIA, 특수전 사령부(the special opera-

tion community) 및 정규군에서 차출된 분석관과 공작관들로 구성된 유관기관 합동 팀은 후세인 정권 붕괴 이후의 후세인 지지 네트워크를 밝혀내기 위해 수개월 간 협력하였다. 마침내 분석관들은 1959년 후세인이 쿠데타에 실패한 후 그의 고향인 티크리트(Tikrit)에 숨어 있었다는 사실을 알아냈고, 따라서 이번에도 이 지역에 숨어 있을 가능성이 높다고 보았다. 이러한 정보는 탐색범위를 좁히는 데 도움이 되었다.

또한 후세인은 그를 뒷받침했던 군사, 정치, 경찰 조직이 와해된 이후 이전의 전통적 인맥이나 부족적 유대와 같은 다른 지지 네트워크에 의존하고 있을 가능성이 높았다. 그 당시 미군의 수사는 후세인 정권의 지도급 인사 체포에 집중되었는데, 분석관 중 일부는 여기에 창의적 대안으로서 "카드 한 벌 방법"(deck of cards)을 접목시켜, 후세인에게 교통, 숙식, 자금 등을 제공한 사람들을 수사함으로써 밑으로부터 후세인 지지 네트워크의 실체를 밝혀내고자 하였다. 또한 다양한 출처로부터 수집된 막대한 양의 자료들은 인과고리 차트(link charts)로 구현되었는데, 이들 도표는 관계 사슬 속에서 인간관계 및 아직도 밝히지 못한 공백 부분을 보여주었고, 이에 따라 첩보 수집이 더 필요한 부분이 어디인지도 명확해졌다.

이러한 방법을 이용하여, 미 합동 팀은 마침내 도표를 완성하였고 이 과정에서 후세인의 핵심 보호자를 색출해 냈는데, 그는 티크리트 인근 지역에 후세인이 숨어 있다고 진술하였다. 처음에는 그가 진술한 곳에 위치한 농가 오두막이 유력한 은신처로 보이지 않았지만, 이곳에서 현찰 75만 달러가 든 가방이 발견되면서 미군 병사들은 확신을 가지게 되었다. 이에 그 지역에 대한 집중적인 수색이 이어졌고, 곧 사담 후세인은 비좁은 지하 토굴에서 발견되었다.

하지만 이러한 성공에도 불구하고 이라크의 상황은 시간이 갈수록 점점 더 악화되어 갔다. 미국의 엄청난 화력, 반란군 색출을 위한 이라크 인 거주지에 대한 야간 급습과 광범위한 체포 작전은 일시적으로 폭력을 감소시키는 성과를 거두었다. 그러나 동시에 이 작전들은 많은 민간인 사상자들을 발생시켰고 지역의 문화관습을 침해하였다. 결과적으로 많은 이라크 인들이 미국으로부터 멀어지게 되었고, 미군 병사들을 점차 점령군으로 인식하게 되었다.

2006년 초에 이르러 폭력의 성격은 또 다시 변화하기 시작하였는데, 이는 이라크 내 주요 종교 집단 간 대립에 의해 촉발되었다. 시아파는 수십 년간의 압제에 대한 복수를 원했던 반면, 수니파는 시아파가 이란에 의해 조종되고 있다는 점을

우려하였다. 그 외에도 원유가 풍부한 북부지역의 통제권을 둘러싸고 한편에서는
수니파 및 시아파 간에, 또 다른 한편에서는 쿠르드족 사이에 분쟁이 시작되었을
뿐 아니라, 시아파 내부에서도 극심한 갈등이 존재하였다.

　　2006년 동안 대다수의 사상자를 유발시킨 종파대립과 다양한 민족집단들이 스
스로의 안전 확보를 위해 설립한 민병대로 인해 폭력 수준은 계속 증가하였다. 이
와 동시에 범죄 행위와 외국 이슬람교도들의 공격도 가속화되었다. 정부군과 경찰
을 재건하려는 노력은 느린 속도로 진행되었다. 특히 경찰의 경우 부패와 여러 종
파 민병대들의 침투로 인해 비효과적이었다. 수백만의 이라크 인들이 안전을 확보
하고 경제적 기회를 찾고자 종파혼합지역(mixed areas)을 떠나거나 같은 종파끼리
모여 안전을 도모하거나 또는 이라크를 떠났다.

　　2007년 미국은 다양한 수준의 반란에 대처하기 위해 파트너의 입장에서 현지
정부와 공동작전을 수행하는 새로운 전략을 수립하였다. 이 전략의 주요한 원칙들
은 유통되는 정보와 기대수준의 관리, 적절한 수준의 무력행사, 학습과 채택(learn
and adopt), 최소한의 권한 부여, 그리고 현지정부에 대한 지원 등이었으며, 이들 대
부분은 효과적인 정보제공이 필요한 것이었다. 또한 새 전략에는 아래와 같이 재래
식 전쟁에 익숙한 군인과 분석관에게는 역설적으로 보일 수 있는 아이디어들이 일
부 포함되었다.

▷ 때로는 아군을 보호하려 하면 할수록 더욱더 아군의 안보가 취약해진다.
▷ 때로는 군사력을 더 많이 사용할수록 반란군 진압에 덜 효과적이다.
▷ 반란 진압이 성공할수록 군사력 사용은 줄어들 수 있지만, 민중과의 관계유지를
　위해 더 큰 위험을 받아들여야만 한다.
▷ 때로는 아무런 조치도 취하지 않는 것이 가장 좋은 대응이다.
▷ 경우에 따라서는 반란 진압에 가장 좋은 무기는 화력이 아닌 비군사적 수단이다.
▷ 주둔국이 어떤 일을 완만하게 처리하는 것이 우리가 그것을 잘하는 것보다 낫다.
▷ 어떤 전술이 이번 주에 효과적이었다 하더라도 다음 주엔 그렇지 않을 수 있고,
　어떤 전술이 어떤 지방에서 효과적이었다 하더라도 다른 지역에서는 그렇지 않
　을 수 있다.
▷ 전술적 성공은 아무것도 보장해주지 않는다.
▷ 많은 중요한 결정들은 장군들에 의해 내려지지 않는다.

　이러한 새 전략은 말레이 반도 및 다른 대반란작전(Counterinsurgency)들의 경험에 기초한 것이었지만 시대적 차이와 변화된 조건들을 감안하여 마련되었다. 영국인들이 도입한 방법 중 일부는 이라크에서 큰 효과를 낼 수 있었다. 예를 들면, 핵심목표를 반란군 사살에 두는 것보다 주민의 공감 획득에 두는 것이었다. 미군은 이라크 주민에게 안전을 제공함은 물론 경제발전과 정치개혁도 지원하였다. 또 그들은 민족 다양성에서 오는 여러 지역 간의 상이한 여건들에 대해서도 주의를 기울였고 가능한 지역에서는 협력관계를 구축하고자 하였다. 이에 따라 더 나은 정보를 얻게 되자 적대행위의 징후를 탐지하고 대처할 수 있게 되었다. 한편, 장시간 구금과 같은 영국의 다른 전략 요소들은 문제가 있는 것으로 판명되었다. 이 외에 영국이 실시했던 재정착 캠프 설립이나 식량 무기화와 같은 것들은 도입되지 않았다.

　지역 내 부족 및 가족관계망에 관한 첩보를 수집하고 지역 마을주민들에 대해 더 나은 보호를 제공하는 것의 이점 중의 하나는 사제폭탄(IED) 문제를 해결할 가능성을 증가시킨다는 것이었다. 많은 저항 세력들(Insurgents)과 민병대들은 이라크 전역에서 구할 수 있는 수많은 포탄, 지뢰, 또는 다른 폭발물 등으로 사제폭탄을 제조하여 도로변에 배치하거나 미군이 접근할 때 폭발시켰다. 사제폭탄은 당시까지 미군 사상자 발생의 가장 큰 원인이었다. 미군이 탐지 장치 및 장갑차 도입 등의 대응조치를 취하자, 저항세력들은 무선 기폭장치나 보다 강력한 폭발물 개발 등의 개선된 방법으로 대응하였다. 저항세력들은 미군이나 민간 관료들보다도 신속하게 학습하고 적응하고 있었다. 다차원으로 구성된 대응팀(군, 민간인, 정보요원, 심지어 인류학자까지 포함된)이 군 기지를 벗어나 다양하고 빠르게 변화하는 지역현장을 제대로 파악하려는 노력을 한 후에야 위와 같은 뒤늦은 대처 문제를 개선시킬 수 있었다. 광범위한 순찰을 통해 사제폭발물과 관련된 계획수립자, 공급자, 재정적 후원자, 실행자들의 네트워크를 파악하고 대처할 수 있게 되었다. 이들 네트워크는 종종 외부인의 침투가 어려운 가족이나 부족 관계에 기반을 둔 것이었다.

　새로운 반란 진압 전략의 도입으로 이라크 내 군인 및 민간인 사상자 수는 급격하게 줄어들었다. 또 이 전략은 미군 감축을 가능하게 하였고, 이라크 정부의 입장에서는 정치개혁 수행, 다양한 종족집단간의 화해 도모, 범죄 및 부패의 감소를 위한 보다 많은 시간을 확보할 수 있었다. 하지만 장기적으로 번영과 안정, 그리고 민주주의가 담보된 이라크가 가능할 것인가 하는 것은 반란 진압 전략보다 훨씬 더 많은 것들에 의해 좌우될 것이었다.

　　전통적인 인지 문제는 이라크에서 다른 의미를 지니고 있었다. 이라크에서 저항세력을 다루는 데 있어 계속 문제가 되었던 것은 지역 문화에 대한 깊은 통찰력이 요구된다는 점이었다. 그러나 대다수 군인들은 물론 현지에서 발생하는 사태에 대해 깊은 통찰력을 가져야 할 분석관들조차도 현지어를 말하지 못할 뿐 아니라 주둔국의 역사나 사회구조와 같은 요소들에 대해 깊이있는 지식이 없었을 가능성이 크다. 그들이 음주나 여성에 대한 회교도의 민감성과 같은 기초 지식을 알게 되거나 또는 중요한 인간적 유대 관계를 구축할 쯤 되면 그들은 전출을 가게 된다.

　　현대 기술은 많은 출처로부터의 수집 능력을 크게 증대시켰지만, 수집된 것의 상당수가 부정확하거나, 무관하거나, 빠르게 쓸모없어진다. 기술은 이러한 정보의 흐름을 파악하고 제어하기 위해 컴퓨터와 같은 수단을 제공해 왔다. 국방부는 이러한 상황을 묘사하기 위해 "정보지배"(information dominance)와 "전장 정보분석"(information preparation of the battlefield)과 같은 용어를 사용한다. 특히 빌딩이나 장비와 같이 쉽게 관측될 수 있는 역량과 관련된 표적들의 경우, 전자 수단의 사용은 상당히 성공적이었다.

　　하지만 미국이 이라크에 관여한 초기 몇 년 동안에서 볼 수 있듯이, 첨단 기술과 화력 중심의 접근 방식은 심각한 결함이 있었다. 이러한 방식은 재래식 군대를 패배시킬 수 있었지만, 의도(intentions)와 같은 보다 추상적인 문제를 이해하는 것은 여전히 과제로 남아 있다. 이에 더하여 한 번의 실수도 용납되기 어려운 아군의 오인 포격도 계속 일어나고 있었다.

　　따라서 군사적 의사결정에 대해 재고하는 것도 중요했다. 반란 진압 전략은 현상유지적인 사고를 지양하고 유연성과 열린 마음자세를 갖도록 한다. 네트워크 분석과 같은 기법은 관계를 중시한다. 시나리오는 분석관들과 기획자들이 가능성 있는 다양한 결과들을 검토할 수 있게 해주고 돌발 사태를 피하는 데 도움을 준다. 미래에는 정보 분석관들이 사용할 수 있는 다양한 전략들과 기법들이 보다 많이 개발될 수 있을 것이다.

추가 고려사항

▶ 연합군이 이라크 문제들을 풀기 위해 그들 작전 지역을 이해하려고 노력하는 것은 갈리아에서 직면하였던 문제들과 유사한가? 아니면 다른가? 손자의 어떤 권유가 도움이 될 수 있을까?

▶ 어떤 가정들이 반란 진압 전략의 기저를 이루고 있는가? 그러한 가정들은 타당한가? 가정들 중 일부가 틀렸거나 시대에 뒤떨어진 것이라면 어떻게 해야 하는가?

▶ 반란 진압 작전에서 이용할 수 있는 위험요소들과 기회들은 무엇인가? 반란 진압 방법들은 모든 문제에 대해 적절하다고 할 수 있는가?

▶ 이라크의 미래, 그리고 반란 진압 작전이 수행되고 있는 아프가니스탄과 같은 다른 지역의 미래에 가능한 시나리오에는 어떤 것이 있는가?

추천도서

Hammes, Thomas X., *The Sling and The Stone: On War in the 21st Century*, St. Paul, MN: Zenith Press, 2004.

Hashim, Ahmed S., *Insurgency and Counterinsurgency in Iraq*, Ithaca, NY: Cornell university Press, 2006.

Kilcullen, David, *The Accidental Guerrilla: Fighting Small Wars in the Midst of a Big One*, New York: Oxford University Press, 2009.

Maddox, Eric, with Seay, David, *Mission: Black List #1: The Inside Story of the Search for Saddam Hussein − as Told by the Soldier Who Masterminded the Capture*, New York: HarperCollins, 2008.

Moore, Robin, *Hunting Down Saddam: The Inside Story of the Search and Capture*, New York: St. Martin's Press, 2004.

Ricks, Thomas E., *The Gamble: General David Petraeus and the American Military Adventure in Iraq, 2006−2008*, New York: Penguin Press, 2009.

Shultz, Richard H., and Dew, Andrea J., Insurgent, Terrorists, and Militias: The Warriors of The U.S. Army − Marine Corps Counterinsurgency Field Manual, Chicago, IL: University of Chicago Press, 2006; http://www.usgcoin.org/library/doctrine/COIN−FM3−24.pdf. http://usaac.army.mil/CAC/Repository/Materials/COIN−FM3−24.pdf.에서 검색가능

Part

06

국내법 집행과
정보분석

　　국가안보 분야에서 사용되는 분석틀과 방법(가설, 경향, 관계, 지표 등)들은 법 집행 분야에서도 똑같이 활용될 수 있다. 사실 네트워크 분석처럼 널리 사용되는 일부 분석기법들은 법 집행 영역에서 먼저 개발된 것들이다. 또한 다양한 출처로부터 정보수집을 할 때에도 유사성이 발견된다. 예를 들면 국가안보와 법 집행 분야 모두 영상정보(경찰 업무에서 감시용 사진과 비디오), 인간정보(참고인 진술, 비밀 정보원), 통신 감청(전화 감청) 등을 이용한다.

　　하지만 차이점 또한 상당 부분 존재한다. 법 집행은 일반적으로 사태 진전을 예측하고 그에 대한 계획을 세우기보다는 범죄가 발생할 때까지 행동을 취하지 않는다. 정치 및 군사 지도자들은 종종 고도의 위험과 시간의 압박을 견디면서 사실 관계가 명확하게 밝혀지지 않은 상태에서 정책결정을 해야만 한다. 그러나 사법시스템은 좀 더 시간적 여유가 있기 때문에 고도의 입증 기준을 필요로 한다. 예를 들어 민사 사건의 경우 "증명의 우월"(preponderance of evidence)을 달성하는 것이, 그리고 형사 사건의 경우 "합리적으로 의심할 여지가 없는"(beyond a reasonable doubt) 입증이 필요하다. 명백하고 완벽한 증거물의 확보가 필요한 재판 절차는 국가안보기관에서 "증거"를 다루는 방법보다 훨씬 더 엄격하다. 법 집행 분야에 있어서는 국가정보의 수요자들도 달라진다. 법집행 분야의 국가정보 수요자들에는 성공적인 수사와 기소를 위해 부족한 자료들을 주의 깊게 보아야 하는 지방 행정관이나 경찰관이 가끔 포함된다. 뿐만 아니라 주요 용의자들을 체포하기 위해 분석을 활용하는 공작관들(operators)도 국가정보 수요자에 해당된다.

　　국가정보(특히 비밀 수집)와 법 집행을 위한 공개적 사법절차뿐만 아니라 해외와 국내 정보영역 사이에도 명확한 구분이 있던 시절이 있었다. 하지만 9·11 테러 이후 이러한 구분의 중요성은 점점 낮아지고 있다. 법 집행과 국가정보 사이에는 아직 검토되어야 할 것이 많이 남아있긴 하지만 보다 긴밀한 협력의 필요성이 강하게 제기되면서 최근에는 이들을 통합적으로 바라보는 시각이 등장하고 있다.

30. 린드버그 유괴사건

1927년 찰스 린드버그(Charles Lindbergh)의 대서양 단독 횡단 비행 성공이 아직 신선한 충격이던 1932년, 그는 세계에서 가장 유명하고 존경받는 인물 중 하나였다. 그의 부인 앤(Anne)은 제이피 모건(J. P. Morgan) 은행 창업자 중 한 사람이었던 전 멕시코 대사의 딸이었다. 1932년 3월 1일 화요일 저녁 7시경 뉴저지 주 호프웰 근교에 살던 린드버그 부부는 20개월 된 어린 아들 찰스를 자택 2층 애기방 침대에 눕혔다. 집은 아직 건축 중에 있었으며, 린드버그 가족은 주로 주말에만 거기에 머물렀다. 하지만 당시 아들 찰스가 감기에 걸렸기 때문에 며칠 더 머물고 있었다. 그날 저녁 그 집에는 집사, 요리사, 유모 등 세 명의 하인이 같이 있었다. 10시경 유모는 어린 아이의 상태를 확인하러 갔다가 아이가 침대에 없는 것을 발견하였다. 방에는 창문 하나가 열려 있었고 창문틀에는 흰색의 작은 봉투가 놓여 있었다. 급히 집 안팎을 둘러보았으나 아이의 흔적은 없었다. 경찰은 신고를 받고 즉시 출동하였고, 마당에서는 주문 제작된 조립식 사다리와 톱이 발견되었다.

초동 수사과정에서 경찰은 범죄현장을 보전하지 않는 실수를 저질렀다. 제일 먼저 도착한 형사들은 정확한 조치를 취하지 않았거나 그들이 발견한 발자국이나 타이어 자국의 틀을 뜨지 않았다. 결국 경찰, 기자, 구경꾼들이 모여들자 이러한 흔적들은 지워졌다. 경찰은 아이의 방, 사다리, 톱 등에서 지문을 채취하려 했지만 지문은 나오지 않았다. 수사관들은 그저 현장사진 몇 장을 찍었을 뿐이었다.

봉투 안에는 몸값을 요구하는 메모가 들어 있었는데 다음과 같이 쓰여 있었다.

선생!
5만 달러를 준비하시오. 20달러 지폐로 2만 5천 달러, 10달러 지폐로 1만 5천 달러, 그리고 5달러 지폐로 1만 달러로 준비하시오. 2일이나 4일 후에 돈을 전달할 방법을 알려 드리겠소. 경고하건대 절대로 다른 사람이나 경찰에 알리지 마시오. 아이는 무사하오. 앞으로 모든 편지에는 서명과 3개의 구멍이 표시되어 있을 것이오.

오른쪽 하단 모퉁이에는 중앙에 빨간 표식이 있는 두 개의 원이 절반 겹쳐진 문양이 있고, 그 문양의 양 옆과 가운데에 세 개의 구멍이 뚫려 있었다.

3월 4일과 5일, 유괴범으로부터 메시지가 하나 더 도착하였는데, 거기에는 아이는 건강하나, 경찰이 수사를 벌였기 때문에 자신들이 더 데리고 있어야겠으며, 몸값도 7만 달러로 올린다고 쓰여 있었다. 이 메모 역시 두 개의 원이 절반쯤 겹친 문양이 있었다.

린드버그와 법집행 관료들 사이에는 처음부터 문제해결을 둘러싼 인식의 차이가 있었다. 린드버그는 그의 아들을 돌려받기 위해서라면 뭐든지 하려고 했고, 경찰을 관여시키지 말라는 유괴범의 요구를 수용하려 했다. 반면에 법 집행 관료들은 범죄자를 수사하여 체포하고 기소하기를 원했다. 그러나 경찰들은 린드버그의 명성 때문에 수사를 할 때 그의 의견을 존중하는 모습을 보였다.

이 유괴사건은 탐욕과 야망, 그리고 언론매체들이 뒤얽힌 선정적인 사건이 되었다. 전국에 걸친 수색이 이루어졌는데 널리 알려진 사건이 그러하듯이 온갖 허위정보들이 난무했다. 심지어 당시 유죄 판결을 받은 알 카포네까지도 분노를 표시하며, 석방될 시에는 사건 해결을 도울 것이라고 제안하였다. 허버트 후버(Herbert Hoover) 대통령은 FBI를 포함한 연방정부의 지원의사를 밝혔다.

법 집행 관료들의 지원에도 불구하고, 린드버그는 그들과 적당한 거리를 유지하였다. 그는 경찰들이 자신의 집을 임시 연락장소로 사용하는 것을 허락했다. 그러나 유괴범의 경고가 있자 더 이상의 법집행 관료들의 관여를 경계하였다. 대신에, 그는 주변의 개인적인 도움에 의지하면서 스스로 정보 분석관의 역할을 하기로 결심하였다.

필사적이었던 린드버그는 조직폭력배, 사기꾼, 심령술사 등 수많은 사람들이 원조 제공 의사를 표명하는 가운데 이 중 몇 개를 선정하여 추진하였다. 사다리를 준비하고 지문을 거의 남기지 않는 등 준비가 철저한 점으로 미루어 전문가의 소행이 틀림없다고 판단한 린드버그는 지인이자 지하세계에서 활동하던 주류밀매업자에게 유괴범과의 접촉가능성 여부를 확인해 줄 것을 부탁하였다. 그는 또 자신의 아이를 데리고 있는 악한과 접촉이 있었다고 주장하는 수상쩍은 사람들에게 <워싱턴 포스트> 발행인의 부인을 통해 10만 달러의 현금을 건네는 데 동의하였다. 1927년 린드버그의 대서양 횡단 비행 이후 그의 귀환 시 승선했던 전함을 지휘했던 버지니아 주 노포크(Norfolk)지역의 해군 퇴역장교는 그 지방사람 하나가 유괴범들을 알고 있다고 말했다. 그러나 이러한 단서들은 사건해결에 도움을 주지 못했고,

오히려 단서를 쫓는 데 많은 시간과 돈, 열정이 소진되었다.

3월 8일 브롱크스(Bronx)에 사는 은퇴 교사 존 콘든(John Condon)은 지역 신문에 자신이 유괴범과 린드버그 사이에 중개자 역할을 할 용의가 있다는 내용의 광고를 냈다. 브롱크스에서 발송된 답장이 이튿날 도착하였는데, 봉투 안에는 두 개의 원이 겹쳐 있는 정확한 문양과 함께 몸값 전달 방법이 상세히 적힌 메모가 들어 있었다. 이 단서는 다른 것들보다 훨씬 신빙성이 있어 보였다. 린드버그는 이 편지의 지시 내용을 따르기로 결심하였고, 언론과 경찰에는 비밀로 했다.

3월 11일 저녁, 독일 억양의 한 남자가 콘든에게 전화를 걸어 추후의 지시를 기다리도록 말했다. 이튿날 저녁, 한 택시 운전수가 접촉 장소가 적혀 있는 쪽지를 전달하였다. 몸값이 준비되지 않은 상황이었지만 콘든은 약속장소로 나갔다. 콘든은 "존"이라고 하는 유괴범 대표와 대면하여 오랜 시간 대화를 나눴다. 그는 대화 중에 몸값을 지불하기 전에 아이를 한번 보았으면 한다는 의사를 전달했다. 존은 자신과 공모자들이 아이를 데리고 있다는 증거로 아이가 입고 있던 잠옷을 보내겠다고 말하였다.

협상은 신문에 자신들만 알 수 있는 암호화된 광고를 싣는 방법으로 다음 몇 주 동안 계속되었다. 콘든은 3월 14일 신문에 돈이 준비되었고 경찰은 모른다는 광고를 냈다. 수일 후 아기 잠옷이 유괴범들이 표식으로 사용하는 문양과 추후 지시 사항이 담긴 메모와 함께 우편물로 배달되었다. 3월 17일 콘든은 신문을 통해 돈이 준비되었다는 광고를 재차 띄웠다.

몸값이 준비되고 있을 때, 알 카포네를 탈세 혐의로 체포하는 데 기여했던 국세청 직원 엘머 아이리(Elmer Irey)가 이 사건에 관여하게 되었다. 아이리는 당시 미국 정부가 금 태환 화폐[1]를 회수하고 있다는 사실을 이용하여 몸값을 금 증권(gold certificate)[2]으로 지불하면 사후에 자금추적이 용이하다는 제안을 했다. 그는 또 이 증권의 일련번호를 리스트로 만들어 놓자는 제안도 했다. 린드버그는 유괴범들을 자극할 수 있는 행동을 피하려 했지만 결국에 가서는 동의하였다. 4월 초에 이르러 모든 협상은 완료되었다.

4월 2일 저녁 콘든과 린드버그는 유괴 용의자의 지시에 따라 브롱크스의 약속

---

1) 연방준비은행(FRB)은 1932년 금화가 더 이상 법정화폐가 아님을 선언하고 금이 화폐로 통용되는 것을 폐지했다. (역자주)
2) 금 증권이란 미국 정부가 발행한 지금(地金)의 금 보관증을 말한다. 금 증권은 남북전쟁시부터 1933년까지 재무부가 발행하였다. (역자주)

장소로 나갔다. 존은 5만 달러를 받고 아이의 위치가 적힌 메모를 건넸는데, 이 메모에는 매사추세츠의 마타(Martha) 포도밭 근처 해변가에 있는 보트 안에 아이가 있다는 내용이 적혀 있었다. 그러나 다음 며칠 동안 해군과 해안경비대의 도움을 받아 수색 작업을 벌였으나 아무런 성과도 거두지 못하였다. 바로 이 시점에서 지금까지 비밀리에 진행되었던 협상에 관한 뉴스가 지불된 증권의 일련번호가 적혀 있는 정보와 함께 신문에 보도되었다. 이 사건과 관련하여 여러 사람들이 명성이나 돈을 취하려 함에 따라 수사에 혼선을 가져오는 또 다른 잘못된 단서들이 생겨나게 되었다.

5월 12일 아기의 사체가 호프웰로부터 몇 마일 떨어진 곳에서 발견되었다. 아이는 훨씬 전에 죽었던 것이 명백하였다. 아이의 소재를 알고 있다는 수많은 제보들은 진지한 것이든 아니든 간에 쓸모없거나 거짓인 것으로 드러났다. 살인으로 판명되자 뉴저지 주 경찰은 이제 보다 우세한 입장에서 임무를 수행하게 되었다.

수개월 그리고 수년이란 시간이 흐르면서 많은 수사 단서들은 갈수록 불확실성이 커졌고 그 결과 더욱 더 가설을 세우기가 어려워졌다. 필적 감정가들은 문양 표식이 있는 모든 몸값 요구 메모들은 동일인이 쓴 것이며 모국어가 독일어인 사람일 가능성이 크다고 결론 내렸지만, 특정 용의자를 찾을 수 없었다. 사다리는 범인이 목수 일에 능숙한 자일 가능성을 보여주었다. 정부의 목재 전문가는 1년 반 동안 1,600개의 목재소를 조사하고 브롱크스의 목재 소매점에서 사다리에 사용된 재료를 찾았지만 아무것도 나오지 않았다. 유괴가 내부인의 소행일 수 있다는 의견도 다수 있었다. 린드버그의 장모 모로우(Morrow) 여사 저택에서 일하던 하녀는 유괴 사건이 벌어진 날 저녁에 린드버그 가족이 아무런 공식 일정이 없다는 것을 알고 있던 몇 안 되는 사람 중의 하나였다. 그녀는 경찰의 질문에 대해 대답을 얼버무리거나 모순된 답변만을 늘어놓았다. 6월에 이 하녀는 자살하였는데, 이는 유괴 사건에 연루되었다는 죄책감 때문이라기보다 개인적인 이유에 의한 것임이 명백했다. 몸값 지불에 사용된 식별 가능한 금 증권이 뉴욕에서 일부 발견되었지만 더 이상의 단서를 제공해 주지는 않았다.

유괴사건 발생일로부터 2년 반이 흐른 1934년 9월 15일, 맨해튼 북부에 있는 한 주유소 경영자는 손님에게서 10달러짜리 금 증권을 받았다. 위조증권일지 모른다고 판단한 그는 그 증권 위에 손님의 자동차 번호를 써 놓았다. 3일 후 은행 창구 직원은 이 증권이 몸값에 사용된 증권 목록에 들어 있음을 발견하였다. 그동안 담보

상태에 빠져 있던 수사는 FBI와 뉴저지 주 및 뉴욕시 경찰이 합동 수사팀을 결성하면서 다시 활기를 띄기 시작하였다. 수사팀은 누가 입금했는지 그리고 주유소 경영자가 기억하는 금 증권을 건네면서 독일 억양으로 말한 사람이 누구인지를 조사하였다. 수사팀은 그 증권에 적힌 차량 번호를 추적하여 그 차량이 브롱크스에 살고 있는 독일 태생의 목수인 부르노 하우프만(Bruno Hauptmann: 1899 - 1936)의 소유임을 밝혀냈다.

합동수사팀은 9월 19일 하우프만을 검거하여 심문하였고, 그의 지갑에 또 하나의 금 증권이 들어 있는 것을 발견하였다. 수사가 재개되어 활기를 띄는 가운데, 호프웰 지역의 일부 목격자들은 범죄 당일 범죄 현장 근방에서 하우프만을 봤다고 진술하였다. 콘든에게 메모를 전했던 택시 운전수 또한 하우프만이 메모를 전달해 달라고 하면서 돈을 건넸던 자라고 증언하였다. 그러나 콘든은 하우프만을 직접 대면한 후에 그가 봤던 사람이라는 것을 확신하지는 못하였다. 수사팀이 하우프만의 집을 수색했을 때, 차고에서는 그가 숨겨둔 린드버그가 지불한 몸값 14,000 달러가 발견되었고 집 안에서는 범죄 현장에서 사용된 것과 같은 접이식 사다리 디자인이 그려진 노트와 톱이 없는 커다란 공구상자가 발견되었다. 이후 그들은 그 집 벽장문 안쪽에 콘든의 주소와 전화번호가 적혀 있는 것과 범행 장소에 떨어져 있던 부서진 사다리 조각이 그의 집 지붕 아래 다락의 판자가 뜯겨진 자리와 정확히 일치함을 확인하였다.

하우프만은 그가 신문에서 읽었던 것을 제외하고는 유괴사건에 관해 아는 것이 전혀 없으며 범죄 당일에는 뉴욕에서 일하고 있었다고 진술하였다. 처음에 그는 더 이상의 금 증권을 가지지 않았다고 진술하였다. 그러나 집안 수색결과를 들이대자 그는 말을 바꿔 그 돈은 그의 것이 아니며 동업자를 위해 대신 보관하고 있었던 것이라고 주장하였다. 벽장 안의 콘든의 주소와 전화번호에 대해서는 손으로 쓴 것임을 인정하였지만, 그는 다른 사람들처럼 단지 그 사건에 관심을 가졌을 뿐이라고 주장하였다. 하우프만은 1932년 봄에 목수 일을 그만두었고 그 이후에도 돈 씀씀이가 헤펐다는 점을 부인하지는 않았지만, 그 돈은 주식 투자로 번 돈이라고 주장하였다. 뉴욕 당국은 판단이 서지 않았지만, 그를 법정에 넘기기 위해 신병을 뉴저지 당국으로 인도하였다.

1935년 1월 뉴저지에서 열린 린드버그 유괴사건 재판은 또 다시 언론의 흥미 위주의 기사거리가 되었다. 콘든이 이제는 몸값을 받은 자가 하우프만이라는 점을 확신하게 되었다는 것을 제외하면 나머지 증언들은 이미 알려져 있는 내용들과 별반 다를 것이 없었다. 하우프만의 아내는 범죄 당일 밤과 콘든이 돈을 건넸다는 날에 그가 자신과 함께 있었다고 증언하였다. 검찰은 하우프만이 아이를 유괴하거나 살해하는 것을 목격한 증인들을 확보할 수 없었으나, 강력한 정황적 사유를 제시하였다. 6주간에 걸친 재판에서 피고는 검사 측 주장을 반박할 신뢰할 만한 목격자를 제시하거나 대항논리를 전개하지 못하였다. 결국 판사는 장장 11시간에 걸친 숙고 끝에 유죄 판결을 내렸다. 그러나 하우프만은 1936년 4월 전기의자에 앉아 죽을 때까지 자신이 유괴범이라는 사실을 결코 인정하지 않았다.

린드버그 사건의 초기 국면을 보면 수사기법상의 결함들이 많이 드러난다. 타당성에 기초하여 단서들이 검증되기 전에 다음 단서들이 잇달아 나타났다. 초동수사 과정에서 과학적 범죄수사가 실시되기는 했으나 당시의 기준으로 봐도 너무나 빈약한 것이었다. 뿐만 아니라 증거나 용의자 목록과 같은 중요한 사항을 검토할 때 있을 수 있는 허점에 대한 고려가 거의 이루어지지 않은 것으로 나타났다. 수사에 도움이 될 인적·재정적 정보 자료들은 거의 없었거나 있더라도 당시 상황에서는 조사가 곤란하였다.

1934년 사건 해결의 전기가 도래한 것은 거의 행운에 가까운 것이었고 많은 사건들이 그러하듯이 그것은 경찰의 수사노력이었다기보다는 시민의 제보 덕분이었다. 하지만 법 집행 관료들의 효과적인 기획과 조사 덕에 몸값 요구 메모 중의 하나를 이용할 수 있었던 것도 사실이다.

수사과정에 있어 가장 심각한 어려움 중 하나였던 것은 그 사건이 일어난 환경이었다. 린드버그의 명성은 한편으로는 막대한 자원을 이용할 수 있는 수단이 되었지만, 다른 한편으로는 야심에 가득찬 수상쩍은 사람들의 관심도 불러일으키는 부작용도 가져왔다. 더 나아가, 린드버그의 높은 사회적 지위는 수사의 성격을 규정하는 데 부적절하게 사용되었다. 마지막으로 언론의 지나친 관심은 수사당국의 효과적 대처를 어렵게 하였지만, 다른 한편으로는 언론이 유괴범과의 의사소통 채널로서 다소 도움이 되기도 하였다.

추가 고려사항

▶ 유괴범 수사에 어떤 인식론적 편견이나 가정들이 작용하였는가? 이 외에도 분석적 관점에서, 여러 조사 국면에서 어떤 것들이 옳았고 어떤 것들이 잘못 되

었었는가?

▶ 하우프만 재판은 확실히 정황증거에 의존하고 있다. 그 증거들은 얼마나 신빙성이 있었는가?

▶ 법정에서 제시된 사실들에 기초하여 보았을 때 재판내용과 다른 설명도 가능한가?

추천도서

Berg, A. Scott, *Lindbergh*, New York: G. P. Putnam's Sons, 1998.

Fisher, Jim, *The Lindbergh Case*, New Brunswick, NJ: Rutgers University Press, 1987.

Kennedy, Ludovic, *The Airman and the Carpenter: The Lindergh Kidnapping and Framing of Richard Hauptmann*, New York: Viking, 1985.

31. 마피아 소탕

　　현대 사회에는 아무리 번창하고 구조화된 사회, 또는 심지어 권위주의적인 사회라 하더라도 조직범죄가 존재한다. 조직범죄는 영국이나 프랑스 같은 나라뿐 아니라 러시아나 중국에서도 존재한다. 가난, 차별, 기술 부족, 또는 단순히 인내심 부족 등 그 이유가 무엇이든 간에 정상적인 조직, 인간관계, 직장 생활 등에 잘 적응할 수 없는 사람들이 있기 마련이다. 이러한 사람들은 범죄에 연루되기 쉽다. 이들이 범죄 사회에서 돈과 권력을 얻게 되면, 그들만의 사회에서 인정받고 존경받게 된다. 그들의 성공 밑천은 마약, 매춘, 도박과 같이 사회에서 금지된 것을 제공하는 것이다. 이들은 부패, 기만, 협박, 살인 등을 통해 자기 자신을 보호하며, 조직의 규모를 키워 더 크게 성공하기도 한다.

　　서구 사회에서 이러한 조직범죄의 한 형태는 19세기 시실리(Sicily)라는 시골에서 시작되었다. 시실리는 이탈리아 중앙정부로부터 멀리 떨어져 있어 중앙정부가 시실리를 효과적으로 통제하지 못했기 때문에 사조직들이 시실리인들을 보호하고 분쟁을 해결해 주면서 성장하였다. 이들 사조직 중 하나가 두각을 나타내게 되었는데 훗날 이 조직은 마피아로 알려지게 되었다. 마피아 조직들은 가족적 유대관계에 기초하여 힘을 키워 나갔으며, 조직원들은 마피아 조직의 일원으로서 명예와 긍지를 가졌다. 이들은 비밀주의와 폭력을 통해 자신들을 보호하였다. 시간이 지나면서 마피아들은 자연스럽게 조직범죄에 관여하게 되었으며 이를 통해 엄청난 수익을 올렸다.

　　20세기 들어 미국의 상황은 나아지긴 했지만 이주자들은 여전히 차별을 받았고 합법적인 방법에 의해 '아메리칸 드림'을 달성하는 것에 어려움을 느꼈다. 이탈리아에서 온 이주자들은 조국에서의 관습에 기초하여, 다른 민족 집단에서 배척당한 국외자들과 함께, 수익을 낼 수 있는 범죄 집단을 자체적으로 조직하였는데, 그것 역시 마피아로 알려지게 되었다. 이들 마피아는 운송, 건설, 노조 등으로 사업을 확장하였다. 1970년대에 마피아는 국제적 조직으로 성장하여 1년에 수백 억 달러를 벌어들였는데, 그 액수는 가장 큰 기업의 수익을 능가하였다. 이들은 점차 거액의 자금을 라스베가스와 아바나(Havana)를 비롯한 여러 곳에서 합법적인 사업에 투자

하였다. 비밀주의와 폭력은 여전히 마피아 성공의 중요한 요소였다.

　법 집행 관료들은 이러한 상황에 대처하기 위해서는 경찰의 순찰과 같은 구태의연한 방법을 넘어서는 특단의 조치들이 필요하다고 인식하게 되었다. 예를 들면, 국가 안보 관련 사건들에 있어 도청은 비밀 첩보 수집을 위해 오랫동안 이용되어 왔지만, 법정에서는 증거 능력을 인정받지 못했었다. 그러나 1968년 제정된 「범죄단속 및 가두안전종합법」(Omnibus Crime Control and Safe Street Act) 제3장에 따라, 판사는 법 집행 관료들이 합리적으로, 그리고 설득력 있게 범죄활동이 의심된다는 "상당한 이유"를 제출한다면 전화 감청을 승인할 수 있게 되었다. 이후 합법적인 방법으로 취득한 그러한 증거는 법정에서 사용될 수 있었다. 법적인 측면에서 또 하나의 의미 있는 변화는 1970년 RICO(Racketeer Influenced and Corrupt Organization Act)라는 미국의 조직범죄 처벌법이 만들어진 것이다. 이 법 시행에 의해, 일정한 유형의 불법행위를 한 자들은 새로이 기소되거나 전보다 더 중한 형을 받게 되었다. RICO법에 따라 범죄 행위에 직접 가담하지 않는 두목뿐 아니라 단체까지도 기소하는 것이 가능해졌다. 하지만 이 법은 범죄 집단이 범죄실행에 어느 정도 역할을 했는지에 대해 장기적이고 다각적인 수사를 통해 세세하게 밝혀진 경우에나 효과가 있었다.

　이 새로운 법체계 하에서, 법 집행 관료들은 국가안보 정보 수집에서 사용하는 일부 기법들을 활용하는 것이 도움이 될 수 있다고 생각하였다. 예를 들면, 그들은 도청, 비밀요원, 그리고 범죄 조직 내 비밀 정보원을 포함하는 비밀 정보수집 방법을 보다 많이 활용하기 시작하였다. 한편 조직범죄 사회가 매우 복잡하고 또 기만이 횡행한다는 것을 감안할 때 분석관의 역할은 중요하였다. 수사 결과로 쌓인 막대한 양의 자료들을 관리함에 있어, 법 집행 분석관들은 인과고리분석(link analysis), 플로우 차트(flow charts), 사건 연대표(timelines) 같은 수단을 활용하였다.

　이러한 진전은 모두 1980년대 마피아의 소위 "피자 커넥션"(pizza connection)[1]을 소탕하는 데 기여하였다. 이 커넥션과 관련한 공판은 담당 검사들의 출세에 크게 기여하였는데, 예를 들면 마이클 처토프(Michael Chertoff)는 훗날 국토안보장관, 루이스 프리(Louis Freeh)는 FBI 국장, 루돌프 줄리아니(Rudolph Giuliani)는 뉴욕 시장이 되었다.

---

1) 이탈리아 마피아와 미국 조직범죄단이 제휴한 거대한 마약 밀매 조직(역자 주).

피자 커넥션 사건의 초기 수사과정에서, 수사관들은 다양한 방법으로 용의자들을 추적하고 증거들을 수집하였는데, 처음에는 모든 수집된 자료들을 연관지어 이해하는 데 어려움이 있었다. 하지만 비디오 감시카메라에는 한 자동차에서 다른 자동차로 가방들을 옮겨 싣는 장면들, 그리고 용의자들이 서류가방을 들고 은행을 오가는 모습들이 찍혀 있고, 암호명을 사용하는 것이 분명한 전화 대화 내용도 있었다. 게다가 조직들이 있었다. 그렇다면 이 모든 것이 무엇을 의미하겠는가?

시간이 지나면서, 수사관들과 분석관들은 미국 마피아(그들은 자신들을 스스로 'La Cosa Nostra'[1]라고 불렀다)와 시실리안 마피아 사이의 제휴관계를 밝혀내기에 이르렀다. 아시아에서 아편을 밀수입하여 헤로인으로 가공한 후, 그것을 대서양 건너로 밀수출하는 선적인이자 정제자인 시실리아 마피아들은 "프렌치 커넥션"(French Connection)[2]을 대신하여 소위 "피자 커넥션"을 구축하였던 것이다. 미국에 도착한 마약들은 피자가게에서 배포되었다. 수익금은 다른 국제 유통망들을 통해 합법적인 자금으로 둔갑하거나 또는 "세탁"되었다. 1970년대 중반부터 1980년대 중반 사이에 피자 커넥션은 15억 달러 이상의 순익을 내었다.

이 사건을 다룬 분석관들은 법 집행의 전통적인 조사 부분에 통상적으로 포함되는 것이 아닌 다양한 문제들에 통달해야만 했다. 그들은 용의자들이 사용하는 시실리안 사투리는 물론이고 국제재정도 배워야만 했다. 또한 그들은 자신들 대부분이 일하는 위계 조직과는 매우 다른 이해의 틀에 입각하여 이 사건에 접근해야만 했다. 마피아 조직은 개인적 충성심에 기초한 소규모 파벌들로 이루어져 있는데, 각 파벌들은 더 넓은 지역, 때로는 전국적 차원에서 다른 파벌들과 협력하기도 하고, 경우에 따라서는 서로 간에 세력권을 두고 살인도 불사하는 살벌한 전쟁을 벌이기도 하였다. 피자 커넥션에 참여한 조직폭력배들은 이러한 시스템을 국제적 차원으로 확장하였다. 검사와 체포된 자를 압송하는 요원들은 단독 범죄로 기소된 자를 상대할 때와는 전혀 다른 자세로 임해야만 했다. 또한 그들은 민족 차별(ethnic profiling)로 고발되는 것에 대한 대응방법도 배워야만 했다.

이 사건에서 주목할 만한 또 다른 점은 전대미문의 제도적 협력이었다. 전국적 차원에서, 뉴욕 주 및 뉴욕시 경찰청뿐 아니라 마약단속국(Drug Enforcement Administration), FBI, 이민귀화국(Immigration and Naturalization Service), 국세청(Internal

---

1) '우리들의 것'이라는 의미(역자 주).
2) 1930-1970년에 걸쳐 존재했던 마피아 집단의 유럽에서 미국으로의 헤로인 밀수 루트(역자 주).

Revenue Service) 등의 기관들이 상호 협력하였다. 국제적으로는 이탈리아 경찰 및 검사들과 긴밀한 협력관계가 구축되었다.

수사관들과 분석관들의 작업을 종합 검토한 검사들은 유죄를 입증할 수 있는 충분한 논거를 확보했다고 자신하고, 미국 범죄 역사상 최대 규모이자 복잡한 재판 중의 하나로 기록될 재판을 진행시켜 나갔다. 드디어 1985년 9월 뉴욕시에서는 22명의 피고들을 기소함으로써 피자 커넥션 재판이 시작되었다. 이로부터 1년 반 동안 약 15,000점의 증거물과 무려 40,000 페이지 이상의 감청 녹취록들을 포함한 수집 자료들과 이에 대한 분석 결과들이 제출되었다. 1987년 3월, 18명이 모든 기소 사실에 대해, 그리고 3명이 대부분의 기소사실에 대해 유죄 판결을 받았다. 단 1명만이 무죄를 받았다.

비슷한 시기에, 피자 커넥션 사건에 사용된 것과 유사한 기법들이 뉴욕시 다섯 마피아 패밀리 두목들이 모인 소위 "위원회"에 대해, 그리고 연이어 다른 마피아 패밀리 두목 중의 하나인 존 고티(John Gotti)에 대해서도 사용되었다. 그 후 필라델피아, 디트로이트를 비롯한 여러 도시에서도 마피아에 대한 기소가 이어졌다. 결과적으로 총 약 2,500명의 마피아 조직원들이 감옥에 가게 되었다. 결과적으로 이탈리아와 미국의 마피아들이 완전히 제거되지는 않았지만 마피아에 대해 강력한 일격을 가한 것은 사실이었다.

피자 커넥션을 포함하여, 마피아 사건들을 보면 법 집행에 있어 수사 및 분석 기법이 린드버그 유괴사건 이후 반세기 동안 얼마나 많이 발전했는가를 알 수 있다. 분석관들은 국내외적으로 다양한 수사 및 분석 자료들을 개발하였고, 그러한 것들을 공판절차의 엄격한 요구에 부응할 수 있는 설득력 있는 방식으로 통합하였던 것이다.

추가 고려사항

▶ 조직범죄를 이해하려면 그 맥락을 이해해야만 한다. 이탈리아와 미국의 조직 범죄집단들이 제휴한 사건의 맥락을 살펴볼 때, 다른 민족 집단들과 연계된 조직범죄 수사에서도 사용할 수 있는 질문을 구상하려 한다면 그 사건의 어떤 요소들이 도움이 될 수 있다고 생각하는가?

▶ 마피아 같은 범죄조직에 대한 네트워크 분석을 하려 할 때, 수사관은 어떤 종류의 정보를 필요로 하겠는가? 원자폭탄과 관련된 스파이 사건은 참고할 만한

유용한 모델인가?

▶ 국가안보 사건들에 있어 기만과 비밀을 꿰뚫어 보기 위해 사용되는 기법들은 법 집행에서 사용되거나 사용될 수 있는 기법들과 어떻게 비교·대조되는가?

추천도서

Blumenthal, ralph, *Last Days of the Sicilians: At War with the Mafia, the FBI Assault on the Pizza Connection*, New York: Times Books, 1988.

Bonavolanta, Jules, and Duffy, Brian, *The good Guys: How We Turned the FBI Round and Finally Broke the Mob*, New York: Simon & Schuster, 1997.

Freeh, Louis, *My FBI: Bringing Down the Mafia, Investigating Bill Clinton, and Fighting the War on Terror*, New York: St. Martins, 2005.

Griffin, Joe, *Mob nemesis: How the FBI Crippled Organized Crime*, Amherst, NY: Prometheus Books, 2002.

Repetto, Thomas A., *Bringing Down the Mob: The War Against the American Mafia*, New York: H. Holt, 2006.

32. 비극적 항공기 사고: 팬암 103편과 TWA 800편

많은 생명을 앗아가는 비극적인 항공기 사고는 여행객들에게는 심각한 걱정거리이기 때문에, 언론은 이러한 사고에 큰 관심을 기울인다. 사람들은 성급하게 묻는다. "이러한 충격적인 사건이 발생한 원인은 무엇인가?" 목격자들이 거의 생존하지 않은 상황에서 사고 원인 규명은 매우 힘든 작업이다. 게다가 항공기는 복잡한 기계장치이고, 또한 슬픈 일이지만 항공기를 해하고자 하는 사람들은 얼마든지 있기 때문에, 보통 수많은 가능한 대답들이 존재한다.

1988년 12월 21일 런던에서 뉴욕으로 향하던 팬암항공 103편 보잉 747기는 이륙한지 37분 만에 폭발하였다. 당시 항공기는 스코틀랜드 로커비 마을 상공 31,000 피트 위를 날고 있었다. 폭발로 인해 탑승했던 미국인 189명을 비롯한 270명의 승객이 사망하였고, 지상에 있던 영국인들도 11명 사망하였다. FBI는 영국 당국과의 공조하에 거의 900평방마일(2,340평방킬로미터)에 산재한 약 10,000 조각의 잔해를 수거하기 위한 작업팀을 파견하였다. 그들은 수거된 잔해로 항공기를 재조립하여 항공기의 파괴원인을 규명하고자 하였다.

항공기가 명백히 폭탄에 의해 파괴되었다는 사실이 신속히 밝혀졌다. 폭발 전 구원 요청이나 기계적 결함의 징후는 없었으며, 많은 잔해 조각들은 크게 뒤틀려 있었는데, 이것은 폭발이 있었다는 것을 명백하게 말해주는 것이었다. 또한 비행기 앞부분에 적재된 화물에서는 큰 조각의 잔해가 발견되지 않았는데, 이는 폭탄이 거의 전적으로 화물칸에서 폭발하였음을 의미하였다.

폭탄 설치범을 찾아내는 작업은 이보다 훨씬 어려운 일이었다. 당시 팔레스타인, 리비아, 이란 등 미국에 원한을 가진 국가는 많았다. 수사관들은 복구한 잔해에 대한 검사를 해 나가면서 테러범들이 주로 사용하는 강력한 플라스틱 폭약인 셈텍스(Semtex)의 흔적이 발견된 것에 주목하였다. 수사관들은 또 폭발에 의해 부서진 것이 명백한 휴대용 오디오 카세트 플레이어의 작은 조각에도 주목했는데, 이는 팔레스타인 테러범들이 폭탄을 숨길 목적으로 이러한 종류의 카세트 레코더들을 사용하곤 했기 때문이었다. 수사관들은 섬유 조각들과 폭발 잔해에 대한 검사를 통해 이 카세트 레코더와 몰타(Malta)에서 항공기에 실렸던 한 서류가방과의 관련성을 의심하기에 이르렀다. 이 서류가방 안에는 옷들이 들어 있었는데, 여기에는 몰타의 한 상점에서 구매한 물건임을 알 수 있는 상표가 붙어 있었다. 몰타의 상점 주인은 수사관들의 조사과정에서 옷을 서둘러 구입하던 한 낯선 아랍인을 기억해냈다. FBI 수사관들은 또 CIA기술자들의 협조하에 잔해들로부터 복원된 작은 물품이 리비아 군이 사용하는 전자 타이머의 한 부분임을 알아냈다.

영국 및 미국 당국은 최종적으로 두 명의 리비아인을 항공기 폭파에 관여한 혐의로 기소하였다. 상당한 시간이 지난 후, 리비아 정부는 상호간 합의된 중립지역인 네덜란드에서 개최된 스코틀랜드 법정에 두 명의 용의자가 출석하는 것에 동의하였다. 이들 중 한 명은 리비아 정보관이었는데, 그가 바로 몰타의 상점에서 옷을 구매한 사람이었다. 2001년 이 리비아 정보관은 강력한 법의학적 증거에 따라 유죄판결과 함께 종신형을 선고받았다. 또한 리비아 정부는 희생자 가족들에게 보상금으로 27조 달러를 지불하는 데 동의하였다.

팬암 항공 103편 폭발사고가 일어난 지 8년 후, FBI와 CIA는 또 다른 항공기 사고 해결을 위해 협력하게 되었다. 1996년 7월 17일 트랜스월드 항공(TWA) 800편이 뉴욕에서 이륙한 지 몇 분 만에 폭발하여 230명의 희생자가 비행기 잔해와 함께 롱아일랜드 남쪽 해변으로 떨어졌다. 사고 직후 제기된 사고원인에 대한 주요 가설들은 (1) 기체 내에서의 폭탄 폭발, (2) 미사일에 의한 격추, 그리고 (3) 항공기 자체의 기계적 결함이었다.

팬암 항공 103편처럼 수많은 비행기들이 테러범들의 폭탄에 의해 폭발되었기 때문에 처음에는 테러 가능성에 무게가 실렸다. 당시에는 1993년 세계무역센터 폭파범들에 대한 재판이 뉴욕에서 진행 중이었고, 애틀랜타 올림픽 개막이 2주도 채 남지 않은 상황이었다. TWA 800편 추락 목격자 중 일부는 조명탄 또는 불꽃처럼 보이는 빛줄기와 연기를 보았다고 진술하였다. 이들은 하늘에서 밝은 불덩이를 보기 직전에 조명탄 또는 불꽃과 같은 것들이 보였고, 불덩이에 이어 곧 굉장한 폭발음이 들렸다고 진술하였다. 이 불덩이와 폭발음에 대해서는 다수의 목격자들이 증언하였다.

이처럼 처음에는 테러리스트의 공격이 가장 유력한 가설이었지만 FBI 조사관들은 뭔가 미심쩍은 부분을 발견하고 다른 가능성에도 주목하기 시작하였다. 이러한 사건에서 자주 목격되듯이, 이번 사건에서도 다수의 테러집단들이 자신들의 소행이라는 성명을 발표했지만, 어느 것도 신빙성이 있어 보이진 않았다. 잠수부들이

90% 이상의 잔해를 건져 올림으로써 비로소 비행기 복원 작업이 이루어졌다. 하지만 그 잔해들에서는 미사일이나 폭탄의 폭발에 의해 야기된 손상 흔적을 찾아볼 수 없었다.

시간이 지나도 명쾌한 설명을 할 수 없자, FBI는 CIA 분석관들에게 지원을 요청하였다. CIA 분석관들은 비행기록, 조종실의 음성기록장치, 목격담, 해저에 떨어진 잔해들의 형상, 항공교통관제 기록이 담긴 테이프 등을 포함하여 항공기 폭파를 조사할 때 전형적으로 활용하는 광범위하고 다양한 출처로부터 수집된 자료들을 넘겨받았다. 또한 CIA 분석관들은 일반적으로 얻기 힘든 자료를 '취득하였는데, 강력한 열이 발산된 근원을 정확히 찍어 낸 정찰위성의 자료였다. 이 자료는 정확한 폭발 시간과 지점을 확인하는 데 도움이 되었다.

분석관들은 의미 있는 패턴을 찾을 수 있도록 자료들을 조직화하기 위해 사건 연대표(timeline)와 매트릭스 같은 방법을 사용하였다. 사건 연대표 작성 방법을 통해 그들은 기내 기록 장치들, 항공교통관제 자료, 위성 등을 활용하여 사건의 정확한 진행 순서도를 그려냈다. 한편 매트릭스의 경우, 한 축에는 수백 명의 목격자들의 진술, 다른 한 축에는 항공기 폭파와 관련 있는 다양한 광경들과 소리들을 배치하고 이를 비교와 대조의 목적으로 사용하였다.

몇 달간의 작업을 거쳐, 빛과 소리는 다른 속도로 전파된다는 사실에 따라 폭발과 동시에 소리를 들었다는 목격자들의 진술을 보다 균형 잡힌 시각에서 보게 되었다. 광경과 폭발음을 거의 동시에 보고 들었다는 사실이 그 두 가지 현상이 동시에 발생했다는 것을 의미하는 것은 아니었다. 실제로는 폭발이 약 1초 앞서 일어난 것이었다. CIA 분석관들은 실제로는 비행기가 산산조각이 난 폭발(이 폭발은 섬광을 발하지 않았거나 목격자들은 그러한 섬광을 보지 못했다)은 목격자들이 봤다고 지적한 빛줄기보다 앞서 일어났던 것이라고 결론지었다. 바다 밑에 가라앉은 비행기 잔해들의 형상을 볼 때 항공기의 기수가 먼저 떨어지고, 그 후 나머지 동체가 화염에 휩싸인 채 약 40초간 움직이고 있었다는 것을 알 수 있었는데, 이 광경이 아마도 많은 목격자들이 진술한 빛줄기였을 가능성이 컸다. 목격자들이 묘사한 커다란 불덩이는 항공기가 해체되면서 바다로 떨어질 때 남은 연료에 불이 붙은 것이 그렇게 웅장하게 보인 것이다.

올바른 분석틀이 적용되자 이전에 결론에 이르지 못했던 자료들이 서로 잘 꿰어 맞춰져 폭탄과 미사일 가설은 불가능하다는 것을 보여주었고, 따라서 기계적 결함이 가장 가능성이 큰 원인으로 떠올랐다. 결국 FBI는 항공기 폭파 범죄 수사를 중단하였다.

추가 고려사항

▶ 어떤 사례에서 도움이 되었던 조사 방식들이 또 다른 사례에서 유용할 수 있기 때문에, 가끔은 몇몇 유사한 예들을 검토하는 것은 유용한 분석 절차이다. 위의 두 비극적인 항공기 사고에서 유사점과 차이점들은 무엇인가? 그리고 그것들은 향후 유사한 사건들은 보다 잘 이해하는 데 도움이 될 수 있을 것인가?

▶ 팬암 항공 103편 사건에 있어 범인들에 대한 다양한 가설들을 지지하는 증거들의 강점과 약점은 무엇이었는가?

▶ TWA 800편 사건 해결에 있어 주요한 성공 요소들은 무엇이었는가?

추천도서

Emerson, Steven, and Duffy, Brian, *The Fall of Pan Am 103: Inside the Lockerbie Investigation*, New York: Putnam, 1990.

Milton, Pat, *In the Blink of an Eye: The FBI Investigation of TWA Flight 800*, New York: Random House, 1999.

33. 옴 진리교 사건

테러범들이 이용할 수 있는 화학 및 생물 수단은 다행히도 몇 가지에 불과하다. 그러나 이러한 수단을 사용한 테러가 주는 충격이 얼마나 끔찍한 것인지는 누구나 상상할 수 있다. 정보 분석관들과 법집행 관료들이 테러 발생 전에 경고를 발하기 위해서는 어떠한 지표들을 찾아야 할까? 경고를 발하는 문제는 대량살상무기를 사용한 테러공격이 전례 없는 일이라면 특히 더 어려운 것일 수 있다. 이러한 사실을 처음부터 인식하지는 못했지만, 1990년대 중반에 실제로 일본경찰들이 당면한 난제가 바로 이것이었다.

아사하라 쇼코(麻原彰晃, 1955-)는 일본의 가난한 시골지역에서 태어난 야심많은 소년이었다. 그는 사회가 자신의 능력을 인정해 주지 않는 것에 불만을 품었다. 그는 동경에서 요가도장을 시작했고, 1984년에는 옴진리교를 설립했다. 옴진리교라는 명칭의 옴이라는 단어는 힌두교 신비주의자들이 명상에서 사용하는 산스크리트어에서 유래되었다고 한다. 아사하라는 불교와 힌두교, 기독교의 교리와 심지어는 16세기 프랑스 예언가 노스트라다무스의 사상 등 수많은 종교 및 신비사상을 접목하여 초자연적 힘과 깨달음을 강조하는 새로운 시대의 교리를 만들어 냈다. 옴진리교는 빠른 속도로 소종파(小宗派, cult)로 성장하였고, 일반적인 일본문화나 생활스타일에 대한 대안으로서 반향을 일으켰다. 10년도 채 되지 않아 옴진리교는 정부관료나 경찰, 군인뿐만 아니라 변호사, 기술자, 과학자와 같은 전문가들을 포함한 약 만 여명의 신자를 거느리게 되었다. 옴진리교는 서유럽, 러시아, 호주 및 미국에도 해외 지부를 개설하였다. 옴진리교는 종교단체가 누리는 면세지위를 활용하는 한편 컴퓨터 조립판매, 서점, 식당운영과 같은 사업활동과 기부금을 통해 상당한 재산을 축적하였다.

시간이 지남에 따라 아사하라는 설교를 통해 미일간의 핵전쟁이 다가온다는 예언을 자주 하였다. 그리고 아사하라와 그의 신도들은 세계종말전쟁에서 살아남을 수 있는 수단으로 레이저 총, 독가스와 같은 최첨단 무기에 빠져들기 시작했다. 그들은 옴진리교 신자만이 대격변에서 살아남을 수 있으며 다가올 영적 재생시대에 번성하게 될 것이라고 주장하였다.

옴진리교는 사기, 마약, 조직범죄 연루와 같은 암흑세계와도 연관이 있었다. 또한 다른 소종파 종교집단들처럼 교단에 대한 충성을 유지하기 위해 유괴와 폭력뿐 아니라 심리조작도 행해지고 있다는 고발이 있었다. 예를 들면 수년에 걸쳐 많은 교단 비판자들이 의문스럽게 사라졌다. 또한 재단소유의 건물에서 나오는 악취에 대해 주변에 사는 주민들은 많은 불만을 제기하였다. 교단의 이와 같은 비정상적이고 공격적인 행동은 일련의 소송을 불러왔다.

　아사하라는 교단의 어두운 측면으로 인해 경찰의 주목을 받게 되었다. 일본은 전 세계에서 강력범죄 발생률이 가장 낮은 국가에 속하며 규칙적이고 질서정연한 사회로 유명하다. 옴진리교를 수사함에 있어 일본 법 집행 관료들은 과학수사나 장시간의 조사보다는 심문을 통해 획득한 자백이나 시민들의 제보에 보다 더 의존하였다. 2차대전 이전의 경찰의 권력남용에 대한 반성으로 함정수사나 전화감청과 같은 기법은 사용하지 않았으며 종교적 자유의 침해에 대해서도 매우 조심스러운 태도를 취했다. 따라서 의혹이 제기되었을 때 일본 경찰은 아사하라와 옴진리교를 기인들의 집단 또는 유력한 범죄 집단으로 보았지만, 심각한 위협이 존재한다는 결정을 내리거나 본격적인 수사에 착수하는 것에 대해서는 주저하였다. 경찰이 실수했던 것은 일본의 정부와 시민 그리고 미디어가 소종파 종교집단에 대해 비슷한 시각을 가지고 있다는 점을 주목하지 못했다는 점이다. 아사하라가 교단 일부 신자의 과학적 기술을 사용하여 자신의 종말론적 예언의 정확성을 입증하려 한다는 것을 당시 정부나 언론은 미처 파악하지 못하였다. 1993년 옴진리교는 테러수단으로서 탄저균으로 만든 무기를 테스트하였다. 하지만 교단 소속의 과학자들이 실수로 무해한 종류의 탄저균을 사용했기 때문에 테러는 실패로 끝났고 그들이 기대했던 사상자는 발생하지 않았다. 이후 아사하라는 화학무기로 관심을 돌리기 시작하였다. 1994년 교단소속 과학자들은 구토와 호흡곤란, 시력손상, 발작 이후 바로 죽음에 이르는 신경가스 사린을 생산하였다. 사린은 원래 나치 독일이 개발한 것이지만 2차 대전 이후 국제조약에 의해 금지된 물질이었다.

　1994년에는 일본 도처에서 옴진리교의 소행으로 의심되는 사건들이 발생했었다. 첫 번째 사건은 6월 동경 북서쪽에 위치한 나가노 현 마쓰모토 시에서 발생하였다. 이곳에서 아사하라는 사기행각으로 토지를 사들였다는 이유로 당시 소송을 당한 상태였다. 교단 신도들은 사건담당 일부 재판관들의 집주변으로 조악한 사린 저장고와 분사기가 장착된 트럭을 몰고 가 사린을 살포하고 달아났다. 다행히 바람의 방향이 바뀌어 유독성 물질이 그곳 주택가에 퍼지진 않았다. 이 사건으로 7명이 사망했고 150명 이상이 부상을 입었다. 경찰은 수사과정에서 화학물질로 제초제를 만들려다 실패한 것으로 추정되는 한 지역주민을 찾아냈으나, 그는 자신이 무죄임을 주장하였다. 수사 과정에서 피해자들의 사인이 사린이었고, 용의자로 지목된 주민이 소유한 화학물질로는 사린을 제조할 수 없다는 것이 밝혀졌다. 결국 자신의 집에 화학물질을 보관하던 이 주민은 석방되었고 다른 용의자는 더 이상 나타나지 않았다. 한편 토지사기 사건과 관련된 재판활동은 무기한 연기되었기 때문에 아사하라는 이 테러사건을 성공한 것으로 평가하였다.

한 달 뒤인 7월 후지산 근처의 교단 시설 부근에 거주하는 주민들이 구토증상과 호흡곤란을 호소했지만 사망자가 발생하지는 않았다. 11월에는 지독한 냄새와 고사한 식물에 대한 민원이 더 많아졌다. 경찰은 사린과 연관된 화학물질 샘플을 채취하는 데 성공했고 이것은 마쓰모토에서 발견된 잔여물과 일치했다. 또한 그들은 옴진리교가 운영하는 사업체 한 곳이 사린 제조에 사용될 수 있는 화학물질을 대량으로 구입했다는 사실을 발견하였다. 하지만 경찰당국은 정황증거들만을 확보한 상황이었기 때문에 이번에도 소종파 종교집단에 대한 수사를 적극적으로 진행하지 않았다. 대신에 경찰은 의문의 죽음과 악취를 2차 대전시에 사용된 탄약의 잔해나 북한의 공격 탓으로 돌렸다. 아사하라는 사린의 제조와 사용상의 문제점을 감안하여 교단소속 과학자들에게 또 다른 프로젝트에 착수할 것을 지시했다. 그 프로젝트는 1950년대 영국 과학자들에 의해 제조되다가 이후 사용이 금지된 신경가스 VX를 제조하는 것이었다. 교단 신도들은 VX를 교단 반대세력을 처단하는 데 사용했는데 1994년 12월 오사카에서 발생한 사건, 즉 한때 교단의 신도였던 자가 의문의 죽음을 당한 사건에서 단 한번 성공을 거두었다. 경찰은 이번에도 옴진리교와의 연관성에 주목하지 않았고, 이 살인사건은 경찰의 미제사건 파일에 묻히고 말았다.

일련의 사건들이 발생하는 가운데 아사하라는 정부전복을 위해 교단 신도들을 시켜 동경 시내에 사린을 살포하는 계획을 꾸미고 있었다. 그는 이러한 공격이 대혼란을 가져올 것이며 나아가 자신의 그룹에게 권력과 깨달음을 가져다 줄 것으로 보았다. 1995년 3월 옴진리교는 경찰청에 근무하는 교단 신도로부터 경찰당국이 옴진리교가 범죄활동에 연관되어 있다는 의혹을 조사하기 위해 교단시설을 급습할 계획을 추진 중임을 알아냈다. 이에 아사하라는 경찰의 급습을 저지하기 위한 수단으로 사린을 동경지하철 테러에 즉각 사용할 것을 명령하였다. 촉박한 일정으로 인해 소량의 사린만이 준비되었다.

1995년 3월 20일 교단 신도 5명은 경찰본부와 정부관청 가까이에 위치한 한 지하철 역으로 향하는 각기 다른 기차들에 올라탔다. 오전 8시 정각 그들이 액체 사린이 든 비닐주머니에 구멍을 뚫자, 곧바로 가스가 되어 혼잡한 지하철 터널로 퍼져나갔다. 자살테러는 아니었고 신도들은 곧바로 현장에서 사라졌다. 아침시간대에 지하철을 이용하던 수많은 통근자들이 즉시 구토증상, 시각손상, 호흡곤란을 호소하기 시작하였다.

전대미문의 상황에 직면한 경찰당국은 이번에도 몇 시간 동안은 화학테러가 자행되고 있다는 사실조차 인식하지 못하였다. 따라서 사건 발생 초기에는 신속하고 정확한 대응을 하지 못하였다. 처음에 통근자들과 경찰은 지하철 터널에서 폭발이 일어난 것이라 생각하였다. 지하철 당국은 무슨 일이 발생했는지 상황판단이 서지 않았기 때문에 차량을 계속해서 운행시켰고 이로 인해 유독성 가스는 더욱 더 확산되었다. 긴급 통신 및 병원의 긴급구조 대원들은 화학테러에 대한 대응 요령을 숙지하고 있지 않았기 때문에 어찌할 바를 몰랐고 결국 이들도 희생자가 되고 말았다. TV 취재반들은 영상 전송에만 신경을 쓴 나머지 취재차량이 부상자나 응급환자 호송에 사용되는 것을 거부하였다.

몇 시간이 지난 후 사린이 원인으로 밝혀지자 이 사건이 사고가 아니라는 것이 명확해졌다. 당시 자위대원들만이 유일하게 방독장비를 갖추고 있었다. 이른 오후가 되자 일부 언론에서 증후의 유사성을 근거로 1994년 테러와 이번 사건의 관련성을 보도하기 시작하였다. 3월 22일 일본 경찰은 전 지역의 옴진리교 시설을 급습하기 시작하였고 교단 신도들을 체포하였다. 경찰이 실질적으로 혐의를 확정하고 재판 절차를 시작한 것은 그로부터 수개월이 지난 후였다. 아사하라는 2004년 사형선고를 받았다.

동경은 그나마 다행이었다. 사린의 독성이 낮고 확산 방식이 어설퍼서 사망자는 12명에 그쳤다. 경중의 차이는 있지만 수백 명의 사람들이 부상을 입었고,수천 명의 사람들이 스트레스와 공포로 인한 정신적 외상을 입었다.

일본 경찰들은 몇 가지 단서는 확보하고 있었지만, 옴진리교나 화학테러에 대한 정확한 분석틀을 가지고 있지 못하였다. 이미 내려진 판단의 한계를 벗어나기 힘들게 하는 기준점 편향(anchoring bias)이나 어떤 정보가 선호하는 또는 관행적인 결론에 도달하도록 하는 방식으로 다루어지는 프레이밍 편견(framing bias)과 같은 것들은 사건에 대한 정확한 이해를 어렵게 한다. 법 집행기관은 교단이 어떠한 음모를 꾸미고 있는지 파악하는 과정에서 광범위한 예측을 하지 못하였다. 경찰로서는 아사하라의 목표가 너무나도 기상천외했기 때문에 그의 정체를 정확히 파악하기가 어려웠을 것이다.

또한 관행적 사고방식은 정보 수집이나 평가와 활동의 기초가 되는 사실관계에도 영향을 미쳤다. 경찰당국은 사건 초기에 주로 사기와 실종사건에 관심을 집중하였다. 이로 인해 경찰은 화학테러의 흔적을 찾아보지 않았고, 그 결과 몇 가지 단서를 발견하고도 무시하였다.

옴진리교 사건 이전에는 동경과 같은 대도시 지역에서 한 번도 대형 테러가 발생하지 않았었기 때문에 일본 정부는 그러한 긴급사태에 대비한 요원 훈련이나 의료품, 시설, 장비를 마련하는 데 필요한 정부예산 편성을 요구할 명분이 없었다는 점도 지적되어야 할 것이다.

추가 고려사항

▶ 일본경찰의 전통적인 수사방법이 옴진리교의 범행을 밝히는 데 효과적이지 않았던 이유는 무엇인가?

▶ 법 집행 관료들은 소종파 교단의 위협을 평가함에 있어 조금이라도 더 나은 분석을 했었는가?

▶ 북한과 같은 비관행적 상황을 다루는 분석관들은 옴진리교 사건과 유사한 문제들에 당면하고 있는가?

▶ 화학공격에 대한 보다 나은 대응태세를 갖추기 위해 각국의 고위관료들이 분석관들에게 바라는 것은 무엇일까?

추천도서

Kaplan, David E., and Marshall, Andrew, *The Cult at the End of the World: The Terrifying Story of the Aum Doomsday Cult, from the Subways of Tokyo to the Nuclear Arsenals of Russia*, New York: Random House, 1996.

Lifton, Robert Jay, *Destroying the World to Save It: Aum Shinrikyo, Apocalyptic Violence, and the New Global Terrorism*, New York: Henry Holt, 1999.

Murakami, Haruki, *Underground: The Tokyo Gas Attack and the Japanese Psyche*, New York: Alfred A. Knopf, 2001.

Reader, Ian, *Religious violence in Contemporary Japan: The Case of Aum Shinrikyo*, Richmond, Surrey, UK: Curzon Press, 2000.

(그림 26) 카리브 해

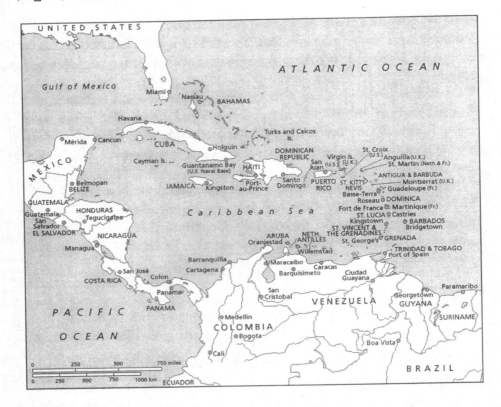

34. 콜롬비아 마약 카르텔

1980년대 국제마약거래의 동향을 관찰하던 분석관들은 미국으로 수입되는 주요 마약 중에서 남미의 코카인이 유럽의 코헤인을 앞지르고 있다는 사실을 파악하였다. 코카인의 주원료인 코카나무는 다양한 지역에서 자랄 수 있지만, 볼리비아, 콜롬비아, 페루의 기후와 환경이 상대적으로 완벽한 생육조건을 제공하였다. 불안정하고 부패한 정부, 그리고 생계를 위해 선택의 여지가 없는 가난한 농민들이 대다수인 이 지역의 정치 경제적 환경 또한 코카나무 재배에 적합하였다. 1990년대 들어 이러한 환경이 수백 억 달러에 이르는 마약거래를 형성하였고, 그 결과 마약거래는 전세계 조직범죄의 최대 수입원이 되었다.

국제적인 불법마약 거래 수사는 법 집행 관료들이 당면한 큰 과제이다. 불법마약 수사에 있어 효율적인 대책은 인력과 자금, 장비와 더불어 마약의 생산과 유통과정에 대해 구체적으로 정확하게 이해하는 것이다.

세계 코카인의 75% 이상을 생산하는 콜롬비아는 불법마약거래의 거점지역 중하나이다. 콜롬비아의 가난한 농민들은 이전에 최고의 수출품이었던 커피 가격이 급락하자 1980년대와 1990년대에 집중적으로 코카 재배를 확대하였다. 코카나무는 많은 숙련노동자를 필요로 하지 않을 뿐만 아니라 척박한 땅에서도 잘 자라기 때문에, 법 집행 관료들의 감시가 어려운 광활한 영토를 가지고 있는 콜롬비아는 코카 재배에 있어 최적의 조건을 갖추고 있었다. 하지만 코카인 거래를 위해서는 그 밖에도 국제적인 연락망과 함께 정련과정에서 다수의 숙련 노동자를 필요로 하였다. 콜롬비아의 마약왕들은 대량의 코카 잎을 인접국인 볼리비아와 페루로부터 항공편으로 수입했으며, 콜롬비아는 코카잎을 코카인으로 만드는 중심지가 되었다. 코카인을 생산하기 위해서는 우선 코카 잎들을 찧어서 반죽을 만든 다음 이것을 석회수와 석유를 혼합하여 끓이게 된다. 반죽이 가루로 변하는 다음 단계는 정교한 기술을 요하는 작업이다. 이 과정에서 황산, 과망간산칼륨, 이산화황, 수산화암모늄과 같은 수입 화학물질을 첨가한다. 가루 형태의 최종 생산물인 코카인은 고액의 수익을 올리기 때문에 밀수품으로서 매력적이다. 콜롬비아에서 1킬로당 15,000달러에 거래되는 코카인은 미국 주요 도시의 거리에서는 50,000달러 이상에 거래된다. 마약왕이 직면한 문제는 콜롬비아의 마약 생산 지역이 지리적으로 미국과 같은 주요 시장에서 아주 멀리 떨어져 있다는 것이었다. 이에 코카인 밀수업자들은 카리브해에 걸친 운송 네트워크를 구축했다. 이들은 코카인 거래로부터 벌어들인 막대한 이익금을 사용하여 선적과정을 은폐하거나, 항공기 운송을 할 때 자체 항공기를 이용하는 등 교묘한 기만전술을 통해 운송과정을 은폐하였다. 시간이 흐르면서 메데인(Medellin)과 칼리(Cali)에 근거지를 둔 두 개의 콜롬비아 카르텔이 코카인의 거대한 생산과 운송 시스템을 장악하게 되었다.

이들 카르텔은 곧 마약사용으로 인한 사회적 해악과 더불어 폭력과 부패의 대명사가 되었다. 그들은 벌어들인 막대한 이익으로 자신들에게 협력할 은행가와 법률가를 포섭하고 경찰과 정치인들에게 뇌물을 제공했다. 1980년대에 이르러 콜롬비아는 살인율이 미국의 9배에 달했으며 가장 치안이 불안한 나라 중 하나가 되었다.

마약왕 중에서 가장 성공한 사람은 메데인 카르텔의 우두머리인 파블로 에스코바르(Pablo Escobar, 1949–1993)였다. 에스코바르는 콜롬비아의 코카 벌판에서 미국 주요도시의 거리판매까지 모든 과정을 관리하며, 돈세탁과 법 집행으로부터 보호받기 위한 세련된 지원체계까지 겸비한 위계적이고 수직적인 기업을 만들었다. 이러한 과정을 통해 그는 세계최대 갑부의 반열에까지 오르게 되었다. 그는 사치스런 소비와 자선활동을 통해 스스럼없이 부를 과시했고, 이러한 그의 행동은 많은 사람의 공감을 불러왔다. 에스코바르는 자신의 활동을 보호하기 위해 폭력, 살인, 협박, 부정과 같은 잔혹한 방법을 사용하는 것으로 유명하였다. 그의 접근방식은 '은 또는 동'이라는 어구에 담겨져 있는데, 이것은 그에게 반대한 사람들은 뇌물을 받거나 총탄을 맞는다는 의미였다.

마약 카르텔들의 생산과 유통 외에도 분석관들에게 중요한 또 하나의 핵심적인 문제는 1960년대 콜롬비아에서 좌익 반란을 일으켰던 가장 위험한 게릴라 단체인 콜롬비아 혁명군(Revolutionary Armed Forces of Colombia: FARC)과 마약 카르텔과의 연관정도를 밝히는 것이었다. FARC는 점령지역에서 소위 '세금'을 거두고 이에 대한 보답으로 가난한 시골지역에 초보적인 사회복지사업과 사법 서비스를 제공했다. 원래 FARC는 이념적인 이유로 마약거래에 비판적이었으며 물자와 인질을 획득하기 위해 군부대에 대한 공격에만 역량을 집중시켰었다. 하지만 활동이 확대되자 FARC는 마약거래가 인력충원과 무기공급에 중요한 자금원이 될 수 있다는 사실을 인식하게 되었고, 마약 카르텔과 이익을 공유하기 위해 마약재배 농민들을 보호하기 시작하였다. 1980년경에 이르러 FARC는 메데인 및 칼리 카르텔과 동맹을 형성하였고, 제복을 입은 게릴라 수만 명이 코카 밭에서 경계 업무를 수행하기 시작하였다.

FARC에 대항하여 지주, 정치인, 군 장교들은 콜롬비아 자위대(AUC)라 불리는 불법적인 준사병조직을 설립하였다. 시간이 지나면서 AUC 또한 현금의 매력에 이끌려 마약거래와 관계를 맺게 되었다.

1986년 마약의 해악을 우려한 미국의 레이건 대통령은 국제적인 마약 불법거래가 미국의 국가안보에 위협이 된다고 선언하였다. 레이건 대통령의 국가안보에 대한 호소로 인해 이전에는 지역 법 집행 관료들이 다루던 문제들에 연방정부가 관여하게 되었다. 마약대책에 대한 대통령의 깊은 관심으로 CIA, 마약단속국(DEA), FBI, 국방부 등 수많은 연방기관들 간의 긴밀한 협력이 촉진되었다.

시간이 지나면서 사법 당국은 거리의 마약판매원에 대한 단속만으로는 충분하지 않다는 것을 느끼게 되었고, 마약 카르텔을 전체적으로 파악하고 다양한 출처의 정보를 활용하는 전략을 마련해야 했다. 마약거래에 관한 정보가 수집되고 분석되자 마약카르텔이 원료 확보, 정제, 운송, 유통과 같은 핵심 기능 단위를 별도로 관리한다는 사실이 밝혀졌다. 카르텔에 관여하는 개인 및 단체는 자신들이 직접적으로 접촉하는 사람들만 알 뿐, 전반적인 조직구조에 대해서는 어느 누구도 알지 못했다. 상부의 몇 사람만이 전체 시스템이 어떻게 운영되는지 알고 있었고, 따라서 카르텔 전체에 대한 정보를 알기 위해서는 분석관들이 수집한 정보를 종합적으로 분석할 필요가 있었다. 분석관들은 코카 밭에서부터 거리 판매원에 이르는 마약밀매 시스템을 전체적으로 분석한 결과로서 통신 및 운송수단 분야에 대한 정보나 대책이 크게 취약하다는 결론에 도달했다.

마약카르텔은 다양한 통신수단을 광범위하게 사용했기 때문에 통신수단은 이들에 대한 정보를 수집하고 일망타진하기 위한 핵심 표적이었다. 이들은 감청이 가능한 전용회선보다는 무선 호출기를 주로 사용하였다. 마약왕들은 처음에 법 집행 관료들의 공중전화 감청은 불가능할 것으로 보았다. 하지만 이것이 가능하다는 것을 알게 되자 통신수단을 팩스나 휴대전화로 바꾸었다. 이에 따라 법 집행 관료들은 그러한 신기술을 감청하기 위해 법원의 허가를 받아야 했다.

또한 분석관들은 마약유통을 금지하기 위해서는 운송수단에 대한 단속도 중요하다고 보았다. 마약단속국은 마약이 미국으로 밀반입되는 것을 차단하는 동시에 미해군이나 해안 경비대의 협조를 받아 마약 정제과정에 필요하지만 콜롬비아 국내에서는 대량 확보가 불가능한 화학물질의 운송을 차단하는 데 주력하였다. 그들은 또한 주변국에서 코카 원료가 공급되는 것을 줄이기 위해 공급망의 차단에도 많은 노력을 기울였다.

마약 카르텔을 일망타진하기 위해서는 두목에 대한 집중수사를 재고할 필요가 있었다. 전통적으로 법 집행 관료들은 전체조직의 해체를 위해 범죄조직의 보스를 체포하는 데 최우선 순위를 두었다. 이러한 접근 방식은 알 카포네와 같은 범죄조직 보스들에 대해 많이 적용되었다. 하지만 에스코바르에 대한 그러한 노력은 실패로 돌아갔고, 법 집행 관료들은 다른 수단을 찾아야 했다. 그들이 선택한 것은 톱다운(top down) 방식보다는 보다 정확하고 시기적절한 분석을 요하는 바텀업(bottom up) 방식을 도입하는 것이었다.

1993년 콜롬비아 정부는 자국의 힘만으로는 에스코바르 체포가 불가능하다는 판단을 내리고 미국에 지원을 요청하면서 사건해결의 새로운 전기가 마련되었다. 미국은 인력과 장비를 지원하기로 약속하였다. 양국의 사법 및 군당국자들은 변호사, 은행가, 총잡이, 부패한 정치인과 경찰, 에스코바르 일당 등 메데인 카르텔 지원 네트워크의 다양한 구성요소들을 체계적으로 알아내고 추적하기 위해서 공조체제를 구축하였다. 신호정보가 특히 많은 도움이 되었으며 다양한 출처로부터 생산된 보고 결과물이 활용되었다. 분석관들과 공작관들은 에스코바르 범죄 왕국의 여러 측면들간의 관계를 밝히기 위해서 정교한 관련도표를 만들었다.

1993년 초 '에스코바르가 괴롭힌 사람들'이라고 하는 정체불명의 자경단인 '로스 페페스'(Los Pepes)가 등장한 것 또한 메데인 카르텔을 공략함에 있어 큰 도움이 되었다. 이 단체는 에스코바르 일당을 체포하여 재판에 넘기지 않고 즉결 처형을 하였다. 아직 많은 구체적인 사실들이 베일에 가려 있지만, 'Los Pepes'는 비밀리에 경찰의 지원을 받았으며, 메데인 카르텔의 분파들과 칼리 카르텔 또한 메데인 카르텔 내 라이벌들의 활동에 대한 인적 정보 제공을 통해 이들을 도운 것으로 알려져 있다. 'Los Pepes'의 처형 활동은 마약 창고, 간이활주로, 거주지역에 대한 폭격뿐만 아니라 에스코바르에 대한 협력자들에게까지 확대되었다. 이러한 압박 결과 대다수 에스코바르 협력자들은 죽거나 감금되거나 콜롬비아를 떠났다.

에스코바르는 점차 고립되기 시작했고 1993년 말에 이르러 그의 지지세력은 경호원들만 남게 되었다. 1993년 12월 3일 콜롬비아 경찰은 위치 확인 장치를 사용하여 메데인에 있는 에스코바르의 위치를 알아냈다. 당시 아들과 전화통화 중에 있던 그는 총격전에서 총탄에 맞아 사망했고, 이미 심각하게 약화되어 있던 메데인 카르텔은 그 후 곧바로 해체되었다.

에스코바르 사망 이후 법 집행 관료들은 칼리 마약왕의 사업방식을 밝히는 것에 관심을 집중하였다. 그 결과 에스코바르의 사망 이후 메데인 카르텔 소탕에 일정 역할을 했던 칼리 카르텔이 대부분의 마약거래를 인수하고 사업모델 방식을 바꾸었음이 밝혀졌다. 대담한 사업방식이 오히려 법 집행 관료들의 관심을 끌게 되고 카르텔을 더욱 취약하게 만든다고 생각한 칼리 카르텔의 새로운 사업방식은 화려하지 않았다. 하지만 폭력은 여전히 필수적인 요소였다. 칼리 카르텔은 보다 정제된 마약을 보다 저렴한 가격으로 제공하였다. 칼리 마약왕은 페루와 에콰도르에서 코카 원료 공급이 차질을 빚게 되자, 콜롬비아에서의 코카 재배를 확대시켰고, 헤로인의 원료인 양귀비 재배를 통해 마약재배의 다양화를 꾀했다. 더 나아가 칼리 카르텔은 운송 루트를 중앙 아메리카와 멕시코를 통과하도록 변경함으로써 유럽과 아시아로 시장을 확대하였다.

칼리 카르텔의 새로운 위협에 대처하기 위하여 분석관들은 칼리 카르텔의 취약점과 대응책에 대한 재평가를 실시하였다. 미국 정부는 콜롬비아 군에 대량의 장비를 제공했다. 미국 정부는 코카 작물을 박멸시키는 데 많은 노력을 기울였는데, 작물의 크기와 위치에 관한 정보는 위성사진을 통해 제공되었다. 분석관들은 운송 패턴 연구를 통해 마약을 압수하고 핵심인물들을 체포할 수 있었다. 체포된 자들 중 일부는 정부의 수사에 협력하였는데, 이들은 음성 네트워크의 조직적 구조에 대한 값진 인간정보(HUMINT)를 제공했다. 이들 비밀 정보원들 중 일부는 나중에 재판에서 증인으로도 출석하였다.

1995년 6월 미국 정보기관의 지원을 받은 콜롬비아 당국은 칼리 카르텔의 공동 창설자이자 전략 수립자인 힐베르토 로드리게스 오레후엘라(Gilberto Rodriguez Orejuela)를 체포하는 데 성공하였으며, 두 달 뒤에는 그의 동생이자 활동 책임자인 미구엘도 체포하였다. 이들 형제는 카르텔의 다른 지도자들 일부와 함께 재판에 넘겨졌고 중형을 선고받았다.

칼리 카르텔 붕괴 이후 콜롬비아에서의 마약거래는 한층 더 진화되었다. 이들은 네트워크를 분권화해 보다 더 유연하고 탄력적인 형태로 바꾸었다. 이제는 거대한 카르텔 대신 수 백 개의 작은 그룹들이 분권화된 네트워크를 구성하여 주요 기능을 처리하는 양상을 보였다. 이들 소형화되고 전문화된 그룹들은 순식간에 결합하여 하나의 작업을 수행하고 해체되며, 또 다른 작업 수행을 위해 다른 그룹들과 재결합하였다. 이들은 전화보다는 휴대폰이나 인터넷을 선호하였다. 이러한 분권화로 인해 마약 밀수업자들의 활동 감시는 보다 어렵게 되었다. 이러한 환경에서 조직 보스의 체포와 같은 전통적인 전략은 큰 도움이 되지 않으며, 따라서 분석의 초점은 에스코바르의 메데인 카르텔 해체에 효과적이었던 바텀 업 분석을 지원하는 것에 맞추어지게 되었다.

법 집행을 위한 정보 분석관들은 적법한 국제 비즈니스의 이해에 적용될 수 있는 기법을 활용하는 것도 중요하다는 것을 알게 되었다. 카르텔은 시간이 흐르면서 조직구조가 와해되어 갔지만, 여전히 생산, 수송, 분배, 판매, 재무, 안전 등의 분야로 특화된 개인 간 또는 그룹 간 노동분업체계를 가지고 있다. 다른 사업들처럼 그들은 전체 체제뿐만 아니라 각 기능의 효율성에도 관심을 기울인다.

또한 분석관들은 소위 거울효과를 극복하고 세상을 마약왕과 동일한 방식으로 바라봐야 한다는 것도 알게 되었다. 법 집행 관료들은 세상을 자신들의 관할구역(지역, 국가, 그리고 제한적 측면에서의 국제)의 측면에서 보려는 경향이 있다. 이와 대조적으로 마약왕과 같은 국제범죄자들은 어디서 어떻게 돈을 벌지에 관심이 집중되어 있기 때문에 세상을 하나의 통합된 세계로 인식한다. 그들은 자신들에게 도움이 되는 경우를 제외하고는 국경이나 관할구역에 구애받지 않는다.

다른 많은 경우와 마찬가지로 법 집행 관료들에게 있어서도 다양한 출처로부터 정보를 수집하고 통합하는 작업은 매우 중요하였다. 예를 들면 전화감청으로 얻은 전후관계가 불명확한 첩보를 비밀 정보원의 보고를 통해 확인하거나 해석할 수 있었다.

에스코바르가 경솔하게 아들과 전화통화한 것이 그의 위치를 노출시킨 것처럼 이러한 모든 정교한 수집과 분석과정에는 운도 작용하였다.

콜롬비아 카르텔을 소탕하는 데에는 관료적 장벽의 극복여부도 중요하였다. 부처 간에는 일상적인 불신과 경쟁관계가 있음에도 불구하고 부처간 협력이 존재하였다. 재정적, 인적 자원의 확보 또한 중요한 요소였다.

추가 고려사항

▶ 재정분석이나 네트워크 분석과 같은 방법을 활용하거나 부패의 정치적 파급효과에 대한 검토를 하는 것은 횡령, 사기, 자금 세탁, 기술절도, 컴퓨터 범죄와

같은 화이트 컬러 범죄를 포함한 많은 다른 조직범죄 사건수사에 얼마나 도움이 될까? 이 외에 도움이 되는 다른 수단이 무엇일까?

▶ 메데인 카르텔 해체 작업은 대부분 법정 밖에서 이루어졌는 데 반해 칼리 카르텔의 경우 법정에서 그러한 작업이 이루어졌다. 분석적 관점에서 정부당국이 이 사건들을 해결함에 있어서 다른 방식을 도입한 것을 어떻게 설명할 수 있을까?

▶ 마약카르텔 소탕에 도입된 몇몇 기법이 대테러에도 적용될 수 있을까?

추천도서

Bowden, Mark, *Killing Pablo: The Hunt for the World's Greatest Outlaw*, New York: Atlantic Monthly Press, 2001.

Chepesiuk, Ronald, *The Bullet and the Bribe: Taking Down Colombia's Cali Drug Cartel*, Westport, CT: Praeger, 2003.

Livingstone, Grace, *Inside Colombia: Drugs, Democracy, and War*, New Brunswick, NJ: Rutgers University Press, 2004.

Rabasa, Angel, and Chalk, Peter, *Colombian Labyrinth: The Synergy of Drugs and Insurgency and Its Implications for Regional Stability*, Santa Monica, CA: RAND, 2001.

35. 미국 핵정보 유출사건

1992년 9월 25일 중국은 새로운 유형의 핵폭탄을 실험하였다. 그 후 수년간 미국의 분석관들과 과학자들은 그 실험에 대한 자료들을 연구하였다. 그 결과 미국 핵무기가 최초로 개발되었던 로스 알라모스 핵 실험실의 과학자들은 그 실험이 중국이 보다 소규모의 핵탄두를 극적으로 개발하였다는 것을 말해주는 것은 아닌지 우려하게 되었다. 만약 그렇다면, 이는 중국 핵 능력의 갑작스런 잠재력 증가를 뜻하는 것이었다. 소형화된 탄두들은 훨씬 탐지하기 어려운 이동식 미사일들에 장착될 수 있고, 결과적으로 그 탄두들은 전략적 대륙간 탄도미사일에 다탄두로서 장착될 수 있을 것이었다. 과학자들은 중국인들이 미국에서 훔친 핵무기 기술에 부분적으로라도 의지하지 않고는 그와 같은 핵탄두 디자인을 해 낼 수 없었을 것이라는 점을 우려하였다. 이러한 우려는 CIA가 1988년 문서들에 의거해 작성한 1995년 보고서에서도 확인되었는데, 그 보고서는 중국의 신형 폭탄 기술이 미국의 기술과 유사하다고 지적하였다.

분석관들에게 방첩 수사는 가장 어려운 업무 중 하나이다. 스파이 행위 여부를, 특히 단기간에 확실히 밝히는 것은 어려울 수 있다. 많은 경우 스파이들은 숙련된 전문가들로서 자신들의 흔적을 어떻게 감출지 알고 있다. 용의점이 충분해도 법정에서 제시할 수 있는 증거들을 찾아내는 것은 쉬운 일이 아닐 수 있다. 어떤 경우에도 스파이 활동 수사는 상당한 시간과 돈, 그리고 전문지식이 필요하다는 것이 거의 확실하지만 결과는 장담하기 어렵다.

미국의 가장 민감한 시설 내부에 스파이가 있을지 모른다고 의심되는 상황에서, 미국 핵 실험실의 운영과 보안을 책임지는 에너지부(DOE)는 FBI에게 수사를 요청하였다. 그러나 FBI는 간단한 조사를 거친 후 범죄를 의심할 만한 충분한 증거가 없다는 반응을 보였다. 이에 에너지부는 자체적으로 수사를 시작하였다.

에너지부 수사관들은 곧 로스 알라모스의 소프트웨어 기술자인 타이완 출신 이문화(Wen Ho Lee)를 용의선상에 올렸다. 수사관들은 1982년 다른 핵 스파이 관련 사건에서 조사를 받았던 타이완계 미국인 동료로부터 이문화가 도움을 줬었다는 사실을 밝혀냈다. 처음에 이문화는 자신이 이 사건에 관여했다는 사실을 부인했으나 계속된 추궁 끝에 도운 사실을 시인하였다. 1986년과 1988년에 그는 중국에서 개최된 회의에 참석했었는데 거기에서 중국 관료들은 그의 업무에 관심을 보였다. 이문화를 상대로 그의 조국애에 기대어 조국에 협력할 것을 호소하였는데, 이 접촉은 흡사 정보당국의 정보원 채용과 비슷하였다. 이문화는 대만 당국자에게도 기밀로 분류되지 않은 정보를 넘겨주었고, 한 차례 대만 기관에게 컨설팅을 해 준 적이 있다. 그러나 그는 자신이 해외에서 접촉한 핵과학자를 전부 밝히기를 주저하였다. 이문화와 그의 아내는 1994년 중국 핵프로그램 대표단이 로스 알라모스를 방문했을 때 이들을 접대했었는데, 중국측 단장은 여러 과학자들 가운데에서 그를 알아보고 그의 도움에 감사를 표했었다. 그는 또 실험실 내에서 인원감축이 행해진다면 그가 해고될 것이라는 말을 들었었는데 이로 인해 분개한 것일 수도 있었다.

　　하지만 이 사건은 애매모호한 점이 많았다. 이문화와 그의 아내는 중국대표단을 접대할 당시 CIA 및 FBI와 함께 업무를 수행하고 있었고, 해외 여행중에 기밀정보를 노출시켰다는 증거도 전혀 없었다. 보다 폭넓게 보면 과학자들이 관련정보를 국제적으로 교환하는 것은 정상적인 업무의 일부분이었으며, 미국정부는 중국과의 관계 개선을 위해 방대한 기술을 중국과 공유하고 있었다. 1996년 에너지부는 이문화에 대한 조사결과를 FBI에 넘겼지만, FBI는 이것이 최우선 사항이 될 정도로 중요하다고는 생각하지 않았다.

　　그후 수년 동안 미국에서는 중국의 첩보활동에 대한 수많은 조사가 있었다. 1997년 CIA는 중국이 개발한 신형 폭탄이 미국 무기의 복제판이 아니라는 평가를 내렸다. 이러한 평가는 중국이 폭탄의 소형화 작업을 자국의 기술로 실현했을 수 있다는 추측을 낳았다. 이듬해에 실시된 의회 조사에서는 중국의 대대적인 첩보활동이 있었다고 결론을 내렸지만, 이문화를 예로 들지는 않았다. 1999년 미국 정보기관은 두 개의 연구결과를 내놓았다. 하나는 중국 스파이가 활동한 것은 사실이지만, 이 스파이가 중국의 소형폭탄 개발에 기여했는지 아닌지는 불확실하다는 것이었다. 다른 하나는 핵실험실의 보안은 매우 취약하며 소형화 기술은 이미 널리 퍼져 있다는 것이었다.

　　이문화에 대한 조사가 진행 중일 때, 또 다른 과학자가 중국에 핵기밀을 누출했다고 시인하였는데, 이는 정확한 숫자는 파악되지 않았지만 미국의 핵기술을 중국에 제공하는 스파이들이 존재할 수 있다는 가능성을 말해주는 것이었다. 사실 중국 정보기관의 전형적인 활동 방법은 학생, 기자, 관광객, 사업가, 과학자들과 같은 비전문적 정보협조자들(unprofessional assets)로부터 소규모 또는 단일 정보를 취득하고 그들이 의심받기 전에 중국으로 귀환시킴으로써 방첩망을 피하는 것이었다.

한편 이문화에 대한 FBI의 수사는 계속되었고, 몇몇 의심가는 행동들이 밝혀졌다. 수년 동안 그는 로스 알라모스에서 핵무기 디자인과 관련된 방대한 양의 민감하지만 거의 비밀로 분류되지 않았던 자료들을 비밀 해제된 컴퓨터들로 이동시켰다는 사실이 드러난 것이다. 당시 그 컴퓨터들에는 승인받지 않은 외부인들도 접속할 수 있었다. 다운로드한 사실에 관한 질문을 받자 그는 파일을 백업하고 있었다고 답변하였다. 그는 자신이 수사선상에 있다는 사실을 알아차렸을 때 이 정보들을 다른 곳에 다운로드하고 파일을 삭제하였다. 그는 수사대상이라는 이유로 로스 알라모스의 민감한 지역 내에 있는 작업실에 출입을 거부당하자 몰래 숨어 들어가기도 하였다.

하지만 여전히 애매모호한 점들이 남아 있었다. 1998년 FBI요원이 중국 당국자로 가장하고 그에게 전화를 걸어 회의에 올 것을 요청하는 함정수사를 실시하였는데, 그는 이를 거절하였다. 거짓말 탐지기도 여러 차례 동원되었지만, 결과는 명확하지 않았다. 수사관들은 그가 비밀정보를 외국 정부에 넘겼다는 증거를 찾을 수 없었다. 결국 CIA 당국자는 중국이 개발한 신형 폭탄에 미국 기술이 사용되었다는 1995년 보고서의 내용은 확실하지 않다고 시인하였다.

그럼에도 불구하고 1999년 3월 로스 알라모스 연구소는 이문화가 비밀정보를 잘못 처리했다는 이유로 해고하였다. 그 해 말에 그는 체포되었고 사안의 심각성 때문에 보석은 거부되었다. 검사들은 스파이 활동과 관련한 50개 이상의 혐의에 대해 조사에 들어갔다.

이문화가 감옥에서 9개월을 보내는 사이 미국정부가 이 사건을 기소할 수 없다는 사실이 명확해졌다. 전문가들은 이문화가 다운로드한 파일들이 비밀분류된 것들이 아니었으며, 또 그 정보들도 탄두 소형화에 필요한 핵심 정보가 아니라고 주장하였다. 더 나아가 이문화의 변호인은 그가 중국인이기 때문에 조사대상이 되었다고 주장함으로써 사건의 핵심적 이슈를 스파이 활동에서 인종문제로 능숙하게 전환시켰다. 2000년 9월 이문화는 비밀정보 취급 부주의 혐의만을 인정하였고, 그 결과 미결구금기간이 확정형량을 초과하였기 때문에 곧바로 석방되었다. 이 사건을 담당했던 재판관은 그가 중국인이라는 사실에 근거하여 잘못 기소되었다는 점을 사과하였다.

추가 고려사항

▶ 재판 결과에서 나타난 가설에 대해 증거는 어떠한 힘을 갖고 있는가? 이문화는 그가 스파이였다는 혐의에 대해 결백한가? 또는 스파이일 것이라는 가설이 잘못된 것인가? 간첩활동이 있었지만 이는 이문화가 아닌 다른 이의 소행이었는가? 아니면 아예 간첩이 존재하지 않았던 것일까?

▶ 조사관들이 저지른 분석적 오류들은 무엇인가?

▶ 영리한 스파이는 외부 관찰자들의 눈에 어떻게 보일까?

추천도서

Lee, Wen Ho, *My Country Versus Me: The First−Hand Account by the Los Alamos Scientist Who Was Falsely Accused of Being a Spy*, New York: Hyperion, 2001.

Strober, Dan, and Hoffman, Ian, *A Convenient Spy: Wen Ho Lee and the Politics of Nuclear Espionage*, New York: Simon & Schuster, 2001.

Trulock, Notra, *Code Name Kindred Spirit: Inside the Chinese Nuclear Espionage scandal*, San Francisco, CA: Encounter Books, 2003.

36. 9·11테러

　　1999년 봄 국제적인 테러조직 알카에다(Al Queda)의 지도자 오사마 빈 라덴(Osama Bin Laden)은 할리드 셰이크 모하메드(Khalid Sheikh Mohammed)가 제안한 대로 비행기를 무기로 사용하여 빌딩과 충돌하는 계획을 승인하였다. 그들은 이 계획을 "항공기 작전"이라 불렀다. 그로부터 수개월 후 그들은 뉴욕의 세계무역센터, 워싱턴DC의 백악관, 미연방의회, 국방부와 같은 목표물을 선정하였다. 계획이 진행되면서 빈 라덴은 아프가니스탄의 알카에다 훈련 캠프에 참석했던 모하메드 아타(Mohamed Atta), 나와프 알 하즈미(Nawaf al Hazmi), 칼리드 알 미드하르(Khalid al-Mihdhar)와 마완 알 셰히(Marwan al-Shehhi) 등의 청년을 항공기 조종사로 발탁하였다. 그리고 이 계획은 극비리에 진행되었다. 한편 이들 모두는 항공기 조종법을 알지 못했기 때문에, 작전 성공을 위해서는 미국에 입국하여 조종사 훈련을 받아야 했다. 과연 미국 정보분석관들은 미국 본토에 대한 테러공격을 막아내기 위해 알카에다의 소행을 조기에 탐지할 수 있었을까?

　　항공 납치범들 중 하즈미와 미드하르는 10여 년 전에 발생한 보스니아 내전에 참전하여 무슬림 동료들과 함께 싸웠으며 아프가니스탄에서의 훈련에도 참석하였다. 따라서 정보 분석관들은 그들을 의심할 수도 있었다. 그런데도 국무부는 그들에게 비자를 발급하였다. 다른 항공 납치범들은 파일상에 범죄 정보가 전혀 기재되어 있지 않았기 때문에 다른 수많은 중동 여행객들과 식별되지 않았다. 따라서 그들은 큰 어려움 없이 미국행 비자를 얻는 데 성공할 수 있었다.

　　1999년 12월 말 국제 통신망을 감시하는 국가안보국(NSA)은 미드하르가 조직원 한 명(나와프라는 이름만 파악됨)을 동행하고 말레이시아의 쿠알라룸프르로 간다는 사실을 탐지하였다. CIA는 현지 연락사무소와의 공조하에 미드하르가 쿠알라룸프르로 들어가는 것을 추적하였고, 그가 2000년 1월 알카에다 관련 단체인 제마 이스라미아(Jemaah Islamiya)가 개최하는 모임에 참석한다는 사실을 알아냈다. 미드하르와 다른 참석자들의 사진은 촬영했지만, 감청은 하지 않았기 때문에 정보 분석관들은 모임의 목적을 파악하지는 못했다. 정보분석관들은 지금까지 테러리스트들의 활동 기록을 봤을 때 이들의 범행지역은 미국 국내가 아닌 해외일 것으로 보았다.

그러나 CIA는 쿠알라룸프르 모임 이후 미드하르의 행방을 놓쳐버렸다. 미드하르와 하즈미는 경계대상 리스트에 올라 있지 않았었기 때문에 2000년 1월 미국 입국을 허가받았다. 2000년 3월 무렵 CIA의 분석관들은 나와프가 곧 하즈미이고 미드하르와 하즈미가 미국행 비자와 항공권을 소지하고 있다는 사실을 알게 되었다. 더 나아가 사우디아라비아 연락담당자(liaison)는 미드하르와 하즈미가 알카에다 멤버라는 사실을 확인해 주었다. CIA 본부 대테러센터에서 테러업무에 종사하던 FBI 요원은 하즈미와 미드하르가 알카에다 멤버이며, 미국에 입국할 가능성이 있다는 보고서 초안을 작성하였다. 만약이 이 초안이 받아들여져 보고서로 생산되었다면 정부 타부처에서도 볼 수 있었겠지만, 그 초안은 받아들여지지 않았다.

미드하르와 하즈미는 미국에 입국한 이후 샌디에고에 정착하였고, 거기에서 FBI 정보원과 실제로 접촉하기도 하였다. 그러나 FBI는 이들을 의심할 하등의 이유가 없었기 때문에 아무런 조치도 취하지 않았다. 한편, 이들은 영어공부를 등한시했기 때문에 대형항공기 조종법 습득 임무를 완수할 수 없었다. 따라서 그들의 임무는 항공기 탈취시 탑승자들을 제압하는 것으로 변경되었고, 알카에다는 다른 조종사들을 고용해야만 했다.

2000년 5월과 6월 아타, 자라(Jarrah), 세히 3인이 미국에 입국하였다. 그들은 범죄 및 테러관련 이력이 없었기 때문에 입국시 아무런 제재도 받지 않았다. 그들은 곧 플로리다에 있는 비행 학교에 등록하였다. 하니 한주르(Hani Hanjour)는 이미 기본적인 비행 조종술을 익히고 있었기 때문에 12월에 입국하여 애리조나에 있는 비행학교에 들어갔다.

2000년 7월 FBI 피닉스 지부의 한 요원은 워싱턴 FBI 본부와 CIA에 이상하리만큼 상당수의 중동 남성들이 지방의 비행학교에 등록되어 있으며 이들의 배후에는 빈 라덴이 있을지도 모른다는 보고를 올렸다. 피닉스 지부 요원은 이러한 학생들에 관한 정보를 국가적 차원에서 수집할 필요성을 강조하였다. 그러나 FBI 본부는 그 요원이 제공한 명단과 관련하여 아무런 정보도 발견하지 못했다. 따라서 엄청난 노력이 요구되지만 피닉스에서의 조사와 유사한 결과를 낳을 수 있는 미국 전역의 모든 비행학교의 학생 명단에 대한 조사는 막대한 자원낭비라고 생각하였다.

2001년 4월과 6월 사이에 또 다른 8명의 조직원이 미국에 도착하였다. 그들의 임무는 항공기 납치를 보조하는 것이었다. 이들 또한 비자 취득과 입국시에 어떠한 제재도 받지 않았다. 그러나 8월에 입국하려 한 스무 번째 조직원은 입국을 거부당했는데, 그 이유는 테러 가능성 때문이 아니라 미국에서의 연고나 입국사유가 명확하지 않다는 것이었다. 미국에 체류하는 동안 알카에다 조직원들은 모하메드와 다른 알카에다 조직원들로부터 활동금을 지원받기 위해 은행계좌를 개설하였고 ATM 카드를 사용하였다. 일부 조직원들은 비행 과정을 관찰하기 위해 여러 곳을 여행하였지만, 대다수 조직원들은 해외여행은 물론 국내 여행도 거의 하지 않았다. 이들은 법 집행 관료들의 주의를 끌지 말라는 지시에 따라 눈에 띄는 행동을 삼갔으며, 범죄도 전혀 저지르지 않았다. 이들은 경찰의 교통단속에 몇 번 걸린 것을 제외하고는 성공적으로 은둔하고 있었다. 실제로 수많은 유학생이나 관광객들과 이들을 구별할 수 있는 것은 아무것도 없었다. 8월 25일과 9월 5일 사이에 알카에다 조직원들은 9월 11일발 항공권을 구입하였다.

한편 2001년 봄과 여름 사이에 알카에다가 중요한 작전을 준비하고 있다는 제보들이 급증하였다. 보스턴, 제노아(G-8정상회의 개최 예정지), 런던, 뉴욕, 로마를 비롯한 여러 도시들에서 테러위협 관련 보고가 있었다. 또한 바레인, 이스라엘, 이탈리아, 요르단, 쿠웨이트, 사우디아라비아, 예멘과 같은 나라에서도 테러위협 관련 보고가 있었다. 테러방식과 관련해서 이들 보고는 대형 폭발, 항공기 납치, 대사관에 대한 추가 공격 등이 있을 것으로 예측하였다. 빈 라덴은 방문자와의 대화에서 미국을 대상으로 한 대형 테러 공격이 임박했음을 어렴풋이 언급하곤 하였다. 분석관들은 이러한 보고들이 조만간 큰 일이 터질 것이라는 것을 암시한다고 보았지만, 고위정책결정자들의 수많은 아젠다 중에서 보다 우선순위가 되기에는 구체적인 사실내용이 결여된 보고들뿐이었다.

그렇지만 이에 대응한 몇 가지 조치가 취해졌다. 요르단에서 실시 중이던 미 해군 선박의 훈련은 중지되었고, 대사관은 일시 폐쇄되었다. 몇 개국에서 용의자에 대한 예방 차원의 체포가 이루어졌다. 미국 법 집행 관료들에게 테러위협에 대한 몇몇 제보가 전달되었지만, 그들은 이들 정보를 어떻게 활용해야 할지 확신이 서지 않았다.

8월 초 연이은 테러위협 보고에 우려를 느낀 미국의 부시 대통령은 CIA에 요약보고를 요청하였다. 그 결과 2001년 8월 6일 대통령 일일보고에 테러분석에 관한 하나의 항목이 추가되었는데, 이것은 2001년부터 고위 관료들에게 보고된 소수의 테러분석보고들 중의 하나였다(그림 27 참조).

(그림 27) 2001년 8월 6일 알카에다 관련 대통령 일일보고(CIA 제공)

2004년 4월 10일 비밀해제 및 공개 결정

미국을 공격하기로 결정한 빈 라덴

비밀 보고, 외국 정부의 보고서, 그리고 언론 보도는 빈 라덴이 1997년 이래 미국에 테러공격을 가하려 하고 있다는 것을 보여줌. 빈 라덴은 1997년과 1998년 미국 텔레비전 인터뷰에서 그의 추종자들이 세계무역센터 폭탄테러범 람지 유세프(Ramzi Yousef)의 뒤를 따라 "미국에 대한 투쟁"을 벌일 것임을 암시했음.

1998년 아프가니스탄 빈 라덴의 기지에 대한 미사일 공격 이후 그는 추종자들에게 미국에 대한 보복을 언급하였음.

또한 이집트 이슬람 성전(EIJ) 행동대원은 빈 라덴이 미국에 대한 테러공격을 개시하기 위해 행동대원의 미국 입국 방법을 모색하고 있다고 말했음.

1999년 캐나다에서의 밀레니엄 모의(The millennium plotting)는 빈 라덴이 미국에 대해 일으킨 최초의 본격적인 테러공격 시도였을 가능성이 있음. 로스앤젤레스 국제공항 폭파 기도로 기소당한 아흐메드 레쌈(Ahmed Ressam)은 FBI 조사에서, 로스앤젤레스 국제공항 테러에 대한 계획은 자신이 세웠지만, 그것이 실제로 실행되도록 도운 사람은 빈 라덴의 왼팔인 아부 주바다(Abu Zubaydah)였다고 진술하였음. 또한 레쌈은 아부 주바다가 1998년에 미국에 대한 테러공격을 계획하고 있었다고 진술하였음.

레쌈에 따르면 빈 라덴이 로스앤젤레스 테러공격을 알고 있었다고 함.

1998년 케냐와 탄자니아 소재 미국 대사관에 대한 빈 라덴의 공격은 비록 성공하지는 못했지만, 그가 이미 수 년 전부터 범행을 계획하였고 실패에도 굴하지 않고 있다는 사실을 보여줌. 빈 라덴은 1993년 나이로비(Nairobi)와 다르살람(Dar es Salaam)의 우리 대사관을 감시했었으며 범행을 계획하던 나이로비의 세포조직 일부는 체포되어 1997년 강제추방당했음.

일부는 미국 시민권자이기도 한 알카에다 조직원들은 수 년에 걸쳐 미국에 거주하거나 여행을 하였으며, 이들 집단은 알카에다의 공격을 도와줄 지원체계를 구축하고 있는 것이 명백함. 아프리카 동부의 우리 대사관에 대한 폭파 혐의로 유죄 판결을 받은 알카에다 조직원 2명은 미국 국적이었으며, 이집트 이슬람 성전(EIJ)의 고위간부는 1990년대 중반 캘리포니아에 거주하였음.

비밀 정보원에 따르면 1998년 뉴욕의 빈 라덴의 세포조직이 범행을 위한 회교도 미국청년을 모집했었다 함.

우리는 1998년 빈 라덴이 미국에 수감되어 있는 "블라인드 샤이크"(Blind Shaykh), "우아르 아브달－라흐만"(Umar Abdal－Rahman) 및 다른 극단주의자들을 석방시키기 위해 미 국적 항공기를 납치하려 한다는 것과 같은 선정적인 테러위협 보고에 대해서는 확신을 가질 수 없었음.

그러나 FBI 정보에 따르면 1998년 이후 미국 내에서 항공기 납치 준비나 다른 형태의 테러공격이 모의되고 있다고 의심할 만한 활동 유형들이 감지되고 있음..

FBI는 미국전역에 걸쳐 약 70개의 빈 라덴이 관여되어 있다고 보이는 사건들에 대한 본격적인 현지조사를 실시하고 있음. CIA와 FBI는 지난 5월 빈 라덴 추종자 집단이 미국에서 폭발물을 이용한 테러를 계획하고 있다고 진술한 세포요원에 대해 UAE에 있는 우리대사관에서 조사를 실시하고 있음.

한편 FBI 와 CIA 요원들은 테러관련 조사를 계속하였다. 2001년 6월에는 CIA 분석관과 FBI 뉴욕지부 요원들 간에 회의가 있었다. CIA요원들은 FBI 요원들에게 쿠알라룸푸르에서 찍은 사진들을 보여주며 사진 속의 인물을 아는지 물었다. FBI 요원들은 보다 구체적인 정보를 원했지만, CIA분석관들은 미드히라의 이름 외에는 구체적인 정보제공을 꺼렸다.

2000년 10월 예멘 아덴항 미해군 구축함 '콜'(USS Cole) 침몰 시도 사건을 조사하던 FBI 요원들은 이 사건에 알카에다가 관여되어 있을 것으로 확신하였다. 그들은 1998년 8월 7일 케냐와 탄자니아 소재 미 대사관이 공격당한 사건과 아덴항 사건은 알카에다가 상당한 자원과 전 세계적 영향력을 가진 테러조직임을 보여주는 것이라고 생각하였다. 그들은 CIA에 알카에다 용의자에 대한 정보를 요청하였으나 거의 제대로 된 지원을 받지 못하였다.

CIA와 FBI 두 정보기관은 정보수집과 법정기소 사이에 소위 비공식적으로 "장벽"(wall)이라 알려진 엄격한 장벽하에서 활동해 왔다. 법무부의 법률가들은 헌법적인 기준에 부합하지 않는 비밀리에 수집된 정보는 성공적인 기소에 방해가 될 수 있으므로 범죄자 기소와 분리되어야 한다고 생각하였다. 비밀리에 정보를 수집하는 CIA와 NSA와 같은 정보기관들은 법적으로 정보수집방법과 정보 출처를 보호할 의무가 있다.

2001년 8월 FBI 미니애폴리스 지부의 요원은 지방 비행학교에서 의심스러운 행동을 한 프랑스 국적의 자카리사 무사위(Zacarias Moussaoui)를 구속하였다. 신속한 조사를 통해 FBI는 그가 파키스탄(아프가니스탄의 테러리스트 훈련캠프로 가는 중계지점)으로 여행한 사실을 밝혀냈다. 뿐만 아니라 그는 거액의 현금을 지니고 있었는데 이에 대해 설명하려 하지 않았고, 자신의 종교적 신념에 대해서도 말하기를 거부하였다. 또한 FBI는 프랑스 정부와도 접촉하였는데, 프랑스 정부는 무사위가 무슬림 극단주의자와 접촉이 있었다는 사실을 제보해 왔다. 그 당시에는 알려지지 않았지만, 그 또한 항공기 테러를 실행하기 위해 미국에 있던 알카에다 조직원 중의 한 명이었다. 미니애폴리스 지부 요원들은 워싱턴 본부에 무사위의 컴퓨터 사용기록에 대한 조사 권한을 요청하였지만, 워싱턴 본부는 충분한 근거가 없다는 이유로 불허하였다.

7월과 8월 사이 CIA 대테러 센터의 FBI 요원들은 오래된 자료들을 검토하여 미드하르와 하즈미에 관한 기록을 찾아냈다. 그들은 수많은 데이터 기록들을 검토하여 경고를 내리기에 충분한 정보를 수집하였고 8월 24일에는 이들의 이름을 테러감시 대상자 리스트에 올렸다. 그러나 이들은 이미 미국에 입국한 상태였기 때문에 너무 늦은 감이 있었다. 이와 동시에 FBI요원들은 용의자 색출을 위한 국내조사 절차를 개시하였다. 과거에도 그랬듯이 부처간 장벽은 이러한 국내절차 과정을 지연시켜, 9월 10일이 되어서야 겨우 국내절차가 시작되려 하고 있었다. 9월 11일 아침, 19명의 알카에다 테러 조직원들은 공항검사를 통과하였고 4대의 항공기에 탑승하였다.

훗날 9·11특별위원회는 2001년 9월 11일의 테러공격이 발생하기까지의 기록들을 재검토하였다. 이 위원회는 적의 입장에서 생각하지 않은 것과 항공기가 어떤 식으로 무기로 사용될 수 있는지, 그리고 이러한 공격에 대해 어떠한 준비를 해야 하는지에 대한 대안분석을 하지 않은 것에 대해 분석관들을 질책하였다. 또한 위원회는 정보기관들이 활용 가능한 다양한 첩보를 한곳에 모아 테러위협에 대한 포괄적인 분석을 하지 않은 것에 대해서도 문책하였다. 국가정보 역사에 식견을 가진 사람들은 진주만 기습 이후 제기된 이와 비슷한 우려가 CIA를 창설한 이유 중 하나였다는 사실을 떠올릴 수 있을 것이다.

9·11위원회가 구체적으로 언급하지는 않았지만, 근본적인 문제는 분석관들이 문제의 본질을 정확하게 파악하지 못했다는 것이다. 이들은 미국 국내에서 외국인에 의한 심각한 테러공격이 없었기 때문에 해외에서의 위협에 대해서만 관심을 집중하였다. 또한 분석관들은 대량살상무기가 갖는 충격적 효과를 잘 인식하고 있었고, 또 그와 관련한 상당한 보고들도 있었기 때문에 테러범들이 그러한 무기를 소유하는 것을 크게 우려하고 있었다. 그러나 돌이켜 보면 그 당시 분석관들은 미국 내에서의 외국인에 의한 테러 예방에 좀 더 관심을 집중시켰어야 했다.

알카에다의 세부계획과 같은 결정적인 정보가 수집되지 않았다는 점도 근본적인 문제였다. 결속력이 강한 테러집단에 첩보원들을 침투시키기가 어려웠고, 기술적인 수단의 사용도 제한적이었다.

9·11 테러는 진주만 기습 이후 정보 분석관들이 처한 관료적 환경의 취약성을 보여주는 전형적인 예라 하겠다. 부정확하고 관련성 없는 정보가 난무하는 상황에서 이를 다루는 분석관은 턱없이 부족한 것이 현실이다. 또한 부처간 협력의 전통이 부족한 상황에서 부처간 정보공유를 하지 않는 것이 법과 규정에 의한 것이라고 보는 사람들이 대다수였다.

9·11테러의 충격은 1950년대 이래로 지속되어 온 미 정보공동체의 대대적인 재편으로 이어졌다. 2002년에는 입법을 통해 이민, 국경관리, 경호, 해안경비 등을 총괄하는 국토안전부(Department of Homeland Security)를 창설하였다. 2년 후에는 새로운 법안 마련을 통해 모든 정보기관 간 조정 작업을 담당하는 국가정보장(Director of National Intelligence)이라는 직책이 신설되었다.

추가 고려사항

▶ 1995년 지하철 테러사건 이전의 도쿄의 상황과 9·11테러에 이르기까지의 과정들은 어떤 점에서 유사한가?

▶ 돌이켜 볼 때, 2001년 8월 6일 대통령 정례 일일 브리핑은 정확도와 유효성의 측면에서 어떤 점이 정확했고 어떤 점에서 오류가 있었는가?

▶ 징후 탐지와 경고를 위한 대부분의 표준적 분석 틀은 평화에서 전쟁으로 이어지는 국가의 변화과정에 관한 관찰을 통해서 얻어진 것이다. 테러 공격을 예측하기 위해서는 이러한 분석틀이 어떻게 변화되어야 할까?

▶ 9·11테러에 대한 정부의 공식적 대응은 정보공동체의 재편에 맞추어졌다. 정보기관들의 구조가 유일한 문제일까? 아니면 훨씬 더 중요한 문제가 있을까?

추천도서

Coll, Steve, *Ghost Wars: The Secret History of the CIA, Afghanistan, and Bin Laden from the Soviet Invasion to September 10, 2001*, New York: Penguin, 2004.

Gunaratna, Rohan, *Inside Al Qaeda: Global Network of Terror*, New York: Columbia University Press, 2002.

McDermott, Terry, *Perfect Soldiers: The Hijackers - Who They Were and Why They Did It*, New York: Harper Collins, 2005.

National Commission on Terrorist Attacks Upon the United States, *9/11 Commission Report: Final Report of the National Commission on Terrorist Attacks Upon the United States*, New York: W. W. Norton, 2004; http://www.9-11commission.gov/report/index. htm. 에서 검색가능.

Riedel, Bruce, *The Search for Al Qaeda: Its Leadership, Ideology, and Future*, Washington, DC: Brookings Institution Press, 2008.

Sageman, Marc, *Leaderless Jihad: Terror Networks in the Twenty-First Century*, Philadelphia, PA: University of Pennsylvania Press, 2008.

Sageman, Marc, *Understanding Terror Networks*, Philadelphia, PA: University of Pennsylvania Press, 2004.

Wright, Lawrence, *The Looming Tower: Al-Qaeda and the Road to 9/11*, New York: Alfred A. Knopf, 2006.

37. 탄저균 공격

2001년 10월 2일 아메리칸 미디어(American Media)의 사진부장이 감기증상을 호소하며 플로리다에 있는 병원에서 진료를 받았다. 일련의 검사를 마친 후 의사는 그가 탄저균 포자를 흡입한 것으로 진단하였다. 탄저균은 가장 파괴적인 생물전 수단의 하나로서 미국에서는 1976년 이후 자연상태에서 발견된 적이 한 번도 없었다. 이 사진부장은 10월 5일에 사망했으며, 그 사이 아메리칸 미디어의 또 다른 직원 한 명이 탄저균 흡입 증상으로 병원에서 치료를 받았다. 수사당국은 탄저균 포자가 아메리칸 미디어 사무실에 우편을 통해 배달되었다는 사실을 파악했지만, 배달된 후 편지와 봉투는 처분되었기 때문에 누가 편지를 발송했는지 특정하는 것은 불가능하였다. 우편당국은 우편배달 시스템의 폐쇄는 사회적 공황상태를 야기할 우려가 있기 때문에 고려하지 않기로 결정하였다.

9·11테러가 발생한 지 3주 후라는 타이밍과 질병의 특이성으로 인해 많은 사람들이 테러를 의심하였다. 아메리칸 미디어가 발간하는 타블로이드 신문사의 한 직원은 당시 신문에 오사마 빈 라덴(Osama Bin Laden)을 조롱하는 기사가 실렸던 것을 떠올렸다. 아메리칸 미디어의 또 다른 편집자 한 명의 배우자는 9·11 테러범 중 몇 명에게 아파트를 임대해 준 부동산 중개업자였다. 계속된 수사를 통해 2001년 6월 관광비자로 미국에 입국한 사우디 국적의 아흐마드 알 하즈나위(Ahmed al-Haznawi: 나중에 19명의 항공테러범중 한사람으로 밝혀 짐)가 피부질환 치료를 위해 포트 로더데일에 있는 의사 사무실을 찾아 갔었다는 사실이 밝혀졌다. 당시 그는 9·11 테러의 주범 중 하나인 지아드 자라(Ziad Jarrah: 지방항공학교를 다니던 레바논인)와 동행했었다. 상처에서 추출한 물질을 전문감식하지는 않았지만, 피부질환에 대한 의사의 설명은 피부성 탄저병과 일치하는 것이었다.

같은 해 여름 델레이 해변에 살면서 근처에서 비행훈련을 받고 있던 이집트 국적의 모하메드 아타(Mohamed Atta)는 이 지역에서 농약살포를 하는 회사를 방문하였다. 그는 농약살포에 사용되는 비행기를 조종한 뒤 비행기 구입을 위한 은행대출 방법에 대해 문의하였다. 같은 해 여름 아타도 알레르기성 피부염을 치료받기 위해 지역병원을 찾았다.

10월 12일 뉴스는 탄저균 포자를 포함한 편지가 몇 주 전 ABC, CBS, NBC와 같은 뉴욕시의 주요 TV 방송사와 <뉴욕 포스트>지 본부 사무실에도 배달된 사실을 일제히 보도했다. 미디어 회사의 일부 직원들 역시 피부성 탄저병을 앓았지만, 다행히도 사망에 이르지는 않았다. NBC와 <뉴욕 포스트>에 보내진 편지는 회수되었다. 이것들은 9월 18일 뉴저지주 트랜톤에서 발송된 것들이었으며, 안에는 다음과 같은 짧은 내용의 똑같은 친필 메시지가 들어 있었다.

09-11-01
다음은 당신 차례이다(This is next)
지금 페니실린을 복용하라
미국에게 죽음을
이스라엘에 죽음을
알라는 위대하도다

10월 15일 워싱턴 DC 하트 상원의원 사무실 직원들은 소수당 지도자 토마스 다슬(Thomas Daschle)에게 배달된 탄저균 포자가 담긴 편지를 개봉하였다. 이 편지도 트렌톤에서 발송된 것이었으며, 10월 9일자 소인이 찍혀 있었고 안에는 비슷한 친필 메시지가 들어 있었다.

9-11-01
당신은 우리를 막을 수 없다
우리는 탄저균을 가지고 있다
당신은 지금 죽을 것이다
두려운가?
미국에게 죽음을
이스라엘에게 죽음을
알라는 위대하도다

10월 중순경은 물론 9·11 테러범들이 모두 사망한 시점이긴 하지만, 9·11 이후 테러 공격을 수반한 메시지는 이것이 테러범들의 공격이라는 가정을 확인시켜 주는 듯했다. 2001년 가을 미군은 아프가니스탄 탈레반 정권을 전복시킨 후, 모든 납치범들이 훈련을 받았던 알카에다 캠프에 대한 수사를 진행하였다. 그 결과 화학무기 및 생물무기 제조를 위한 초보적 수준의 시설들이 나오긴 했지만, 실질적인 대량살상무기는 발견되지 않았다.

탄저균에 노출되었을 가능성이 있는 미 의회 종사자들에 대해 신속하게 항생제 투여 조치가 취해졌고, 다행히 사망자는 발생하지 않았다. 그러나 우편배달 종사자들에 대해서는 신속한 대응조치가 취해지지 않았다. 워싱턴의 우편분리시설에서 근무하던 우체부 2명이 탄저균 흡입으로 사망했고, 뉴저지의 우체부 중 일부가 피부성 탄저병과 탄저균 흡입 증상을 보였지만 다행히 사망에 이르지는 않았다. 10월 9일 트랜톤 소인이 찍힌 두 번째 편지가 리히(Leahy) 상원의원 앞으로 하트 사무실에 배달되었다. 그러나 이미 위험성을 파악하고 있었기 때문에 이 편지는 희생자가 발생하기 전에 분석 실험실로 보내졌다.

10월 31일에는 뉴욕시의 한 병원에서 일하던 여성이 탄저균 흡입으로 사망하였고, 11월 21일에는 커네티컷 외곽에 사는 노년의 미망인이 같은 질병으로 사망하였다. 하지만 이 여성들을 표적이 된 다른 희생자들과 연결시킬 단서는 전혀 없었다. 그들은 감염된 편지들과 같은 시간에 우체국을 통해 배달된 편지의 불특정적인 희생자일 수도 있었다.

총 22명의 사람이 탄저병으로 진단을 받았는데, 11명은 피부성 질환이었고, 나머지 11명은 탄저균 흡입이었다. 피부성 질환 환자들은 모두 생존하였지만, 탄저균을 흡입한 사람들 중에는 5명이 사망하였다.

2003년 9·11테러의 주범 모하메드(Khalid Sheikh Mohammed)를 체포하는 과정에서 압수한 컴퓨터에서 탄저균에 관한 언급이 발견되긴 했지만, 수사가 진행됨에 따라 탄저균 테러가 9·11테러범들이 계획한 것이라는 가정은 제외되었다. 2004년 9·11위원회의 보고서에서도 그러한 가능성에 관한 언급은 빠져 있었다.

대신에 관심은 탄저균 테러가 생물무기 프로그램에 관여하는 내부인의 소행일 것이라는 쪽으로 기울기 시작하였다. 테러에 사용된 탄저균은 군사용에 적합하도록 특수하게 정제된 치명적인 종류였다. 이러한 유형의 탄저균은 미 육군 비축품이나 실험실에서 볼 수 있는 것이었다. 2001년 테러에서 탄저균을 사용한 자는 탄저균 준비 및 저장에 사용되는 특수시설과 생물무기에 대해 상당한 지식을 가진 사람일 것으로 추정되었다. 또한 생물무기로부터의 국가방어 임무에 종사하는 미국 관료들은 2001년 10월 이전의 방어 계획은 생물무기 살포 수단으로 우편시스템이 아니라 에어졸 스프레이가 잠재적 위험성이 더 크다는 데 초점을 맞추고 있었다는 사실을 인식하게 되었다. 이 분야 전문가에 따르면 당시 미국에는 무기성 탄저균 제조에 필요한 기술을 보유한 자가 50명도 채 안 되었다.

2002년 들어 FBI는 메릴랜드 주 포트 데트릭(Fort Detrick) 소재 미 육군 생물무기센터 연구원 스티븐 하트필(Steven Hatfill) 박사에 대한 집중적인 조사를 실시하였다. 그는 생물테러에 대한 미국의 정책에 대단히 비판적이었고, 테러가 임박했는데도 미국은 아직 이에 대한 준비가 소홀하다는 점을 지적했었다. 하트필은 법 집행 관료들의 조사가 자신의 사생활을 침해했다는 이유로 정부를 상대로 소송을 제기하였다. 2008년 6월 정부는 하트필 박사가 탄저균 테러에 관여하지 않았다는 것을 인정하였고, 합의금으로 그에게 580억 달러를 지불하는 데 동의하였다. 수사 개시 6년 만에 FBI 역사상 가장 거대하고 복잡한 수사 중 하나인 탄저균 테러 수사는 막다른 골목에 다다른 것처럼 보였다.

2006년에 수사당국은 포트 데트릭의 또 다른 연구자인 브루스 이빈스(Bruce Ivins) 박사에게 관심을 돌렸다. 연구소에서 탄저균을 다루는 이빈스는 테러가 발생했을 때 연구실에서 야근을 했었고, 당시 그는 자신이 연구하는 탄저균 백신에 대한 연구지원이 중단될 것을 우려했었다. 아이러니하게도 그는 상원의원에게 보내진 편지 중 하나를 포함하여 FBI의 사건 조사를 지원하기까지 했었다. 새로 개발된 법의학 기술을 사용하여 FBI는 2001년 테러에서 사용되었던 종류의 탄저균이 이빈스가 근무한 실험실에서도 나왔다는 데까지 추적할 수 있었다. 또한 그에게는 정신병력이 있었다. 그는 법 집행 관료들이 그를 기소하려는 움직임을 보이자 2008년 7월 자살로 생을 마감하였다. 며칠 뒤 정부는 2001년 테러는 그에 의한 단독범행이며 이로써 수사를 종결한다고 발표하였다.

그러나 모든 사람이 탄저균 사건이 완전히 해결되었다고 믿는 것은 아니다. 연방의회 의원들, 과학계, 이빈스의 동료들 그리고 언론은 이 사건에 여전히 설명되지 않는 미해결점이 많다는 사실을 지적하였다. 예를 들어 이빈스는 트랜톤에서 발송된 편지와 아무런 관련이 없었다. 그 외에도 의문점들은 많았다. 탄저균은 이빈스 외에 다른 사람이나 실험실에서도 발견될 수 있지 않았을까? 그의 실험실에서 발견된 탄저균은 2001년 상원의원 편지사건을 도왔던 결과로부터 비롯된 것은 아닐까?

추가 고려사항

▶ 9·11주모자들과 탄저균 공격 사이의 연관성에 관련된 증거는 얼마나 신빙성이 있었나?

▶ 이빈스 외에 이질적인 증거가 보다 잘 들어맞는 다른 가설은 있는가? 분석가들이 대안 가설을 구축하거나 평가하기 위해서는 어떠한 점들을 더 알아야 할까?

▶ 이 사건을 해결하기 위해 방첩 수사의 어떤 질문과 기법이 효과적일까?

추천도서

Cole, Leonard A., *The Anthrax Letters: A Medecal Detective Story*, Washington, DC: National Academies Press, 2003.

Thompson, Marilyn W., *The Killer Strain: Anthrax and a Government Exposed*, New York: HarperCollins, 2003.

(그림 28) 워싱턴 DC 저격범의 범행 장소

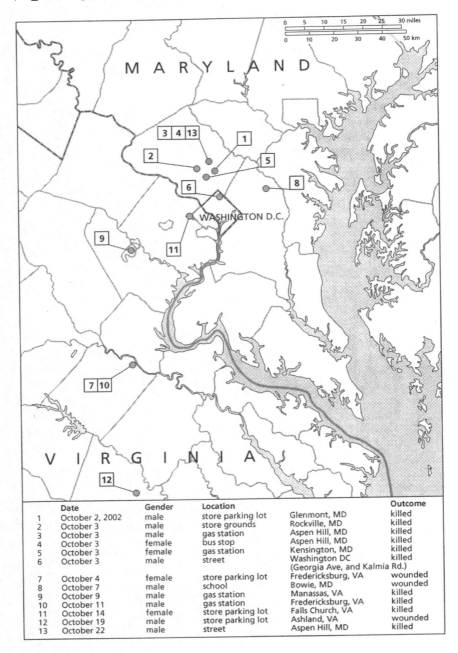

	Date	Gender	Location		Outcome
1	October 2, 2002	male	store parking lot	Glenmont, MD	killed
2	October 3	male	store grounds	Rockville, MD	killed
3	October 3	male	gas station	Aspen Hill, MD	killed
4	October 3	female	bus stop	Aspen Hill, MD	killed
5	October 3	female	gas station	Kensington, MD	killed
6	October 3	male	street	Washington DC	killed
				(Georgia Ave, and Kalmia Rd.)	
7	October 4	female	store parking lot	Fredericksburg, VA	wounded
8	October 7	male	school	Bowie, MD	wounded
9	October 9	male	gas station	Manassas, VA	killed
10	October 11	male	gas station	Fredericksburg, VA	killed
11	October 14	female	store parking lot	Falls Church, VA	killed
12	October 19	male	store parking lot	Ashland, VA	wounded
13	October 22	male	street	Aspen Hill, MD	killed

38. 워싱턴 DC의 저격범

2002년 10월 2일 오후 6시 2분 연방정부에서 근무하던 55세의 백인남성이 워싱턴 DC 북부 메릴랜드 주 글렌몬트(Glenmont)에 있는 상점 주차장에서 고성능 소총에 맞아 사망하였다. 경찰서는 범죄현장에서 멀지 않은 곳에 있었고, 수사는 즉시 시작되었다. 경찰은 현장목격자로부터 크고 어두운 차량에 탄 두 명의 흑인계 미국인 남성이 범죄현장을 떠나는 것을 목격했다는 진술을 확보했지만, 사건 해결에 필요한 구체적인 정보는 얻어내지 못했다.

다음날 메릴랜드 주의 수도 북부지역 교외에서 동일한 고성능 소총을 사용하여 멀리 떨어진 알 수 없는 지역에서 쏜 총알에 5명이 사망하자 수사는 긴박감을 더했다. 희생자들의 나이와 성별, 인종, 직업은 다양하였다. 모든 공격은 야외에서 발생했지만, 자동차 영업소, 주유소, 쇼핑몰 등 범죄장소는 다양하였다. 한 목격자가 총격사건직후 하얀색 박스트럭(box truck)이 범죄현장에서 속도를 내며 사라지는 것을 목격했다고 진술했지만, 이번에도 사건해결의 단서가 될 수 있는 구체적인 정보는 확보하지 못했다.

어떠한 질문과 분석틀이 조속히 범인을 체포하고 또 다른 범죄를 예방하는 데 도움이 될 수 있었을까?

일반적으로 수사관들은 많은 과거 사례에 입각한 범죄행위 모델을 활용하여 수사를 시작한다. 예를 들면 많은 경우 살인은 피해자가 아는 사람에 의해 발생하기 때문에 수사관들은 범인과 피해자 사이의 어떠한 연관성을 찾기 위해 노력한다. 하지만 무엇이 다양한 범주의 피해자들을 연결지을 수 있을까? 연쇄 살인에 있어 수사관들이 주목하는 또 다른 요소는 범행동기를 제시해 줄 수 있는 희생자들 사이의 공통점이다. 그러나 메릴랜드 주의 피해자들은 다양한 범주의 사람들이었다. 게다가 수사관들이 주로 발견하고자 하는 탐욕, 권력, 복수, 증오와 같은 일반적인 동기는 찾아낼 수 없었다. 장기간에 걸친 많은 사건 기록들을 근거로 대다수의 범죄를 설명할 수 있는 수많은 가설들이 세워질 수 있다. 이러한 가설들이 메릴랜드 사건수사 해결에 지침을 제공해 줄 수도 있다. 여기에는 우연한 사건, 자살, 강도, 가정폭력, 심지어는 테러까지도 포함될 수 있다. 그러나 어떠한 일반적인 수사 범주도 이 사건에 적용되지 않는 것으로 보였다.

10월 4일 금요일의 최초 사건으로부터 3일째 되던 날, 또 다른 총격사건이 발생하였다. 이번에는 사건이 주차장에서 발생했으며, 여성 피해자는 총격으로부터 살아남을 수 있었다. 그러나 목격자들은 이번에도 사건해결에 단서가 될 수 있는 정보를 제공해주지 못했다. 주말에는 총격사건이 발생하지 않았다.

연쇄살인범 체포를 위한 수사는 메릴랜드 주 몽고메리 카운티 경찰관들이 주도하였다. 그들은 컴퓨터, 복사기, 팩스, 전화, TV모니터를 갖춘 수사상황실을 설치하고 정보제공자에 대한 보상금 제공 등 일반적인 조치를 취하였다. 수사상황실은 우선적으로 범죄현장보고나 주민들의 제보와 같은 정보 출처로부터 입수된 자료들에 대한 정확성과 유용성 여부를 판단하였다. 그런 연후에 그들은 제보 내용과 관련하여 차량, 무기, 범죄기록과 같은 것들이 수록된 데이터베이스를 찾아 봤을 것이다. 그들은 사건해결에 도움을 줄 단서를 발견하면 현장에서의 검토를 위해 현장팀에 넘기거나, 다른 단서와의 관련 유무를 파악하기 위해 분석관에게 넘겼다.

몽고메리 카운티의 지방경찰들은 알코올·담배·화기국(Bureau of Alcohol, Tabacco, Firearms and Explosives: BATF), FBI, 법무부 산하 미국 연방 보안관, 이민귀화국, 메릴랜드 주경찰과 같은 보다 많은 자원을 가진 주 및 지방정부의 기관들과 연락망을 형성하였다. BATF는 부검 시 수집한 탄환을 분석하여 동일한 총기가 모든 총격사건에 사용되었는지 여부를 판단하였다. 연방수사국의 행동과학팀은 이 사건을 단독범의 소행으로 추정하고, 범인은 최근 가정생활에서 좌절을 경험했을 가능성이 있으며 총에 대한 애착이 강할 것이라는 의견을 제시하였다. 그러나 범인이 흑인인지 백인인지는 자신하지 못하였다. 또한 연방수사국은 많은 사건들의 시간, 날짜, 범행장소를 토대로 지리적 프로파일(geographic profile)을 제공하였다. 하지만 이러한 노력에도 불구하고 사건해결에 도움이 될 만한 단서를 발견하는 데는 실패하였다.

그러던 10월 7일 월요일 13살 학생이 워싱턴 동부 메릴랜드 주 보위(Bowie)시에 있는 학교 근처에서 부상을 당하였다. 당시 사건현장을 수색하던 경찰은 처음으로 저격사건 해결에 열쇠가 될 만한 구체적인 단서를 발견하였다. 그것은 한 장의 '죽음' 타로 카드였는데, 한쪽에는 "나를 신이라 부르시오", 반대쪽에는 "경찰양반, 암호: 나를 신이라 부르시오, 언론에 공개하지 마시오"라고 자필로 적혀 있었다. 카드에서 지문이나 유전자 또는 개인 식별이 가능할 만한 정보는 발견되지 않았다.

경찰은 용의자가 어떤 접촉을 시도할 때 이것을 자신의 신분을 입증하는 데 사용할 수도 있을 것으로 판단하여 이 메시지를 당분간 비밀에 부치려 하였다. 그러나 이 사건에 대한 언론의 열광적인 관심으로 인해 사실과 다른 왜곡된 메시지가 언론을 통해 공개되었다. 언론 평론가들 또한 용의자는 군 경력을 가진 백인 남성이라는 식의 추측보도를 통해 혼란을 부추겼다.

10월 9일－19일 사이에 세 명이 더 살해되고 한 명이 부상을 당했다. 이번에는 네 차례의 범행이 워싱턴 남부와 서부의 버지니아 주 여러 지역에서 발생하였다. 이번 사건에서는 한 목격자가 올리브색 피부를 가진 사람이 밝은 색 밴을 타고 현장에서 사라지는 것을 목격했다고 주장하였다.

한편 법 집행 관료들은 전통적인 수사방법을 통해 범인을 색출하려는 노력을 계속하였다. 경찰은 주민들에게 제보를 요청했지만, 그들의 제보는 대부분 부정확하거나 누군가를 경찰에 신고하여 골탕을 먹이려 하는 것이었다. 또 경찰은 도로봉쇄나 교통검문도 실시하였지만, 검거할 범인이 누구인지 정확하게 파악되지 않은 상태라는 것을 깨닫게 되었을 뿐이었다. 활용가능한 사실들은 용의자 특정에 도움이 될 수 있는 이전 유사 사건들의 패턴에 잘 들어맞지 않았다. 결국 경찰당국은 현 상황에서는 추가로 사건들이 발생해서 더 많은 단서가 발견되거나 범행자의 실수를 유도하는 것만이 사건 해결의 희망이라는 결론을 내릴 수밖에 없었다. 처음에 상당히 도움이 될 것으로 기대를 모았던 부처간 협력도 각자의 영역과 정보공유를 둘러싼 분쟁으로 좌초되었다.

10월 19일 저격사건 이후 경찰당국은 두 번째 자필 메시지를 발견하였다. 이 메시지는 지난 3월에 도난당한 신용카드 계좌에 1,000만 달러 입금을 요구하는 것이었다. 몇 번의 혼선 끝에 경찰당국은 10월 21일 드디어 용의자와의 직접 통화에 성공하였지만, 또 다른 죽음을 막지는 못하였다. 다음날 13번째 총격으로 10번째 피해자가 발생하였다. 10월 22일 총격사건에서는 세 번째 메모가 발견되었다.

10월 23일에 이르러서야 사건해결의 실마리가 되는 조각들이 맞아 떨어지기 시작하였다. 미국 북서부 워싱턴 주 타코마(Tacoma)에 사는 한 주민이 자신의 이웃인 존 무하마드(John Muhammad)가 집 뒷마당에서 사격훈련을 하는 등 의심스러운 행동을 한다며 경찰에 신고해 왔다. 무하마드는 사업과 사생활 모두 문제가 많았고, 경범죄 전력 또한 화려하였다. 또한 9월 몽고메리와 알라바마에서 발생했던 저격사건 현장에는 무하마드와 동행했던 양아들 리 말보(Lee Malbo)의 지문이 남겨져 있었다. 뉴저지 번호판의 파란색 시보레 카프리스(Chevrolet Caprice)는 무하마드의 이름으로 등록되어 있었다. 10월 24일 이른 아침 한 여행자가 메릴랜드 주 프레데릭의 고속도로 휴게소에 의심가는 차량이 있다고 신고하였다. 이 차량은 뉴저지 번호판을 달고 있었다. 경찰은 즉각 출동하여 무하마드와 말보를 체포하였다.

수사 결과 이 사건에서 사건 해결의 기회를 몇 번이나 놓쳤던 사실이 드러났다. 10월 2일 이전에도 저격사건이 여러 번 발생하였지만, 이 사건들에서 무하마드와 말보와의 관련성 내지는 이후 다른 저격사건들과의 연관성 등이 검토되지 않았었다. 첫 번째 저격사건의 목격자는 무하마드와 말보가 사건현장을 떠나는 것을 봤음에도 불구하고, 이들에 대한 인상착의를 제대로 묘사하지 못했었다. 도난차량을 검문했던 경찰은 무하마드의 차량을 검문하였지만, 별거중인 아내에 대한 배우자 접근금지명령 외에 다른 특이점을 찾을 수 없었기 때문에 그를 그냥 보내주었다. 언론은 검은색 카프리스를 단서로 제시했지만, 경찰은 그저 많은 제보 중의 하나로 생각하고 이를 묵살하였다. 무하마드는 타로카드 암호를 사용하는 제보전화에 수차례 전화를 걸었지만, 다른 수많은 전화통화에 묻혀 버렸다. 돌이켜보면 이 모든 것들은 의미가 있는 것이었지만, 그 당시에는 수많은 단서들 중 하나에 불과하였다.

워싱턴 저격사건은 경찰당국의 전통적 수사방법의 한계를 보여주는 또 하나의 사례라 할 수 있다. 수백 수천 건의 기존 사건에서 성과를 냈다고 해서 그 방식이 항상 다른 사건에도 적용될 수 있다는 보장은 없다. 이번 사건은 또한 한정된 자원으로 모든 단서를 추적 조사하는 것이 얼마나 어려운 일인지도 보여준다. 이러한 상황에서 사건과 무관한 것들에 귀중한 시간이 허비되고 가치 있는 단서들이 거의 주목을 받지 못했던 것은 필연적이었다고 하겠다.

추가 고려사항

▶ 린드버그 유괴사건 이후 수사절차는 얼마나 향상되었나?

▶ 이번 사건에서 인지적 편견이 얼마나 큰 영향을 미쳤나? 언론매체나 운과 같이 과거에 사건수사에 영향을 미치는 다른 요인들로는 어떠한 것이 있을까?

▶ 저격범들의 조기체포에 도움이 될 수 있었던 분석 기법으로는 어떠한 것들이 있는가?

추천도서

Horowitz, Sari, and Ruane, Michael E., *Sniper: Inside the Hunt for the Killers Who Terrorized the Nation*, New York: Random House, 2003.

Moose, Charles A., and Fleming, Charles, *Three Weeks in October: The Manhunt for the Serial Sniper*, New York: Dutton, 2003.

의료와
비즈니스 정보분석

현대사회의 주요 특징 중 하나는 세계화이다. 즉 지구상의 모든 것들이 얼핏 보기에 명확하지는 않지만 다양한 형태로 연결되어 기회인 동시에 위험으로 다가온다.

효과적인 분석 방법은 국가안보에 유효할 뿐만 아니라 법률 집행에도 유효하다. 의료 진단 및 처방은 여러 가지 가설, 다양한 정보, 자료의 평가, 의사의 실력과 경험에 기초하여 내려진다. 부적절한 치료약과 절차 못지않게 오진의 위험 또한 고려되어야 한다. 의사들도 이러한 과정에는 과학 못지않게 직관도 중요한 역할을 한다고 선뜻 인정한다.

비즈니스 세계에서는 신뢰할 수 있는 정보와 자료, 예를 들면 현재와 미래에 있을 수요와 공급에 대한 자료 등은 언제나 중요하게 활용되어 왔다. 시장조사, 위험분석, 산업스파이에 대한 방어 등과 같은 비즈니스 활동은 국가안보 분석과 그 궤를 나란히 한다. 기술의 혁신 및 변화에 따른 영향도 중요 관심사항이다. 기업들 역시 정치지도자 및 군 사령관과 마찬가지로 불확실성과 뜻밖의 충격에 취약할 수 있다는 것이 2008년 세계금융위기를 통해 드러났다.

물론 국가안보 분석가, 법률 집행관, 의학계 종사자, 비즈니스 사업가 등은 서로 배울 점도 많지만 차이점도 있다. 의료 및 비즈니스 정보는 정치 및 군사 안보에 있어서의 정보와 상이한데, 그 이유는 위험성이 그다지 높지 않으며 비밀스런 정보수집 방식이 그들에게는 허용되지 않기 때문이다.

39. 사스(SARS: 중증 급성 호흡기증후군)

2003년 1월, 중국 남부에 심각한 호흡기 계통의 질환이 급속히 확산되면서 시민들은 공황상태에 빠졌다. 많은 시민들은 의학약품과 한방치료제 등을 모두 사용하였으나 별 효력이 없었다. 지역 보건의는 당시 확산 중이던 이 호흡기 질환에 대해 폐렴용 항생제가 효력이 없음에도 불구하고 "비정형성 폐렴"으로 진단하였다. 중국의 중앙정부 및 지방정부 관계자들은 이 질병은 치사율이 낮으며 상황은 잘 통제되고 있다는 주장만 반복할 뿐, 이외의 정보에 대해서는 거의 공개하지 않았다. 따라서 외부에서는 중국에서 어떤 일이 벌어지고 있는지 알기 어려웠다. 다음 달인 2월 중국에서는 약 5,300여명이 사스에 감염되었으며, 이 중 349명이 목숨을 잃었다.

겨울 동안 상황은 점차 악화되었으며 2월 말에는 질병이 홍콩지역으로 확산되었다. 당시 홍콩 정부당국은 그 이전에 발생했던 조류독감에 대한 대응으로 분주한 상황이었는데, 따라서 이들은 새롭게 확산중인 질병을 단순히 신종 독감일 것으로 생각하였다. 정부관계자들이 우려한 신종 독감의 증상은 고열, 마른기침, 몸살 등 폐렴 및 독감과 같은 질병에서 나타나는 전형적인 것이었다. 하지만 이 새로운 질병은 그 증상이 보다 심각했고, 빠르게 진행되었으며, 훨씬 신속하게 확산되었다. 홍콩은 교통의 요지로서 수많은 여행객들을 통해 질병을 더욱 쉽게 중국의 전 지역 및 캐나다, 싱가포르, 베트남 등으로 확산시키는 역할을 했다.

이 미스터리한 질병이 지역적 차원을 넘어 전 세계로 확산되자 전염병 학자들은 표준적인 조사방법을 활용하여 조사를 시작하였는데 그들이 설정한 핵심적인 질문들은 다음과 같았다. 원인이 무엇인가? 어떠한 경로로 감염되었는가? 보균자가 발병을 인식하지 못하는 잠복기는 얼마 동안인가? 최초 발병 시 증상은 무엇인가? 어떤 치료법이 효과적인가? 홍콩 의사들은 조사의 일환으로 중국 남부지역을 여행한 사람들을 상대로 조류 독감에 대한 검사를 실시하였다. 검사 결과가 조류독감에 음성반응으로 나왔으나, 이 결과가 새로운 질병에 대한 특별한 경고조치로 이어지지는 않았다.

3월 중순이 되자 이 질병은 홍콩 내에 급속도로 확산되었다. 특히 호흡기 질환 취약 계층이 아닌 보건 요원 및 젊은 층이 많이 감염되었다. 홍콩의 한 병원에서는 호흡 곤란 증세를 보이는 환자 치료에 네뷸라이져 요법(nebulizer, 연무기를 활용해 허파 속에 약제를 투여하는 흡입요법)을 처방하였는데, 이후 이 치료법은 절대로 내려서는 안 될 매우 잘못된 처방이었음이 밝혀졌다. 이 신종 질병은 감염자의 허파로부터 나오는 기침을 통해 확산되는 것으로 밝혀졌는데, 이 처방이 오히려 환자가 숨을 내쉴 때마다 질병을 전염시키는 역할을 했던 것이다.

질병이 확산되고 사망자수가 증가함에 따라 세계적으로 전염될 위험의 수위도 높아져갔다. 이에 UN산하 전문기구인 세계보건기구(WHO)는 전염병 전파 문제에 초점을 맞추어 관여하기 시작하였다. 2003년 3월 12일 세계보건기구의 과학자들은 "이형 폐렴"(atypical pneumonia)의 지속적 확산에 대해 경고하고 예방조치로서 감염자의 격리를 권고하였다. 3일 후, 세계보건기구는 세계화 시대에 항공 여행은 전염병 확산에 치명적이라는 우려에 따라 긴급 해외여행 자제 경고를 발하였다. 이 기구는 신종 질병을 사스(SARS, 중증 급성 호흡기증후군)라고 명명하였으며, 아직 이 질병에 대한 충분한 정보가 없음을 인정하였다. 그러나 세계보건기구 의학자들은 감염자가 감염 사실을 모른 채 질병을 확산시킬 수 있는 잠복기가 약 10일일 것이라고 확신하였다.

홍콩 당국은 학교를 폐쇄하였으며 사스 증상을 보이는 사람의 전염 경로를 추적하기 시작하였다. 대다수의 시민들은 자발적으로 영화관과 레스토랑과 같이 대중이 모이는 장소를 피하기 시작하였다. 홍콩에서 집계된 최종 감염자는 약 1,750여 명이었고, 이 중 사망자는 299명이었다.

캐나다는 아시아 이외의 지역 중에서 사스 감염자가 상당히 많았던 유일한 국가였다. 사스에 대한 캐나다 당국의 대응은 늦은 편이었는데, 그 이유는 2003년 2월 홍콩에서 입국한 첫 사스 감염 여성이 병원에 가거나 진단을 받지 않은 채 사망했기 때문이었다. 이 감염자의 아들은 홍콩을 여행한 사실이 없었지만, 병원에 입원하여 캐나다 건강관리체계를 통해 사스를 확산시키는 역할을 했다. 사스 감염 위협에 대한 정확한 평가는 3월 말이 되어서야 이루어졌다. 상황을 심각하게 인식하기 시작한 캐나다 당국은 해외여행 경고를 발하였고 수 천 명의 잠재적 보균자를 격리시켰다. 7월이 되어서야 감염 상황은 당국의 통제 하에 놓일 수 있었다. 하지만 약 250여 명이 감염되었고, 이 중 43명은 사망하였다.

이 모든 시간 동안, 중국 당국의 태도는 충격적이라 할 만큼 비협조적이었다.

소위 "이형 폐렴"과 관련하여 입장을 번복하는 것이 중국의 위신을 실추시킬 수 있
다고 우려한 중국 당국은 질병이 조류독감이나 사스가 아니라는 입장을 고수하였
으며, 질병 상황이 통제 하에 있기 때문에 다른 국가의 개입도 필요하지 않다는 입
장을 견지하였다. 중국 당국은 4월 말 보건부 장관 및 베이징 시장이 경질되고 나
서야 협조적인 태도를 보이기 시작했다.

한편 전 세계의 과학자들은 이 미스터리한 질병의 정체를 밝혀내고 그 억제수
단 및 치료수단을 찾기 위해 노력하였다. 이 과정에서 가장 큰 문제점은 초기에 이
질병이 기존에 없던 새로운 질병일 것이라는 가정에 큰 관심을 기울이지 않았다는
것이다. 그러나 일부 조사관은 모든 가능성을 열어두고 조사에 임하였다. 홍콩의
어느 진료팀은 3월 중순부터 연구용으로 분리한 바이러스에 대해 조사하기 시작하
였다. 바이러스는 극히 원시적인 형태의 생물로서 생존을 위해서는 숙주가 필요한
것이다. 뿐만 아니라 이 바이러스는 변형이 매우 빠르게 일어났다. 이는 치료용 백
신이 새로운 변종 바이러스에 적용되기 위해서는 지속적으로 재설계되어야 함을
의미하는 것이었다.

초기에 홍콩 진료팀은 분리한 바이러스 샘플이 사스 바이러스가 맞는지 확신
하지 못하였다. 그 이유는 이 샘플이 인체를 숙주로 삼은 사스의 경우처럼 빠르게
활성화되지 않았기 때문이었다. 따라서 홍콩 진료팀은 두 번째 테스트를 시행하였
는데, 이때에는 그들이 찾고자 했던 바이러스에 보다 가까운 결과를 얻을 수 있었
다. 추가적인 검증을 위해 그들은 감염자의 혈액을 조사 중인 샘플에 혼합하였을
때 항체를 만들어내는지 관찰하였고, 감염자 혈액이 항체를 만들어낸다는 사실을
발견하였다. 또한 진료팀은 사스 보균자가 아닌 일반인의 혈액에 그 바이러스를 혼
합했을 때에는 항체 수가 증가하지 않는다는 사실도 확인하였다. 이를 통해 진료
팀은 해당 바이러스가 질병의 원인임을 확신하게 되었다. 3월 21일, 진료팀은 사스
가 새로운 질병이라고 판단하였다. 기타 연구소에서도 곧 같은 결과를 확인할 수
있었다.

이제 남은 주요 문제는 과연 바이러스의 기원은 어디인가 하는 것이었다. 이에
대해서도 다양한 가설들이 존재하였다. 일부 과학자들은 해당 바이러스가 무기개발
과정에서 발생했거나 우주로부터 유입되었을 것이라고 공공연히 주장하였다. 하지
만 중국 남부의 조사관들은 2002년 11월부터 감염 사례가 있었음을 밝혀내고, 초기
감염자 3명이 외래종 희귀동물을 식용으로 판매하던 사람들이었다는 사실을 밝혀

냈다. 이러한 동물들이 갖고 있던 바이러스가 이 동물들의 고기를 먹은 사람들이 아니라 자주 접촉했던 사람들에게 전염될 수 있는 그러한 변종 바이러스로 발전한 것으로 추정되었다.

사스 전염은 2003년 6월 초에 이르러 여러 대응조치(격리 조치 및 항공사 직원과 여객에 대한 추적조사)가 성과를 보이면서 통제되기 시작하였으며, 사스 발병 보고 건수도 점차 감소하였다. 최종적으로 8,000여 명이 감염되었고, 이 중 약 1,700명 이상이 사망하였다. 정통한 분석에 따르면 정확한 판단과 신속한 대응이 전 세계적인 질병 확산을 방지할 수 있었다고 한다. 홍콩 의료진과 세계보건기구의 신속하고 정확한 대응이 없었더라면 사스 확산 시나리오가 어떻게 전개되었을지 생각해 볼 때 더욱 그러하다고 말할 수 있을 것이다.

사스의 사례는 향후 발생할 유사 사건에 대해 유익한 시사점을 제공해 준다. 초기에는 이 신종 질병이 폐렴에 효능이 있는 일반 항생제에 반응을 보이지 않았던 것에 대해 충분한 관심이 두어지지 않았다. 그 결과, 대응책들이 효과적이지 못했고 질병은 확산되었다. 이후 바이러스를 처음으로 정확히 확인하였던 홍콩의 과학자들은 과학적으로 정확한 방법을 사용하여 초기의 가설이 틀렸음을 증명하고자 하였다.

정보 분석관의 입장에서 전염병 학자들의 작업은 매우 흥미로운 부분이다. 전염병 학자들은 전염성 질병을 추적하면서, 때때로 자신들이 무엇을 추적하고 있는지 또는 예상되는 결과가 무엇인지에 대해 정확히 알지 못한다. 또한 그들은 문제에 대한 정의에서부터 시작하여 관련문헌을 검토하고, 자금, 인력 및 시간에 대한 계획을 세우는 것과 같은 체계적인 접근방법을 갖추고 있다. 그들은 다른 전문가들의 견해, 의사의 소견서, 공공기록, 대중 매체 인터뷰, 실험실 결과 등 수많은 자료에 대한 면밀한 검토도 빠뜨리지 않는다. 모든 자료들은 주의깊은 수집, 검토, 분석 등의 작업을 거친 후 보고서 작성에 활용된다.

더 광범위하게는 환자 및 그 가족의 병력과 환자의 자각증상 등의 요인을 분석하여 질병을 판단하는 의료진단에서도 시사점을 도출할 수 있다. 또한 의사들은 맥박 및 체온과 같은 활력 징후(vital signs)와 신체 및 임상검사 결과를 검토한다. 이러한 과정은 정보 분석가가 말하는 소위 "종합정보분석"이다. 물론 의사가 환자의 징후를 평가하고 추론을 도출하는 과정의 많은 부분은 정보 분석과 유사한 면도 있지만 중요한 차이점도 존재한다. 예를 들면 의사는 환자의 질병에 대한 판단 근거로 훨씬 방대하고 세세한 정보 및 자료를 활용하여 정확한 처방을 내린다는 점이다.

물론 의료계 종사자 역시 정보 분석관 및 일반인과 마찬가지로 실수를 할 수 있다. 진단은 때때로 뒤떨어진 정보, 제한된 사례에 의거한 개인적 경험들, 약품 및 의료장비 판매자의 설득 등에 기반해서 이루어지기도 한다. 사스 사례에서도 알 수 있듯이 잘못된 진단이나 분석틀은 심각한 결과를 초래할 수 있다. 많은 연구는 단순히 의사들의 사색을 통해 나온 판단보다는 증상과 질병의 관계에 대한 방대한 자료에 기반한 판단 방식이 보다 정확하다는 것을 보여준다.

추가 고려사항

▶ 사스 사례와 방첩활동 또는 법 집행을 위한 수사 사이에 어떤 유사점과 차이점이 존재하는가?

▶ 증거의 질적 측면은 어떠하였는가? 그것은 사건 해결을 위해 충분하였는가?

▶ 사스 조사관은 어떤 선행 사례들을 활용하였는가? 기존의 선행 사례들은 도움이 되었는가?

▶ 오늘날 사스 사례에서 사용된 체계적인 조사 절차가 유용하게 적용될 수 있는 문제들로서는 어떤 것들이 있겠는가?

추천도서

Abraham, Thomas, *Twenty−First Century Plague: The Story of SARS*, Baltimore, MD: Johns Hopkins University Press, 2005.

Groopman, Jerome, *How Doctors Think*, Boston, MA: Houghton Mifflin, 2007.

McLean, Angela, *SARS: A Case Study in Emerging Infections*, Oxford: Oxford University Press, 2005.

World Health Organization, *SARS: How a Global Epidemic Was Stopped*, Genvea: World health Organization, 2006.

40. 뉴 코크

코카콜라는 전 세계에서 가장 크고 유명한 회사 중의 하나이다. 그러나 1980년 대에는 오랜 경쟁회사인 펩시보다 시장점유율이 낮았었다. 당시 펩시회사는 젊은 소비층을 겨냥하여 펩시를 마시는 것은 첨단 유행을 따르는 것이고 멋져 보인다는 이미지를 전파하는 대대적인 광고 캠페인을 성공적으로 펼치고 있었다.

코카콜라 임원들은 이에 대응하여 콜라의 맛을 과감히 바꾸기로 결정하였다. 펩시는 코카콜라보다 약간 달았는데, 따라서 코카콜라에 필요한 것은 보다 단 맛을 가진 콜라를 만드는 것이라고 생각했던 것이다. 코카콜라는 이미 다이어트 콜라와 체리 맛 콜라를 생산하고 있었는데 그들은 이 고급콜라 제조법에 약간 손질만 하면 될 것으로 보았다.

코카콜라는 맛에만 초점을 맞추어 소비자 태도에 대한 시장조사를 몇 차례 실시하였다. 마케팅 조사원들은 소비자를 대상으로 맛에 대한 테스트를 했는데 그 결과 소비자들은 오리지널 콜라보다 뉴 코크(New Coke)를 더 선호하는 것으로 나타났다. 하지만 맛의 변화에 대한 일부의 반발이 있을 수 있음을 보여주는 상반된 자료도 있었고, 수차례의 조사가 모두 같은 결과를 가져 온 것은 아니었다. 어쨌든 회사 임원들은 뉴 코크가 오리지널 콜라를 대체한다는 사실을 소비자들에게 명확히 알리지 않았다.

시장조사원이나 회사 임원들은 콜라의 맛이 문제의 핵심이 아니라는 점을 알아차리지 못했다. 많은 소비자들의 코카콜라에 대한 강한 애착은 맛보다는 그들의 감성에 기초한 것이었다. 그들은 코카콜라를 미국의 아이콘이라 생각하였다. 마케팅 조사원들은 또 한 가지 초보적인 실수를 저질렀는데 코카콜라의 대부분을 구매하는 상당 수의 열혈 소비자가 존재한다는 사실을 이해하지 못했다는 것이다. 달리 표현하면, 이들이 불만족을 느끼게 되는 경우 강력한 행동을 취할 것이라는 점을 예측하지 못했다.

코카콜라 임원들은 시장조사 과정에서의 결함 및 실수에 대해 크게 고심하지 않았다. 그들은 이미 중요 결정을 내린 상태였기 때문에 1985년 4월 뉴 코크 판매를 밀어붙였다. 그러나 뉴 코크 판매는 열혈 소비자들의 강한 저항과 부정적인 여론에 부딪쳤다. 열혈 소비자들은 오리지널 콜라를 사재기하기 시작하였고, 일부는 오리지널 콜라의 재생산을 위해 집단소송을 제기할 움직임까지 보였다. 뉴 코크의 판매 시도는 경영 역사상 회사가 내린 최악의 결정들 중의 하나로 거론되어지기에 이르렀다. 회사는 결국 오리지널 콜라를 다양한 제품들 중의 하나로서 계속 생산하기로 함으로써 난국을 벗어날 수 있었다.

처음부터 회사 임원들은 문제의 핵심을 잘못 짚었었다. 그들은 맛과 광고에 집착했지만, 코카콜라 소비층, 특히 열혈 팬들은 이 문제를 미국적 생활양식의 세계적인 상징을 지켜내야 하는 문제로 보았던 것이다.

코카콜라는 엉성한 시장조사와 조급한 결정으로 초기의 실수를 더욱 악화시켰다. 마케팅조사는 철저하게 진행되지 않았고, 데이터상의 모순을 해결하려는 아무런 노력도 하지 않았다. 더 나아가 그들은 자신들의 과오가 가져올 결과들에 대해 심사숙고하지 않았다.

성공적인 시장조사는 과학적 방법에 기초해야 한다. 이를 위한 체계적인 접근은 문제를 확인하는 것(시장점유율의 개선, 브랜드 이미지의 변화, 신기술 디자인, 적대적 주식 공개 매입에 대항하기 위한 지지 확보)으로부터 시작된다. 이미 알려진 문제점을 찾아내기 위해서는 문헌 검토나 해당 분야 전문가와의 상담이 유효할 수 있다. 그런 연후에 조사원들은 그 문제에 적합한 방법(설문조사, 포커스그룹, 인터뷰 등)을 결정한다. 다음으로 관련 자료를 주의 깊게 수집하고(예를 들면 설문조사를 하기로 결정한 경우 적합한 표본집단의 선택) 수집한 데이터를 검증한다(종합적 분석과 교차 점검, 공공 기록물이나 외부전문가 등 다양한 정보출처의 활용). 연구원들은 자료들에서 나타나는 어떤 차이나 모순점을 밝히고 처리 방법을 모색한다. 마지막으로 수많은 가설들을 세우고 타당한 자료를 활용하여 그것들을 검증한다.

추가 고려사항

▶ 마케팅 전문가들이 수행하는 것과 같은 주의깊은 조사가 이루어졌다면, 아테네인들은 에게스타인들에게 기만당하는 일을 피할 수 있었을까?

▶ 코카콜라 임원들의 접근방식에는 어떠한 인지적 편견이 있었을까?

▶ 현재 당면한 문제를 하나 생각해 보라. 시장조사에서 활용되는 단계를 밟아 이 문제를 분석하고자 할 때 어떤 식으로 계획을 세울 것인가?

추천도서

Hayes, Constance Ll, *the Real Thing: Truth and Power at the Coca－Cola Company*, New York: Random House, 2004.

Malhotra, Naresh K., *Marketing Research: An Applied Approach*, London: Pearson Education, 2003.

Oliver, Thomas, *The Real Coke, the Real Story*, New York: Random House, 1986.

Pendergast, Mark, *For God, Country, and Coca－Cola: the Unauthorized History of the Great American Soft Drink and the company that Makes It*, New York: Collier, 1993.

41. 미국 자동차시장과 일본

번영, 기동성, 기술과 같은 이미지를 연상시키는 자동차 산업은 본질상 미국에서 시작된 산업이다. 비록 미국인들이 자동차를 발명하지는 않았지만, 포드, 크라이슬러, 제너럴 모터스와 같은 자동차 회사들은 전 세계 자동차 시장에서 생산과 판매를 주도해왔다. 이들 회사는 규모와 수익성 면에서 미국 산업계뿐만 아니라 전 세계 산업계를 선도하는 업체였다. 그러나 최근 몇 십 년 동안 일본의 자동차 회사들이 미국의 3대 자동차회사가 지배해 온 미국 국내시장에서 꾸준히 판매량을 증가시키고 있다. 일본은 어떻게 이것을 가능하게 했을까?

일본의 자동차 회사들은 이미 1950년대부터 정부 내 분석관들과 함께 에너지 가격, 기술, 선적과 같은 분야의 동향에 주목하며 미래 시나리오에 대한 연구를 시작하였다. 이들은 미국의 자동차시장에 대해서도 심도 깊은 연구를 진행하였다. 이들은 분석을 통해서 미국 자동차 업계가 단기적 손실을 피하기 위해 차량 품질개선에는 자본을 투자하지 않는다는 사실을 발견하였다. 이에 더해 일본인들은 장기적으로 원유 가격은 상승할 것이고, 이에 따라 미국 소비자들은 결국 연비효율이 보다 좋고 친환경적이면서도 합리적인 가격의 차를 선호하게 될 것이라고 확신하였다. 일본인들은 그러한 상황이 큰 기회가 될 수 있으며, 품질개선이야 말로 이러한 기회를 잡을 수 있는 조건으로 보았다. 이러한 분석은 훗날 매우 선견지명이 높았던 것으로 판명되었다.

그러나 일본의 미국시장 진출은 초기단계에서는 불안정하였다. 1950년대에 도요타는 미국에서 소형차를 판매하려 했지만 실패하였다. 미국인들이 계속 대형차를 선호했기 때문이다. 일본 자동차업계의 경영자들은 대부분 엔지니어 경력을 가지고 있었기 때문에 우수한 상품을 생산할 수 있는 기술적인 능력향상에 노력을 집중시키는 경향이 있었다. 그들은 또한 장기적이고 전략적인 안목을 가지고 있었다.

이외에도 일본인들은 미국에서 처음으로 개발되었된 생산방법을 개선시키려고 노력하였다. 실제로, 결함이 발견될 때까지 손 놓고 기다리지 않고 지속적으로 개선해 나가는 것이야말로 그들의 핵심적인 모토였다. 그들은 재고를 줄이거나 부품의 적시 공급 시스템을 개발하는 것과 같은 조치를 취함으로써 원가를 통제하였다.

또한 종신제 도입을 통해 노동비용을 절감하였다. 노동자들이 다양한 기술을 습득하고, 상당한 자율성이 부여된 팀 단위로 작업하고, 전체 생산과정을 이해할 수 있도록 훈련시킴으로써 효율성을 향상시켰다. 모든 노동자들에게 결함 발견 즉시 생산라인을 정지시킬 수 있게 했으며 이러한 과정을 통해 불량품 수를 줄인 사례는 아주 유명하였다. 이렇듯 일본의 자동차업체들은 집요하게 소비자의 요구를 파악하여 제품을 생산하는 데 노력을 집중하였다.

1970년대에 들어 20여 년 전에 일본 자동차업계가 예상했던 변화들이 나타나기 시작하였다. 제4차 중동전쟁의 발발과 팔레비 왕조의 몰락 이후 아랍 국가들이 석유금수조치를 실시하자 원유가격은 다섯 배 이상이나 급등하였다. 이에 따라 환경보호와 에너지 절약이 국제사회의 중요한 이슈로 등장하였다. 게다가 해상운송비는 급격히 떨어졌다.

일본 자동차 업계는 대량의 자동차를 미국으로 수출하기 시작했으며 수출된 자동차들은 날개 돋친 듯이 팔려 나갔다. 이제 미국의 소비자들은 내구성 있고, 안전하며, 합리적인 가격의 자동차들을 보다 더 선호하게 되었으며, 일본인들은 단순한 소형차를 넘어 다양한 종류의 차량을 제공하기 시작하였다.

일본인들은 현실에 안주하지 않았다. 꾸준히 제품의 성능을 개선하고 전략을 조정해 나갔다. 예를 들면 그들은 1980년대에 들어 미국의 정치적·경제적 압력에 대응하기 위해 자동차 생산의 상당부분을 미국 내 일본공장으로 이전하였다. 그들은 SUV 차량이나 미니밴, 픽업트럭과 같이 미국에서 처음 개발되었던 차량들의 더 우수한 버전을 개발하여 생산을 확대하였다. 또한 일본인들은 연비효율이 좋은 하이브리드 가스·전기 차 생산을 주도함으로써 이미 차세대 자동차 경쟁을 선도하고 있다.

한편 대부분 금융계 경력을 가진 디트로이트의 경영자들은 장기적인 시장점유율보다는 단기적인 이익 추구에 집중하였다. 21세기 초 들어 미국 회사들은 막대한 손실을 입었고, 일자리를 삭감하기 시작하였다. 많은 관측통들은 미국 회사들이 대다수 소비자들이 원하는 차량을 생산할 수 있는 능력을 상실한 것같다고 주장하였다. 2008년 글로벌 경제위기가 도래할 때까지 미국 자동차 회사들의 이러한 취약한 상황은 계속되었고, 결국 미국 자동차 업계의 3대 메이커 중 제너럴 모터스와 크라이슬러가 파산을 선언하기에 이르렀다.

결과적으로 1960년대 초반에는 미국 자동차 시장에서 4%의 점유율도 차지하지 못했던 일본 업계가 지금은 미국 시장을 주도하고 있다. 도요타는 미국에서 자동차 판매 1위인 제너럴 모터스의 뒤를 이어 2위 자리를 놓고 포드와 경쟁중이다. 혼다와 닛산 또한 상당한 미국시장 점유율을 자랑한다. 전 세계적인 관점에서 도요타는 이미 세계 최고의 자동차 판매업체가 되었다.

　　일본인의 성공 배경에는 탁월한 분석 능력만이 있었던 것은 아니다. 기술력과 효율적인 생산도 일조하였다. 그럼에도 불구하고 시나리오 구축과 미래예측을 위한 트렌드 파악과 같은 일본인들의 훌륭한 분석 테크닉은 칭찬할 만하다. 그들은 처음부터 자동차 생산과 판매를 경제적·생태적·정치적 측면을 가진 다차원적 문제로 이해하였다. 또한 그들은 생산과 판매 전체 과정을 고려하면서 기꺼이 변화해 나가고자 하였다. 그들의 접근방식은 전통적인 일본적 가치에 기반하면서도 오픈마인드를 잊지 않았으며, 결국에는 세계적인 것으로 발전하였다. 또 여기에서 지적할 만한 가치가 있는 점은 주요 트렌드에 대한 그들의 성공적인 예측이 비록 모두 공개되어 있는 자료를 이용하여 이루어진 것이지만, 다양한 정보 수집에 기반하였다는 것이다.

추가 고려사항

▶ 2차 대전 당시 연합군 폭격기의 표적 선정 과정에서 얻었던 분석적 통찰력처럼 국가 경제의 취약성과 관련하여 어떤 분석적 통찰력들이 세계경제의 현재 및 미래의 위기를 평가하는 데 도움이 될까?

▶ 세계 자동차 산업과 국제적인 불법마약거래의 유사점과 차이점은 무엇인가?

▶ 현재에는 예측이 힘들지도 모르지만 미래에 상당한 마케팅 기회를 제공할 세계적 트렌드에는 어떠한 것들이 있을까? 이것이 주는 정치적·안보적 함의는 무엇일까?

추천도서

Chang, C. S., *The Japanese Auto Industry and the U.S. Market*, New York: Praeger, 1981.
Halberstam, David, *The Reckoning*, New York: William Morrow, 1986.
Hino, Satoshi, *Inside the Mind of Toyota: Management Principles for Enduring Growth*,

Andrew Dillon, trans., New York: Productivity Press, 2006.

Magee, David, *How Toyota Became #1: Leadership Lessons from the World's Greatest Car Company*, New York: Penguin, 2007.

May, Matthew E., *Elegant Solution: Toyota's Formula for Mastering Innovation*, New York: Free Press, 2007.

색 인

저 자

티모시 월튼(Timothy Walton)

미국 펜실베니아 주 머시허스트(Mercyhurst)대학 정보학과(intelligence studies) 교수. 정보교육 및 훈련회사인 옴니스 주식회사(Omnis Inc.)의 과정담당자. 『스페인의 보물함대』(*The Spanish Treasure Fleets*)를 저술한 바 있고 미 해군에 복무한 후 CIA 분석관으로 24년간 근무하였다.

역자 약력

이 길 규

한양대학교 법학과 졸업. 한양대학교대학원 정치학 박사. 서울과학종합대학원대학교 부교수, 현재 성균관대학교 국가전략대학원 겸임교수. 주요 저서로 『국가정보학』(2013 박영사), 『산업보안학』(2012 박영사)이 있으며 "국가정보의 개념에 관한 소고," "미국의 국가산업보안 프로그램 연구," "개인정보보호법 시행과 산업보안" 등의 논문이 있다.

허 태 회

현재 선문대학교 국제관계학과 교수 겸 국제평화대학 학장. 건국대 정외과 학사, 미국 워싱턴 주립대 정치학 석사, 덴버대학 국제정치학 박사학위 취득 후, 2000년까지 한국정치사회연구소와 국가정보원 전문위원 등을 역임. 이후 선문대 입학처장, 대외협력처장, 중앙도서관장, 동북아 역사재단 자문위원, 대통령 직속 사회통합위원회 이념분과 위원 등을 역임. 관심 연구분야는 미국외교정책과 동북아 정치 및 통일문제, 국가정보 등이며 주요 저서로는 『한반도 통일론』(2000), 『지속가능 통일론』(2012), 『통일시대 국가이념 및 비전연구』(2012), 『사회과학 통계분석』(2010), 『국가정보학』(2013), 『21세기 국가방첩』(2014) 등이 있으며 논문으로는 "위기관리이론과 사이버안보"(2005), "동북아안보 지형의 변화와 국가정보"(2013), "선진 방첩이론의 적용과 국가정보 효율성"(2014) 등 50여편이 있다.

김 병 남

한국외국어대학교 문학사, 정치학 석사, 국제관계학 박사. 스페인 마드리드대학교 수학. 베네수엘라 주재 한국대사관 참사관 역임. 국가안보전략연구소 연구위원 역임. 현재 원광대학교 후마니타스칼리지 초빙교수. 주요 저서로 『안보란 무엇인가』(2011) 등이 있으며 "아프가니스탄 이슬람 반군 지원 미국의 공격적 비밀공작 분석"(2013) 등의 논문이 있다.

김 유 은

한양대학교 정치외교학과 졸업. 한양대학교 정치학 박사. 영국 케임브리지대학교 국제문제연구소 방문연구원. 일본 와세다대학교 아시아태평양대학원 교환교수, 일본국제교류기금 일본연구 특별연구원. 현재 한양대학교 국제학대학원 교수. 주요 논저로『국제레짐이란 무엇인가』, 『동아시아 공동체: 비전과 전망』(공저), 『글로벌 거버넌스와 한국』(공저), 『한국의 동아시아 미래전략』(공저), "해외정보활동에 있어 윤리성의 개념 및 효율성과의 관계," "동아시아 지역주의에 있어 중·일의 리더십 경쟁과 전망," "푸틴의 공세적 외교정책과 러시아의 동북아다자안보에 대한 입장," "동북아 안보공동체를 위한 시론: 구성주의적 시각을 중심으로," "동북아 안보공동체 추진전략," "신국제정치경제질서의 특징과 한국의 대응" 등이 있다.

한반도미래연구원

IFK:Institute for the Future of the Korean Peninsula

주소 135-921, 서울특별시 강남구 역삼동 730-5(303호)
TEL   02)566-0627(사무실)
FAX   02)566-0622

한반도미래연구원 기획 번역도서

정보분석의 역사와 도전 —성공 및 실패사례 분석—

초판인쇄	2015년 2월 10일
초판발행	2015년 2월 15일
지은이	티모시 월튼
옮긴이	이길규 · 허태회 · 김병남 · 김유은
펴낸이	안종만
편 집	김선민 · 마찬옥
기획/마케팅	강상희
표지디자인	홍실비아
제 작	우인도 · 고철민

펴낸곳 **(주) 박영시**
         서울특별시 종로구 새문안로3길 36, 1601
         등록 1959. 3. 11. 제300-1959-1호(倫)

전 화	02)733-6771
f a x	02)736-4818
e-mail	pys@pybook.co.kr
homepage	www.pybook.co.kr
ISBN	979-11-303-0169-3 93350

정 가   20,000원